입영작 영어회화 : 2. 영어로 잘 대답하기

지은이 마스터유진
초판 1쇄 발행 2017년 1월 3일
초판 4쇄 발행 2023년 10월 4일

발행인 박효상 **편집장** 김현 **기획·편집** 장경희, 김효정 **디자인** 임정현
디자인 싱타디자인 고희선
마케팅 이태호, 이전희 **관리** 김태옥

종이 월드페이퍼 **인쇄·제본** 예림인쇄·바인딩

출판등록 제10-1835호 **발행처** 사람in **주소** 121-839 서울시 마포구 양화로 11길 14-10 (서교동) 4F
전화 02) 338-3555(代) **팩스** 02) 338-3545 **E-mail** saramin@netsgo.com
Website www.saramin.com

책값은 뒤표지에 있습니다.
파본은 바꾸어 드립니다.

ⓒ 마스터유진 2017

ISBN
978-89-6049-615-6 14740
978-89-6049-613-2 (세트)

우아한 지적만보, 기민한 실사구시 사람in

 입으로 영어 문장 만들기

입영작

영어회화

마스터유진 지음

영어로 잘 대답하기

Prologue 프롤로그

다음과 비슷한 말들을 한번쯤은 들어보셨을 수도 있겠습니다.

"영어 교육에 들어가는 돈이 연간 7조가 넘는데 우리가 여전히 영어를 못하잖아요?"
"그게 다 쓸데없이 문법에 시간을 너무 낭비해서 그래요."
"어린아이들 좀 보세요. 그런 거 몰라도 영어 잘하잖아요?"
"우리도 그렇게 하면 된다는 겁니다. 자, 문법 그만하고 스피킹 합시다."

영어를 마스터하는 과정에 있는 성인에게 스피킹의 핵심 엔진인 문법을 무시하라는 말.
그 말이 얼마나 위험하고 무책임하며 상업적인 말인지 아셔야 합니다.

미국에서 오랜 시간을 이민자(1.5세)로 살았음에도 불구하고 저는 대한민국의 어휘·문법 중심의 영어 교육이 잘못되었다고 절대로 생각하지 않았습니다. 그 생각은 지금도 변함이 없으며 앞으로도 변하지 않을 것입니다. 사실이기 때문에.

FACT : 어휘·문법 교육은 역사상 시류나 유행을 탄 적이 없으며 전세계 공통으로 이루어지고 있다.

외국에서는 성인들이 영어를 배울 때 문법을 안 배운다?
아뇨, 당연히 배웁니다. 화려한 **문법 용어**에 집착하지 않는 것뿐입니다.

최근 대한민국 영어 시장은 아이들의 뇌와 성인의 뇌는 달라서 언어를 습득하는 방식도 다르다고 주장합니다. 그 주장이 사실이라고 가정한다면, 아이들과는 다른 **성인들을 위한** 최적의 방식을 제시해 주는 것이 맞습니다. 그런데 여기서부터 모순이 시작됩니다. 다짜고짜 아이들이 영어를 문법 없이 습득하니까 성인들도 같은 방식을 따라야 한다고 합니다. 그리곤 얼마 후 잘 포장된 새로운 영어 상품들이 시장에 쏟아집니다.

저기… 아깐 뇌도 다르고 습득 방식도 다르다면서요…

어린아이가 아닌 성인이 문법 없이 영어를 마스터하려면 타임머신을 타고 어린 시절로 돌아가야 합니다. 그런데 이 타임머신이라는 것, 그게 구하기가 생각보다 쉽지 않습니다.

마스터유진의
스토리

제가 미국으로 떠난 당시에는 대부분의 미국 이민자들이 부유해서 한국을 떠난 것이 아니었습니다. 어려운 경제 사정 속에서 살길을 찾아보려고 힘들게 떠나는 경우가 많았죠. 저와 제 어머니도 예외는 아니었습니다. 그렇게 전 낯선 뉴욕의 JFK 공항에 내리게 됩니다.

등교 첫날, 아무것도 모른 채 노란색 스쿨버스에 올라탔다가 하교 후 언어적, 문화적 충격에 휩싸여 고개 숙인 채 눈물을 뚝뚝 흘리며 문 앞에 서 있던 저를 보고 어머니께서는 가슴이 찢어졌다고 하십니다. (사실 눈물은 어머니 당신께서 더 많이 흘리셨을 거란 생각이 듭니다.)

저는 한국에 사는 동안, 여느 학생들과 같은 방식으로 어휘·문법 위주의 영어 공부를 했습니다. 뒤늦게 고등학생 신분으로 한국을 떠날 때는 "쓸데없는 문법은 잊고 미국 가서 무조건 말을 내뱉어 보면 어떻게든 해결되겠지." 라는 근거 없는 자신감만 가득했고 그 결과는 참담했습니다.

고등학교 시절은 어떻게든 손짓 발짓하며 넘어갈 수 있었습니다. 하지만 대학에 진학하면서 제 영어는 더욱 비참하게 무너졌습니다. 단어로 겨우겨우 대화를 이어 가는 수준의 제 모습. **무조건 내뱉고 보는 스피킹**의 최후는 그러했습니다.

모든 수업의 그룹 프로젝트에서 전 항상 깍두기였습니다. '미국 가면 한국에서 배운 어휘·문법 따윈 쓸모 없을 거라 다들 그랬는데. 그래서 다 무시하고 미국 스타일로 무작정 내뱉고 있는데, 이게 왜 안 되는 거지?' 그건 저만의 바보 같은 착각이었던 것이죠.

제 영어 실력은 간신히 커피를 주문할 정도의 **단어 수준** 혹은 **단순한 회화 수준**일 뿐, 디테일한 질문을 할 수 있다거나 문장을 자유롭게 확장해 갈 수 있는 건 아니었습니다. 사람들 앞에서 영어로 멋지게 프레젠테이션을 한다? 상상도 할 수 없는 일이었지요. 앞으로 평생을 미국에서 먹고 살아야 하는데 참으로 암담했습니다.

그러던 중, 저는 저학년 필수 과목 중 하나인 Freshman Composition (기초 작문) 과목의 Term Paper (리포트)에서 F를 받게 됩니다. 이것은 단순한 실수가 아니었으며 꽤 괜찮다고 스스로 믿어 왔던 어휘·문법 실력 자체를 의심하게 만든 운명적인 계기가 됩니다. "혹시 난 입으로 말하는 것 이전에, 기본기 자체가 약한 건 아닐까? 손으로도 문장 하나 제대로 못 만드는데 과연 입으로는 나올까? 심지어 남이 말했을 때 그걸 듣고 이해라도 할 수 있을까?"

그날을 기점으로, 전 무조건 나가서 외국인들과 얘기하는 시간은 오히려 줄이고, 한국에서 들고 온 단어집과 문법책으로 기초 공사를 다시 하면서 각 챕터를 마칠 때마다 해당 내용으로 영작하는 연습을 수도 없이 반복하기 시작합니다. 이렇게 **제대로** 익힌 문장들을 다시 한번 입으로 전환시키는 것의 반복. 그것이 입영작 (Verbal Writing)의 모태가 되었고, 후에 수 천명의 클라이언트들과 안정된 문장들로 소통하고 있는 스스로를 발견하게 됩니다.

단어 수준 혹은 단순한 회화 수준을 넘어,
자신의 생각을 뚜렷하고 디테일하게 전달할 수 있는 수준으로 끌어올리는 방법.
기적이 아닌, 가장 정직하고 효율적이며 결과물이 확실한 방법.
그리고 무엇보다 **누구나 할 수 있는** 방법.
이것이 바로 입영작 (Verbal Writing)이 설계된 방식입니다.

후회하지 말 것!

초중고 및 대학 시절, 우리는 시험 영어 위주로 영어를 배워 왔습니다. 그러나 참으로 다행인 것은 적어도 그 덕에 전세계 그 누구보다 어휘력이 우수한 편이며, 문법적으로 틀린 문장을 보면 어느 정도 의문을 품을 수 있는 실력을 가지게 되었다는 것입니다. 수년간 배워 왔기에, 자신도 모르는 사이에 완벽하진 않을지라도 어느 정도는 체화된 것이죠. (이것이 바로 반복의 무서움)

education = 교육 / love = 사랑	(단어)
be interested in = ~에 관심이 있다	(덩어리 표현)
I will cry yesterday. (X) I cried yesterday. (O)	(시제)
You am a model. (X) You are a model. (O)	(주어-동사 일치)
Study English I. (X) I study English. (O)	(어순)

위의 것을 전부 알지는 못해도, 그렇다고 "이런 게 도대체 뭐야? 한번도 못 들어봤는데?"라고 하는 분들도 거의 없을 것입니다. 주입식 어휘·문법 교육은 적어도 우리에게 이러한 기본적이고도 필수적인 지식을 선물해 주었습니다. 이것은 여러분이 반복적인 노출을 통해 쌓아온 가치 있는 자산이므로 안타까워하거나 후회하면 안 되는 부분입니다.

이제 여러분에겐 두 가지 선택권이 주어졌습니다.

1. 평생 시스템 탓만 하며 영어를 못하는 것
2. 자산을 확장시켜 영어를 마스터하는 것

자산 확장을 결심했다면 앞으로 여러분의 스피킹은 이 책을 통해 날개를 달게 될 것입니다.

무엇이 문제인가?

그렇다면 이런 의문이 들 것입니다. "대한민국에서 강조해 온 어휘·문법 중심의 영어 공부가 정말 잘한 일이라면, 왜 우리는 아직도 영어 벙어리인가?"

정답: 우리는 이론과 공식만 알고 문장으로 써 본 적이 없음

네. 바로 '경험 부족'이 문제인 겁니다. 이런 면에서 대한민국 영어 교육은 '잘못된' 것이 아니라 '비효율적'이라고 하는 게 맞습니다. 총알은 줬지만 쏴 볼 기회는 주지 않았다는 말입니다. 참고할 예문도 턱없이 부족했지만 무엇보다 직접 써 본 예문은 더더욱 없었습니다.

'아는' 영어가 아니라 '하는' 영어로

우리는 지금껏 알아 (Know) 왔습니다. 단어를, 표현을, 문법을, 공식을.
다시 말하지만, 절대로 그건 시간과 노력 낭비가 아닙니다.
다만, 이제부터는 해야 (Do) 합니다.

그 동안의 수고를 헛되지 않게 하는 유일한 방법은 영어 공부의 확장입니다.
말은 거창하지만 확장이라 함은 결국,

    1. 아는 것을 써 보는 것. 그것도 많이 써 보는 것
    2. 어떻게? 손으로 그리고 입으로

우리 대부분은 어느 정도 기본은 갖춘 어휘와 문법의 수준에 서 있습니다. 목표는 스피킹입니다.
이 둘 사이에 끊어진 고리를 연결해 줄 무언가가 필요하다는 것입니다.
바로 그 연결고리 역할을 해 주는 것이 손영작과 입영작이며 그것이 이 책의 주된 기능입니다.

    어휘/문법 ➡ 손영작 + 입영작 ➡ 스피킹

이 순서는 병행할 수는 있으나 건너뛸 수도 없으며 바뀔 수도 없습니다.

'아는 영어'에서 '하는 영어'가 되는 5단계

'하는' 영어 즉, 입으로 영어가 나오는 단계는 다음과 같이 정리할 수 있습니다.

    1단계: 어휘와 문법이 튼튼하면 손영작이 가능하다.
    2단계: 손영작을 반복하면 편하고 빠르게 손영작이 가능하다.
    3단계: 편하고 빠르게 손영작이 가능하면 입영작이 가능하다.
    4단계: 입영작을 반복하면 편하고 빠르게 입영작이 가능하다.
    5단계: 편하고 빠르게 입영작이 가능하면 드디어 진정한 **Communication** (소통)이 시작된다.

우리가 학창시절에 경험한 단계는 예상컨대 대부분 1단계까지일 겁니다. 현재 자신이 어느 단계에 서 있는지 잘 생각해 보시길 바랍니다. 과연 현재 상태에서 무작정 회화를 시도하거나 어학연수를 떠난다고 해서 5단계까지 올라갈 수 있을지, 혹시 1단계조차 부실하진 않은지 말입니다.

자신의 수준이 어떤지 알아볼 수 있게 테스트를 드리겠습니다. 다음 문장을 3초 안에 입으로 말하기 시작하세요.

"네가 어제 나한테 말 안하고 내 치킨 먹었으면, 난 경찰 불렀을 거야."

힌트도 드립니다. 모든 문법책에서 다루는 [과거 가정], [p.p.] 그리고 [would]도 들어갑니다.
하나... 둘... 둘의 반... 둘의 반의 반... 셋...
……………
5단계, 정말 갈 수 있겠나요?

기본을 무시하고 무작정 내뱉기를 시도하는 것 즉, 1단계에서 4단계까지 모두 무시하고 5단계로 건너뛰는 것은 마치, "기초공사는 시간과 돈이 많이 드니까 일단 대충 넘기자. 그래도 있어 보여야 하니까 100층 정도는 세워 줘야 하지 않겠어?" 하는 것과 다를 바가 없습니다. 얼마나 위험한 생각인지 이해하셨으리라 믿습니다.

뒤늦게 후회하고 1단계로 되돌아오는 학생들을 지금까지도 매일같이 돌봐주고 있기에 이렇게 부탁합니다. 부실공사를 부추기는 상술에 넘어가지 마시고 이성적으로 판단하고 행동에 옮기시길 바랍니다.

언어 습득은 다이어트와 좀 너무하다 싶을 정도로 비슷합니다. 특히, 상상만으로는 이뤄지지 않는다는 점에서 말이죠. 이제부턴 손을 움직이고 입을 움직이시길 바랍니다. 꿈과 희망만으로는 영어가 잘 안 늡니다. 그게 정말 그래요. 잘 안돼요 그게.

이제는 Know 하지 말고 Do 하세요.

〈더 많은 마스터유진의 컬럼은 www.maeuenglish.com 혹은 www.mastereugene.com에서 만나 보실 수 있습니다.〉

My love goes out to:

사랑하는 나의 어머니.
강아, 수정, 재명, 모든 마유영어 크루, 조교들, 학생들.
그밖에 출판에 도움을 주신 모든 분들.

I couldn't have done this without you.
Thank you all for your
unconditional love and support.

— 마스터유진

마유영어
입영작

입영작 Verbal Writing ™

기본 정의: 입으로 하는 영작
최종 목표: 단어 수준이 아닌 문장 수준으로 묻고, 대답하고, 자유자재로 확장시킬 수 있는 능력
적용 대상: 누구나

입영작의 핵심 엔진 (Core Engine)을 구성하는 사용 빈도 최강의 패턴들은, 소규모 자동차 부품회사에 다니던 직장인, 대형 마트 여러 개를 운영하는 천만장자, 안타깝게도 지금은 세상을 떠난 할리우드 스타, 주말마다 서핑을 즐기는 자유로운 영혼의 프리랜서에 이르기까지, 수년간 연평균 약 2천명에 달하는 현지 원어민들과의 소통을 통해 수집되고 검증되었습니다.

이후, 까다로운 심사와 분석을 통해 코어 패턴들로만 재선별한 뒤, 다시 다양한 시나리오를 통한 시뮬레이션을 걸쳐 완성되었습니다. 입영작은 문법에 충실하면서도 실용적인 패턴으로 보완되어 있습니다. 이렇게 엄선된 패턴들을 문장에 녹여 넣어 말하는 반복 훈련, 그것이 입영작입니다.

경고: 입영작은 영어 왕초보를 영어 초보로 만들어 주는 시스템이 아닙니다. 영어 고수 수준으로까지 끌어 올리는 시스템입니다.

믿어도 좋습니다.

1. 전문적 지식과 오랜 현지 경험으로 막강한 사용 빈도의 검증된 패턴만 엄선했습니다.
   "내가 맞게 하고 있는 건가?", "정말 써 먹을 수 있는 건가?" 라는 걱정은 절대로 안 해도 됩니다.

2. 영어 습득과 관련된 콘텐츠를 만드는 사람은 반드시, 무조건 영어를 잘해야 합니다.
   영어 습득의 과정에서 오는 오류와 고통을 직접 겪어 본 적이 없고,
   심지어 스스로도 영어를 못하면서 영어 교육 컨텐츠를 제작한다면
   그건 정말 무책임한 사업가일 뿐입니다.
   저는 영어를 잘합니다. 그리고 여러분도 그렇게 만들 겁니다. 예외 없습니다.

3. 예문 한 개, 단어 한 개, 심지어 말투 하나마저 절대로 외부의 도움을 받지 않았습니다.
   이 책은 1에서 100까지 마스터유진의 끝없는 연구와 노력으로 쓰여졌습니다.
   정말 힘들었습니다. 하지만 그만큼 여러분이 소유할 최고의 영어 무기가 될 것임을 자신합니다.

4. 훈련 시에는 제한된 단어들을 사용하게 되지만, 실제 상황에서는 그 제한이 풀리게 됩니다. 뇌에서는 제한된 단어들을 사용하느라 발생했던 스트레스가 사라지기 때문에 즉흥으로 말해야 하는 상황에서는 오히려 가공할 힘을 발휘합니다.

영어가 늘 수밖에 없는 입영작 프로세스와 활용법

이 책은 네 권으로 구성된 〈입영작 영어회화〉의 두 번째 권으로 내 의견과 생각을 대답하기, 그것도 영어로 잘 대답하기를 훈련합니다.

최강 빈도 패턴이 들어간 입영작 무기 문장입니다.

품새를 익힐 때마다 띠 색깔이 바뀌는 태권도처럼 흰띠–노란띠–파란띠–빨간띠–품띠–검은띠로 점차 어려워지는 패턴과 내용을 담았습니다. 이번 권에서는 흰띠–노란띠–파란띠까지의 내용을 훈련합니다.
(* 나머지 빨간띠–품띠–검은띠 내용은 세 번째 권 〈입영작 영어회화: 영어로 더 잘 대답하기〉에서 다룹니다.)

무기 사용법

우리말 문장이 영어 문장으로 전환되는 과정이 3개의 다른 시나리오로 소개됩니다.
한 문장 안의 구성 요소들이 분해되었다가 사용법에 맞는 어순으로 재조립됩니다.

무기 업그레이드

알고 있으면 표현력이 업그레이드되는 아이템이 간단하게 소개됩니다.

상황 설명

마유와 친구들의 가벼운 대화 내용 속에 마스터하게 될 입영작 무기가 녹아 들어가 있습니다. 어떤 용도의 무기일지, 어떻게 해석될지 예측해 보면 좋습니다.

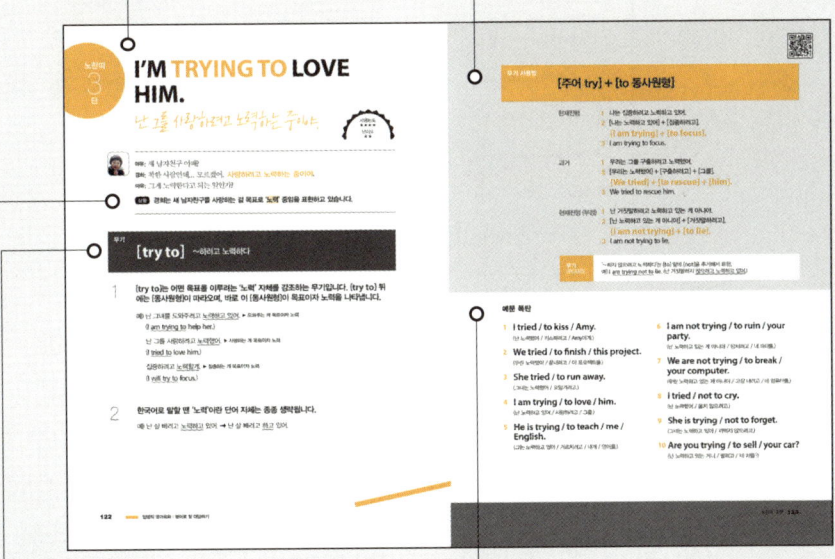

무기 이름 및 무기 설명

입영작 무기가 공감하기 쉬운 친근한 예문들과 설명을 통해 소개됩니다.

예문 폭탄

그렇게 목말라하던 참고 예문의 폭탄 세례를 받는 부분입니다.
같은 무기가 어떤 식으로 다양하게 응용될 수 있는지 소개됩니다.
문장의 정확한 발음은 위의 QR 코드를 찍어 꼭 확인하세요.

STEP 1

손영작 + 입영작 어순 훈련

영어 어순대로 나열된 우리말 문장을 보고 손영작과 입영작을 반복합니다.

적당한 반복 횟수란 없습니다. 막히지 않을 때까지 무한 반복합니다.

 '진도 빨리 뽑기' 습관을 못 뿌리쳐 애매한 실력에서 성급히 다음 순서로 넘어가면 결국 또다시 왕초보 영어회화 수준에 머물 것을 보장합니다. 넘어가고 싶다면 그만큼 더 열심히 해서 내공을 쌓으세요.

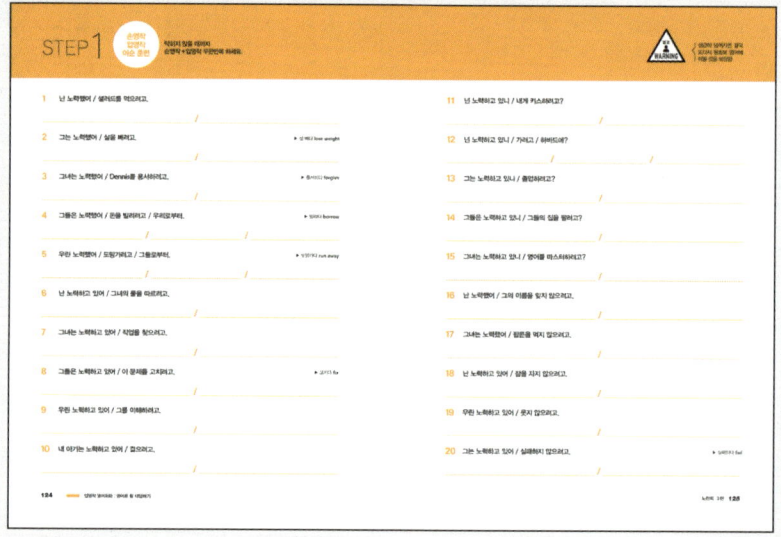

STEP 2 연기낭독 훈련

연기 낭독 훈련

손영작 입영작 어순 훈련을 하고 모범답안을 맞춰 본 후, 위에 있는 QR 코드를 찍어
원어민들은 어떻게 발음하는지 확인해 보세요. 원어민이 읽고 꼭 그만큼의 포즈를 두었으니
반드시 큰 소리로 따라하세요. 이것이 끝난 후에는 마치 상대방에게 이야기하듯
실감나게 낭독한 후 낭독 횟수를 체크합니다.
조용히, 억양 없이, 영혼 없이 낭독하면 맹세코 머리에 공식으로만 남게 됩니다.
손짓, 몸짓, 표정을 총동원하세요. 이 순간만큼은 연기자가 되어야 합니다.
파트너와 돌아가며 해 본 후에 서로의 연기를 냉정하게 평가하세요.

STEP 3 입영작 마스터 훈련

입영작 마스터 훈련

최대한 자연스럽게 우리말 어순으로 바꾼 문장들을 보고 바로 입영작합니다.
만족도의 합계 점수에 따라 다음 무기로 넘어갈지를 결정합니다.
다시 한번 강조합니다. 진도 생각하지 말고 완벽하게 마스터하세요.
영어 잘하려고 시작한 거 아니에요? 만족도만큼은 정말 솔직하게 평가하세요.

Contents

프롤로그 | 4
마스터유진의 스토리 | 5
후회하지 말 것! | 6
마유영어 입영작 | 10
영어가 늘 수밖에 없는 입영작 프로세스와 활용법 | 11

흰띠 1단	나 모델이야. **I AM A MODEL.**	18
흰띠 2단	그녀는 아름답게 미소를 짓지. **SHE SMILES BEAUTIFULLY.**	24
흰띠 3단	지금 당장 전화해. **CALL ME RIGHT NOW.**	30
흰띠 4단	나 (원래) 안경 써. **I WEAR GLASSES.**	36
흰띠 5단	치킨 먹고 있네! **YOU ARE EATING CHICKEN!**	42
흰띠 6단	나 어젯밤에 치킨 먹었어. **I ATE CHICKEN LAST NIGHT.**	48
흰띠 7단	나 화장 지우고 있었어. **I WAS REMOVING MY MAKEUP.**	54
흰띠 8단	나중에 전화할게. **I WILL CALL YOU LATER.**	60
흰띠 9단	나 그 오빠 만나러 명동 갈 거야. **I'M GOING TO GO TO MYEONGDONG TO SEE HIM.**	66
흰띠 10단	나 내일 떠나. **I'M LEAVING TOMORROW.**	72
흰띠 11단	너 살쪘네! **YOU HAVE GAINED WEIGHT!**	78
흰띠 12단	나 영어 공부 2년간 해 오고 있어. **I HAVE BEEN STUDYING ENGLISH FOR 2 YEARS.**	84
흰띠 13단	내가 인기 좀 있곤 했지. **I USED TO BE POPULAR.**	90
흰띠 14단	발렌타인데이야! **IT'S VALENTINE'S DAY!**	96
흰띠 15단	얼굴에 뭐 묻었어. **THERE'S SOMETHING ON YOUR FACE.**	102
노란띠 1단	나 후라이드 치킨 먹고 싶어. **I WANT TO EAT FRIED CHICKEN.**	110
노란띠 2단	당신과 데이트하고 싶은데요. **I WOULD LIKE TO DATE YOU.**	116
노란띠 3단	난 그를 사랑하려고 노력하는 중이야. **I'M TRYING TO LOVE HIM.**	122
노란띠 4단	그거 주문하는 걸 깜박했어. **I FORGOT TO ORDER IT.**	128
노란띠 5단	나 뉴욕으로 이사하려고 계획 중이야. **I AM PLANNING TO MOVE TO NEW YORK.**	134
노란띠 6단	걔는 남들 뒷담화하는 경향이 있어. **SHE TENDS TO TALK BEHIND OTHERS' BACKS.**	140
노란띠 7단	나 걔랑 데이트할 의향이 있어. **I AM WILLING TO DATE HIM.**	146
노란띠 8단	나 너한테 막 전화하려던 참이었는데! **I WAS ABOUT TO CALL YOU!**	152
노란띠 9단	난 네가 날 떠나 줬으면 해. **I WANT YOU TO LEAVE ME.**	158

노란띠 10단	내가 기다리랬잖아! **I TOLD YOU TO WAIT!**	164
노란띠 11단	너한테 말하려고 했어. **I WAS GOING TO TELL YOU.**	170
노란띠 12단	나 전에 여자한테 키스해 봤어. **I HAVE KISSED A GIRL BEFORE.**	176
노란띠 13단	누군가를 사랑하는 건 아름다운 거야. **LOVING SOMEONE IS BEAUTIFUL.**	182
노란띠 14단	나 너랑 노는 거 좋아하잖아. **I LIKE HANGING OUT WITH YOU.**	188
노란띠 15단	그녀가 울기 시작했어. **SHE STARTED CRYING.**	194
노란띠 16단	걔가 나한테 계속 전화해. **HE KEEPS CALLING ME.**	200
노란띠 17단	그만 먹어! **STOP EATING!**	206
노란띠 18단	운동하는 걸 시도해 봐. **TRY EXERCISING.**	212
노란띠 19단	나 너랑 얘기하고 싶은 기분 아니야. **I DON'T FEEL LIKE TALKING TO YOU.**	218
노란띠 20단	나 영어 배워 볼까 생각 중이야. **I'M THINKING OF LEARNING ENGLISH.**	224
노란띠 21단	나 여기 찾는 데 애먹었어. **I HAD TROUBLE FINDING THIS PLACE.**	230
노란띠 22단	나 그런 거 익숙해. **I'M USED TO IT.**	236
노란띠 23단	나 결국 폭식해 버렸어. **I ENDED UP EATING TOO MUCH.**	242
노란띠 24단	나한테 전화하지 않은 채 오진 마. **DON'T VISIT ME WITHOUT CALLING ME.**	248

파란띠 1단	난 자기가 로맨틱하다고 생각해. **I THINK YOU'RE ROMANTIC.**	256
파란띠 2단	내 선물이 맘에 들길 바라. **I HOPE YOU LIKE MY GIFT.**	262
파란띠 3단	이 두 개를 비교해 보자. **LET'S COMPARE THESE TWO.**	268
파란띠 4단	우리가 부부라고 쳐 보자. **LET'S SAY WE ARE HUSBAND AND WIFE.**	274
파란띠 5단	네가 일찍 떠나야 한다니 아쉬워. **IT'S TOO BAD YOU HAVE TO LEAVE EARLY.**	280
파란띠 6단	네가 내 여자친구가 아니어서 참 다행이야. **THANK GOD YOU'RE NOT MY GIRLFRIEND!**	286
파란띠 7단	그녀가 네 여자친구일 리가 없어. **THERE'S NO WAY SHE'S YOUR GIRLFRIEND.**	292
파란띠 8단	그녀가 널 차 버린 게 당연하네. **THERE'S NO WONDER SHE DUMPED YOU.**	298
파란띠 9단	이제 넌 내 남자친구니까, 나한테 매일 전화해. **NOW THAT YOU'RE MY BOYFRIEND, CALL ME EVERY DAY.**	304
파란띠 10단	내가 자기를 싫어하는 건 아니야. **IT'S NOT THAT I HATE YOU.**	310
파란띠 11단	알고 보니 그녀는 내 여동생이야. **IT TURNS OUT SHE'S MY SISTER.**	316
파란띠 12단	걔 알고 보니 백만장자야. **HE TURNS OUT TO BE A MILLIONAIRE.**	322
파란띠 13단	네가 예쁘다고 해서 모두가 널 좋아하는 건 아니야. **JUST BECAUSE YOU'RE PRETTY DOESN'T MEAN EVERYONE LIKES YOU.**	328

흰띠

새로운 출발은 항상 설렙니다.
오랫동안 고심해 온 결과물로 여러분을 대할 생각을 하니
저 역시 떨리면서도 기대가 됩니다.
물 한 방울 섞지 않고
오로지 팔 힘으로만 짜낸 과일 주스처럼
오롯이 연구와 시뮬레이션을 돌려 추출한
한 문장 한 문장이
여러분들의 영어 실력 향상에
조금이나마 보탬이 될 수 있기를 바라며,
입영작 영어회화의 두 번째 단계를 시작합니다.

– 마스터유진

흰띠 1단

I AM A MODEL.
나 모델이야.

사용빈도 ★★★★★
난이도 ★

마유: 나 모델이야.
　　아, 농담, 농담!
보람: 참 신기해. 농담인데 안 웃겨.

상황 마유는 자신이 모델이라는 '신분'을 표현하고 있습니다.

무기

[be동사 + 형용사] ~한 상태이다
[be동사 + 명사] ~라는 신분이다

---

1 [be동사]로 누군가의 '상태' 혹은 '신분, 처지'를 대답할 수 있습니다. '상태'는 [형용사]와 함께, '신분, 처지'는 [명사]와 묶어서 사용합니다.

a. '상태'를 표현하는 대답들

예) 걔 착해. (He is nice.)
　　자기 사랑스러웠어. (You were lovely.)
　　너 안 귀여워. (You are not cute.)

b. '신분, 처지'를 표현하는 대답들

예) 나 래퍼야. (I am a rapper.)
　　그녀의 이름은 Theresa야. (Her name is Theresa.)
　　이거 내 하이힐이야. (These are my high heels.)

2 [형용사] 혹은 [명사] 앞에 주어에 알맞은 [be동사]가 와야 하며 시제는 [be동사]에서 조절합니다.

예) I is a girl. (X) ➔ I am a girl. (O)
　　We was sad. (X) ➔ We were sad. (O)

무기 사용법	**[주어 + be동사] + [형용사 혹은 명사]**

현재
1. 난 아파.
2. [난 ~이다] + [아픈].
   [I + am] + [sick].
3. I am sick.

과거
1. 그녀는 슬펐어.
2. [그녀는 ~였다] + [슬픈].
   [She + was] + [sad].
3. She was sad.

현재 (부정)
1. 난 가수가 아니야.
2. [난 아니다] + [가수가].
   [I + am not] + [a singer].
3. I am not a singer.

무기 UPGRADE 질문형 문장은 [be동사]와 [주어]의 위치를 바꾸어 진행.
예) You are a girl. ➔ Are you a girl?

예문 폭탄

1. **I am / cool.**
   (난 ~이다 / 쿨한.)

2. **She is / sexy.**
   (그녀는 ~이다 / 섹시한.)

3. **We are / her sisters.**
   (우린 ~이다 / 그녀의 언니들.)

4. **I am not / a baby.**
   (난 ~ 아니다 / 아기가.)

5. **I was / stupid.**
   (난 ~였다 / 멍청한.)

6. **We were / busy / yesterday.**
   (우린 ~였다 / 바쁜 / 어제.)

7. **She was not / happy.**
   (그녀는 ~이지 않았다 / 행복한.)

8. **He was / my best friend.**
   (그는 ~였다 / 내 베스트프렌드.)

9. **Are you / Ashley's sister?**
   (넌 ~이니 / Ashley의 언니?)

10. **Is she / smart?**
    (그녀는 ~이니 / 똑똑한?)

STEP 1

손영작 입영작 어순 훈련

막히지 않을 때까지
손영작 + 입영작 무한반복 하세요.

1　난 ~이다 / 똑똑한.

　　_____ / _____

2　그는 ~이다 / 수줍이 많은.　　　　　　　　　　　　　　　▶ 수줍음이 많은 shy

　　_____ / _____

3　내 친구는 ~이다 / 웃기는.　　　　　　　　　　　　　　　▶ 웃기는 funny

　　_____ / _____

4　Kenny는 ~이다 / 댄서.

　　_____ / _____

5　그들은 ~이다 / 가까운 친구들.　　　　　　　　　　　　　▶ 가까운 close

　　_____ / _____

6　난 ~이다 / Judy의 오빠.

　　_____ / _____

7　그녀는 ~였다 / 슬픈.

　　_____ / _____

8　우린 ~였다 / 게으른.　　　　　　　　　　　　　　　　　▶ 게으른 lazy

　　_____ / _____

9　그들은 ~였다 / 바쁜 / 어제.

　　_____ / _____ / _____

10　Michael은 ~였다 / 가수.

　　_____ / _____

WARNING 성급히 넘어가면 결국 또다시 왕초보 영어에 머물 것을 보장함

11 내 여자친구는 ~였다 / 모델.

_____ / _____

12 그는 ~였다 / 보디빌더.   ▶ 보디빌더 bodybuilder

_____ / _____

13 난 ~이지 않다 / 졸린.   ▶ 졸린 sleepy

_____ / _____

14 그녀는 ~이지 않다 / 배부른.   ▶ 배부른 full

_____ / _____

15 그들은 ~이 아니다 / 내 학생들.

_____ / _____

16 넌 ~이니 / 피곤한?   ▶ 피곤한 tired

_____ / _____

17 그녀는 ~이니 / 예쁜?

_____ / _____

18 그들은 ~이니 / 부유하고 유명한?   ▶ 유명한 famous

_____ / _____

19 그는 ~이니 / 네 남편?

_____ / _____

20 그들은 ~이니 / 너희 부모님?

_____ / _____

STEP 2

연기낭독 훈련

답을 맞춰 보며 상대방에게 이야기하듯 실감나게 낭독한 후 낭독 횟수를 체크하세요.

조용히, 억양 없이, 영혼 없이 낭독하면 공식으로만 남게 돼 매우 위험함.

		4회	8회	12회
1	I am smart.	✓		
2	He is shy.			
3	My friend is funny.			
4	Kenny is a dancer.			
5	They are close friends.			
6	I am Judy's brother.			
7	She was sad.			
8	We were lazy.			
9	They were busy yesterday.			
10	Michael was a singer.			
11	My girlfriend was a model.			
12	He was a bodybuilder.			
13	I am not sleepy.			
14	She is not full.			
15	They are not my students.			
16	Are you tired?			
17	Is she pretty?			
18	Are they rich and famous?			
19	Is he your husband?			
20	Are they your parents?			

STEP 3

입영작 마스터 훈련

조금 더 자연스러운 우리말 문장을 보고 실감나게 입영작하세요.

'걔'는 he가 될 수도 she가 될 수도 있으며 여러분의 선택입니다.

		1차	2차	3차
1	난 똑똑해.			
2	걔는 수줍음이 많아.			
3	내 친구는 웃겨.			
4	Kenny는 댄서야.			
5	걔네들은 친한 친구들이야.			
6	난 Judy의 오빠야.			
7	걔는 슬퍼했어.			
8	우린 게을렀어.			
9	걔네들은 어제 바빴어.			
10	Michael은 가수였어.			
11	내 여자친구는 모델이었어.			
12	걔는 보디빌더였어.			
13	나 안 졸려.			
14	걔는 배 안 불러.			
15	걔네들은 내 학생들이 아니야.			
16	너 피곤해?			
17	걔가 예뻐?			
18	걔네들은 부유하고 유명해?			
19	그분이 네 남편이야?			
20	그분들이 네 부모님이셔?			

심하게 버벅거림 : 1점
버벅거림은 줄었으나 책 읽듯 어색함 : 3점
연기하듯 자연스러움 : 5점

TOTAL 1차 2차 3차

40점 이하 — 연기낭독 훈련 부터 다시
41~79점 — 입영작 마스터 훈련 재도전
80점 이상 — 흰띠 1단 완성

흰띠 1단

SHE SMILES BEAUTIFULLY.

훈련 2단

그녀는 아름답게 미소를 짓지.

사용빈도 ★★★★★
난이도 ★

마유: 그녀는 아름답게 미소를 짓지.
무경: 뜬금없이 누구?
마유: 있어. SNS에서 본 그녀.
무경: 너 그러다 신고 당해.

상황 마유는 그녀가 그냥 미소 짓는 게 아니라 '**아름답게**' 미소를 짓는다고 표현하고 있습니다.

무기
[부사] ~하게

1 [부사]는 어떤 행동을 '어떻게' 하는지를 표현하는 무기입니다.

예) 그는 빠르게 랩을 해. (He raps fast.)
   난 치킨을 자주 먹어. (I eat chicken often.)
   네 남자친구가 또 거짓말했어? (Did your boyfriend lie again?)

2 부사는 놓이는 위치가 비교적 자유로운 편입니다.

예) 그녀는 미소 지어 아름답게. (She smiles beautifully.)
   = 그녀는 아름답게 미소 지어. (She beautifully smiles.)

3 빈도를 나타내는 부사들은 문법상으론 [be동사] 뒤 혹은 [일반동사] 앞에 놓이지만, 회화체에서는 자유롭게 쓰이는 편입니다.

예) 난 항상 늦어. (I am always late.) → (be동사 뒤)
   난 가끔 늦잠 자. (I sometimes oversleep.) → (일반동사 앞)
   ▶ I oversleep sometimes.도 가능함.

무기 사용법

[주어] + [동사] + [부사]

현재
1. 내 남자친구는 멀리 살아.
2. [내 남자친구는] + [살아] + [멀리].
   [My boyfriend] + [lives] + [far].
3. My boyfriend lives far.

현재 (부정)
1. 난 늦게 일어나지 않아.
2. [난] + [일어나지 않아] + [늦게].
   [I] + [don't wake up] + [late].
3. I don't wake up late.

과거
1. 그녀는 빠르게 운전했어.
2. [그녀는] + [운전했어] + [빠르게].
   [She] + [drove] + [fast].
3. She drove fast.

무기 UPGRADE

[일반동사]의 [질문형 문장]은 [Do동사 + 주어] + [동사원형]?의 어순으로 진행.
예) You wake up late. ➔ Do you wake up late?

예문 폭탄

1. **I wake up / early.**
   (난 일어나 / 일찍.)

2. **She / always / pinches me.**
   (그녀는 / 항상 / 날 꼬집어.)

3. **They / often / drink.**
   (그들은 / 자주 / 마셔.)

4. **I don't study / hard.**
   (난 공부하지 않아 / 열심히.)

5. **We finished this chicken / fast.**
   (우린 이 치킨을 끝냈어 / 빠르게.)

6. **She passed the test / easily.**
   (그녀는 그 시험을 통과했어 / 쉽게.)

7. **He didn't work / hard / yesterday.**
   (그는 일하지 않았어 / 열심히 / 어제.)

8. **I am driving / safely.**
   (난 운전하고 있어 / 안전하게.)

9. **She is dancing / slowly.**
   (그녀는 춤추고 있어 / 느리게.)

10. **Do you work / here?**
    (넌 일하니 / 여기에서?)

STEP 1

손영작 입영작 어순 훈련

막히지 않을 때까지 손영작+입영작 무한반복 하세요.

1 난 달려 / 빠르게.
　　　　　　　　　　　　　　　／

2 우리는 살아 / 행복하게.
　　　　　　　　　　　　　　　／

3 그녀는 운동해 / 열심히.
　　　　　　　　　　　　　　　／

4 그들은 생각해 / 다르게.　　　　　　　　　　▶ 다르게 differently
　　　　　　　　　　　　　　　／

5 그는 / 자주 / 와 / 여기에.
　　　　　　／　　　　　　／　　　　　　／

6 난 이걸 옮겼어 / 조심스럽게.　　　　　　　　▶ 조심스럽게 carefully
　　　　　　　　　　　　　　　／

7 그는 미소 지었어 / 아이러니하게.　　　　　　▶ 아이러니하게 ironically
　　　　　　　　　　　　　　　／

8 그녀는 떠났어 / 곧.
　　　　　　　　　　　　　　　／

9 우린 마셨어 / 가볍게.
　　　　　　　　　　　　　　　／

10 Scarlett은 춤췄어 / 아름답게.
　　　　　　　　　　　　　　　／

WARNING 성급히 넘어가면 결국 또다시 왕초보 영어에 머물 것을 보장함

11 그는 노래하고 있어 / 크게.
_____ / _____

12 우린 걷고 있어 / 천천히.
_____ / _____

13 그녀는 노래하고 춤추고 있어 / 완벽하게. ▶ 완벽하게 perfectly
_____ / _____

14 내 여자친구는 울고 있어 / 슬프게.
_____ / _____

15 Jake는 웃고 있어 / 조용히. ▶ 조용히 quietly
_____ / _____

16 난 포기하지 않아 / 쉽게.
_____ / _____

17 그녀는 살지 않아 / 가깝게. ▶ 가깝게 close
_____ / _____

18 그는 일어나지 않았어 / 일찍.
_____ / _____

19 그들은 도착하지 않았어 / 늦게. ▶ 늦게 late
_____ / _____

20 우린 생각하지 않았어 / 그것에 대해 / 심각하게. ▶ 심각하게 seriously
_____ / _____ / _____

흰띠 2단 **27**

STEP 2

연기낭독 훈련

답을 맞춰 보며 상대방에게 이야기하듯 실감나게 낭독한 후 낭독 횟수를 체크하세요.

조용히, 억양 없이, 영혼 없이 낭독하면 공식으로만 남게 돼 매우 위험함.

		4회	8회	12회
1	I run fast.	✓	☐☐	☐☐
2	We live happily.	☐☐	☐☐	☐☐
3	She exercises hard.	☐☐	☐☐	☐☐
4	They think differently.	☐☐	☐☐	☐☐
5	He often comes here.	☐☐	☐☐	☐☐
6	I moved this carefully.	☐☐	☐☐	☐☐
7	He smiled ironically.	☐☐	☐☐	☐☐
8	She left soon.	☐☐	☐☐	☐☐
9	We drank lightly.	☐☐	☐☐	☐☐
10	Scarlett danced beautifully.	☐☐	☐☐	☐☐
11	He is singing loudly.	☐☐	☐☐	☐☐
12	We are walking slowly.	☐☐	☐☐	☐☐
13	She is singing and dancing perfectly.	☐☐	☐☐	☐☐
14	My girlfriend is crying sadly.	☐☐	☐☐	☐☐
15	Jake is laughing quietly.	☐☐	☐☐	☐☐
16	I don't give up easily.	☐☐	☐☐	☐☐
17	She doesn't live close.	☐☐	☐☐	☐☐
18	He didn't wake up early.	☐☐	☐☐	☐☐
19	They didn't arrive late.	☐☐	☐☐	☐☐
20	We didn't think about it seriously.	☐☐	☐☐	☐☐

입영작 영어회화 : 영어로 잘 대답하기

STEP 3

입영작 마스터 훈련

조금 더 자연스러운 우리말 문장을 보고 실감나게 입영작하세요.

'걔'는 he가 될 수도 she가 될 수도 있으며 여러분의 선택입니다.

		1차	2차	3차
1	난 빠르게 달려.			
2	우린 행복하게 살아.			
3	걔는 열심히 운동해.			
4	걔네는 다르게 생각해.			
5	걔는 여기 자주 와.			
6	난 이걸 조심스럽게 옮겼어.			
7	걔가 아이러니하게 미소 지었어.			
8	걔는 금방 떠났어.			
9	우린 가볍게 마셨어.			
10	Scarlett은 아름답게 춤췄어.			
11	걔가 크게 노래하고 있어.			
12	우린 천천히 걷고 있어.			
13	걔는 완벽하게 노래하고 춤추고 있어.			
14	내 여자친구가 슬프게 울고 있어.			
15	Jake는 조용히 웃고 있어.			
16	난 쉽게 포기하지 않아.			
17	걔는 가까이 살지 않아.			
18	걔는 일찍 일어나지 않았어.			
19	걔네는 늦게 도착하지 않았어.			
20	우린 그거에 대해 심각하게 생각 안 했어.			

심하게 버벅거림 : 1점
버벅거림은 줄었으나 책 읽듯 어색함 : 3점
연기하듯 자연스러움 : 5점

TOTAL | 1차 | 2차 | 3차 |

40점 이하 — 연기낭독 훈련 부터 다시
41~79점 — 입영작 마스터 훈련 재도전
80점 이상 — 흰띠 2단 완성

흰띠 2단

흰띠 3단

CALL ME RIGHT NOW.
지금 당장 전화해.

사용빈도 ★★★★★
난이도 ★

영미: (문자메시지) 어디야?
마유: (문자메시지) 어... 친구들이랑 공부.
영미: (문자메시지) 자긴 클럽에서 공부하나 봐?! 지금 당장 전화해.
마유: (당장 전화) 자기야! 나 끌려온 거야!

상황 영미는 마유에게 지금 당장 전화하라고 '명령'하고 있습니다.

무기 [동사원형]! ~해!

1 문장을 [동사원형]부터 던지고 시작하면 '명령'이 됩니다.

   예) 일해 + 열심히. (Work + hard.)

2 어떤 '상태'가 되라고 [형용사]를 써서 명령할 때는
   [be동사]의 [동사원형]인 [Be]를 형용사 앞에 씁니다.

   예) 행복해. (Be happy.)

3 '하지 마' 라고 할 땐 'Don't'를 [동사원형] 앞에 넣어 줍니다.

   예) Don't + call me. (나한테 전화하지 마.)
       Don't + be rude. (무례하게 굴지 마.)

4 명령이라고 해서 무조건 명령조이거나 예의 없는 표현은 아닙니다.
   '울지 마.', '항상 행복해.' 등 분위기, 말투, 억양에 따라 느낌이 달라집니다.

무기 사용법
[동사원형]부터 어순 진행

명문
1. 나한테 키스해 줘.
2. [키스해 줘] + [나한테].
   [Kiss] + [me].
3. Kiss me.

명령
1. 그녀에게 잘해 줘.
2. [잘해 줘] + [그녀에게].
   [Be nice] + [to her].
3. Be nice to her.

명령 (부정)
1. 날 따라오지 마!
2. [따라오지 마] + [나를]!
   [Don't follow] + [me]!
3. Don't follow me!

> **무기 UPGRADE**
> '절대 ~하지 마' 라고 강조할 땐 [Don't] 대신 [Never]를 사용함.
> 예) <u>Never</u> touch my chicken. (절대 내 치킨 건드리지 마.)

예문 폭탄

1. **Leave / now!**
   (떠나 / 지금!)

2. **Practice / this sentence.**
   (연습해 / 이 문장을.)

3. **Finish / your homework / today.**
   (끝내 / 네 숙제를 / 오늘.)

4. **Dance / with me.**
   (춤을 춰 / 나랑.)

5. **Drink / this orange juice.**
   (마셔 / 이 오렌지 주스를.)

6. **Help / your mother / tomorrow.**
   (도와드려 / 너희 어머니를 / 내일.)

7. **Be happy.**
   (행복해.)

8. **Don't cry.**
   (울지 마.)

9. **Don't look / at him.**
   (쳐다보지 마 / 그를.)

10. **Don't be sad.**
    (슬퍼하지 마.)

STEP 1

손영작 입영작 어순 훈련

막히지 않을 때까지
손영작 + 입영작 무한반복 하세요.

1 일해 / 열심히 / 매일.　　　　　　　　　　　　　　　　▶ 열심히 hard

　_____ / _____ / _____

2 전화해 / 내게 / 내일.

　_____ / _____ / _____

3 사용해 / 내 스마트폰을.

　_____ / _____

4 도와줘 / 네 언니를 / 지금.

　_____ / _____ / _____

5 읽어 / 이 잡지를.　　　　　　　　　　　　　　　　　　▶ 잡지 magazine

　_____ / _____

6 머물러 / 나랑 / 여기에.

　_____ / _____ / _____

7 써 / 100문장들을.

　_____ / _____

8 강해져.

　_____

9 쿨해져.

　_____

10 친절해 / 네 고객들에게.　　　　　　　　　　　　　　　▶ 고객 customer

　_____ / _____

WARNING 성급히 넘어가면 결국 또다시 왕초보 영어에 머물 것을 보장함

11 가지 마.

_____

12 흡연하지 마 / 여기에서.   ▶ 흡연하다 smoke

_____ / _____

13 먹지 마 / 내 아이스크림을.

_____ / _____

14 열지 마 / 이 상자를.

_____ / _____

15 만지지 마 / 내 새 드레스를.

_____ / _____

16 수줍어하지 마.

_____

17 화내지 마.   ▶ 화난 mad

_____

18 늦지 마 / 오늘밤에.

_____ / _____

19 절대 약해지지 마.

_____

20 절대 무례해지지 마.   ▶ 무례한 rude

_____

흰띠 3단 **33**

STEP 2

 연기낭독 훈련

답을 맞춰 보며 상대방에게 이야기하듯 실감나게 낭독한 후 낭독 횟수를 체크하세요.

조용히, 억양 없이, 영혼 없이 낭독하면 공식으로만 남게 돼 매우 위험함.

		4회	8회	12회
1	Work hard every day.	✓		
2	Call me tomorrow.			
3	Use my smart phone.			
4	Help your sister now.			
5	Read this magazine.			
6	Stay with me here.			
7	Write 100 sentences.			
8	Be strong.			
9	Be cool.			
10	Be kind to your customers.			
11	Don't go.			
12	Don't smoke here.			
13	Don't eat my ice cream.			
14	Don't open this box.			
15	Don't touch my new dress.			
16	Don't be shy.			
17	Don't be mad.			
18	Don't be late tonight.			
19	Never be weak.			
20	Never be rude.			

STEP 3

입영작 마스터 훈련

조금 더 자연스러운 우리말 문장을 보고 실감나게 입영작하세요.

'걔'는 he가 될 수도 she가 될 수도 있으며 여러분의 선택입니다.

		1차	2차	3차
1	매일 열심히 일해.			
2	내일 나한테 전화해.			
3	내 스마트폰 써.			
4	지금 네 언니 도와줘.			
5	이 잡지 읽어.			
6	여기서 나랑 머물러.			
7	100문장 써.			
8	강해져.			
9	쿨해져.			
10	네 고객들한테 친절해.			
11	가지 마.			
12	여기서 흡연하지 마.			
13	내 아이스크림 먹지 마.			
14	이 상자 열지 마.			
15	내 새 드레스 만지지 마.			
16	수줍어하지 마.			
17	화내지 마.			
18	오늘밤 늦지 마.			
19	절대 약해지지 마.			
20	절대 무례해지지 마.			

심하게 버벅거림 : 1점
버벅거림은 줄었으나 책 읽듯 어색함 : 3점
연기하듯 자연스러움 : 5점

TOTAL 1차 2차 3차

40점 이하 — 연기낭독 훈련 부터 다시
41~79점 — 입영작 마스터 훈련 재도전
80점 이상 — 흰띠 3단 완성

흰띠 3단

I WEAR GLASSES.
나 (원래) 안경 써.

사용빈도 ★★★★★
난이도 ★

마유: 웬일로 안경을 쓰고 있어?
준경: **나 (원래) 안경 써.**
마유: 좋잖아. 가리니까 참 좋잖아.

상황 준경이는 자신이 원래 안경을 쓴다는 '기존 사실'을 강조하고 있습니다.

무기

[현재동사] (원래) ~한다

1. [일반동사]의 현재형은 특히 기존의 사실/일반적인 사실을 표현합니다.

2. 말하는 순간 한참 하고 있지 않아도 기존의 사실이면 '현재동사'를 씁니다. 지금 당장 고기를 먹고 있지 않아도, 원래 고기를 먹는 사람이라면 '나 고기 먹어.' 라고 하는 것입니다.

   예) 나 (원래) 고기 먹어. (I eat meat.)
   　　Andrew가 그녀를 좋아해. (Andrew likes her.)
   　　걔는 (원래) 운동 안 해. (She doesn't exercise.)

무기 사용법

[주어] + [현재동사]

현재
1. 난 그녀를 좋아해.
2. [난] + [좋아해] + [그녀를].
   [I] + [like] + [her].
3. I like her.

현재
1. Andrew는 안경을 써.
2. [Andrew는] + [써] + [안경을].
   [Andrew] + [wears] + [glasses].
3. Andrew wears glasses.

현재 (부정)
1. 그녀는 운동하지 않아.
2. [그녀는] + [운동하지 않아].
   [She] + [doesn't exercise].
3. She doesn't exercise.

무기 UPGRADE
질문형 문장은 [Do동사 + 주어] + [동사원형]?의 어순으로 진행.
예) She likes me. → Does she like me?

예문 폭탄

1. **I like / Michael Jackson.**
   (난 좋아해 / Michael Jackson을.)

2. **She likes / Italian food.**
   (그녀는 좋아해 / 이탈리아 음식을.)

3. **We exercise / every day.**
   (우린 운동해 / 매일.)

4. **He enjoys / watching movies.**
   (그는 즐겨 / 영화 보는 것을.)

5. **I don't want / your help.**
   (난 원하지 않아 / 네 도움을.)

6. **She doesn't need / my advice.**
   (그녀는 필요로 하지 않아 / 내 충고를.)

7. **We don't have / money.**
   (우린 가지고 있지 않아 / 돈을.)

8. **Do you remember / me?**
   (넌 기억하니 / 나를?)

9. **Does she live / here?**
   (그녀는 사니 / 여기에?)

10. **Do they work / with you?**
    (그들은 일하니 / 너와?)

STEP 1

**손영작
입영작
어순 훈련**

막히지 않을 때까지
손영작＋입영작 무한반복 하세요.

1 난 좋아해 / Ashley를.

_____ / _____

2 그녀는 사랑해 / 그녀의 남자친구를.

_____ / _____

3 그들은 와 / 여기에 / 매주.　　　　　　　　　　　　　　　　　▶ 매주 every week

_____ / _____ / _____

4 그는 좋아해 / 한국 음식을.

_____ / _____

5 그들은 공부해 / 우리랑.

_____ / _____

6 난 일어나 / 일찍.

_____ / _____

7 그는 전화해 / 내게 / 매일.

_____ / _____ / _____

8 그녀는 마셔 / 많은 물을.　　　　　　　　　　　　　　　　　　▶ 많은 a lot of

_____ / _____

9 우린 살아 / 같이 / 서울에서.

_____ / _____ / _____

10 그들은 가지고 있어 / 20명의 직원들을.　　　　　　　　　　　▶ 직원 employee

_____ / _____

WARNING 성급히 넘어가면 결국 또다시 왕초보 영어에 머물 것을 보장함

11 난 가지고 있지 않아 / 돈을.

_____ / _____

12 난 먹지 않아 / 중국 음식을.

_____ / _____

13 그녀는 필요로 하지 않아 / 날.

_____ / _____

14 우린 좋아하지 않아 / 그의 새 앨범을.

_____ / _____

15 Kelly는 일하지 않아 / 여기에서.

_____ / _____

16 넌 좋아하니 / 치킨을?

_____ / _____

17 그녀는 달리니 / 매일?

_____ / _____

18 그는 사니 / 샌디에이고에서?

_____ / _____

19 넌 물 주니 / 너의 꽃들을 / 매 주말마다?   ▶ 물 주다 water   ▶ 매 주말마다 every weekend

_____ / _____ / _____

20 그들은 구사하니 / 영어를?   ▶ 구사하다 speak

_____ / _____

STEP 2

연기낭독 훈련

답을 맞춰 보며 상대방에게 이야기하듯 실감나게 낭독한 후 낭독 횟수를 체크하세요.

조용히, 억양 없이, 영혼 없이 낭독하면 공식으로만 남게 돼 매우 위험함.

	4회	8회	12회

1. I like Ashley.
2. She loves her boyfriend.
3. They come here every week.
4. He likes Korean food.
5. They study with us.
6. I wake up early.
7. He calls me every day.
8. She drinks a lot of water.
9. We live together in Seoul.
10. They have 20 employees.
11. I don't have money.
12. I don't eat Chinese food.
13. She doesn't need me.
14. We don't like his new album.
15. Kelly doesn't work here.
16. Do you like chicken?
17. Does she run every day?
18. Does he live in San Diego?
19. Do you water your flowers every weekend?
20. Do they speak English?

STEP 3

입영작 마스터 훈련

조금 더 자연스러운 우리말 문장을 보고 실감나게 입영작하세요.

'걔'는 he가 될 수도 she가 될 수도 있으며 여러분의 선택입니다.

		1차	2차	3차
1	나 Ashley 좋아해.			
2	걔는 자기 남자친구를 사랑해.			
3	걔네 여기 매주 와.			
4	걔는 한국 음식 좋아해.			
5	걔네 우리랑 공부해.			
6	나 일찍 일어나.			
7	걔는 매일 나한테 전화해.			
8	걔는 물을 많이 마셔.			
9	우리 서울에서 같이 살아.			
10	걔네는 20명의 직원들을 가지고 있어.			
11	나 돈 없어.			
12	나 중국 음식 안 먹어.			
13	걔는 내가 필요 없어.			
14	우린 그의 새 앨범을 안 좋아해.			
15	Kelly는 여기서 일 안 해.			
16	너 치킨 좋아해?			
17	걔는 매일 달려?			
18	걔가 샌디에이고에 살아?			
19	너 매 주말마다 네 꽃들에 물 줘?			
20	걔네는 영어를 구사하니?			

심하게 버벅거림 : 1점
버벅거림은 줄었으나 책 읽듯 어색함 : 3점
연기하듯 자연스러움 : 5점

TOTAL 1차 2차 3차

40점 이하 — 연기낭독훈련 부터 다시
41~79점 — 입영작 마스터 훈련 재도전
80점 이상 — 흰띠 4단 완성

흰띠 4단 41

YOU ARE EATING CHICKEN!
치킨 먹고 있네!

사용빈도 ★★★★★
난이도 ★☆

마유: **치킨 먹고 있네!** 너 채식주의자잖아.
세영: 채소만 먹으니까 어지럽더라고.
마유: 치킨 한번 맛들이면 못 돌아가. 나 매우 진지해.

상황 마유는 세영이가 원래 채식주의자든 아니든 상관없이 '바로 이 순간' 한참 치킨을 먹고 있다는 걸 표현하고 있습니다.

무기
[현재형 be동사 + ~ing] ~하고 있다

1. 흔히 [현재진행형]이라고 불리는 무기입니다.

2. [현재형]이 기존의 사실/일반적인 사실을 표현하는 반면, [현재진행형]은 기존의 사실/일반적인 사실과 상관없이 현재 (혹은 그즈음) 한참 진행 중인 행동을 표현합니다.

　예) 나 안경 쓰고 있어. (I am wearing glasses.)
　　　(원래 안 쓰더라도 지금 당장은 쓰고 있다는 대답)

　　　나 샐러드 먹고 있어. (I am eating salad.)
　　　(원래 샐러드를 안 먹더라도 지금 당장은 먹고 있다는 대답)

무기 사용법

[주어 + 현재형 be동사 + ~ing]

현재진행
1. 난 뭔가를 먹고 있어.
2. [난 먹고 있어] + [뭔가를].
   [I + am + eating] + [something].
3. I am eating something.

현재진행 (부정)
1. 그녀는 자고 있지 않아.
2. [그녀는 자고 있지 않아].
   [She + is + not sleeping].
3. She is not sleeping.

현재진행
1. 그들은 맥주를 마시고 있어.
2. [그들은 마시고 있어] + [맥주를].
   [They + are + drinking] + [beer].
3. They are drinking beer.

무기 UPGRADE 질문형 문장은 [현재형 Be동사 + 주어 + ~ing]?의 어순으로 진행.
예) They are running. → Are they running?

예문 폭탄

1. **I am driving / a Lamborghini.**
   (난 운전하고 있어 / Lamborghini를.)

2. **I am doing / something.**
   (난 하고 있어 / 뭔가를.)

3. **She is wearing / a mini skirt.**
   (그녀는 입고 있어 / 미니 스커트를.)

4. **We are watching / a TV drama.**
   (우린 시청하고 있어 / TV 드라마를.)

5. **I am not working.**
   (난 일하고 있지 않아.)

6. **My car is not moving.**
   (내 차는 움직이고 있지 않아.)

7. **Tiffany is not doing / her homework.**
   (Tiffany는 하고 있지 않아 / 그녀의 숙제를.)

8. **Are you crying / now?**
   (넌 울고 있니 / 지금?)

9. **Are they staying / in Seoul?**
   (그들은 머물고 있니 / 서울에?)

10. **Is he bothering / you?**
    (그가 귀찮게 하고 있니 / 너를?)

STEP 1

손영작 입영작 어순 훈련

막히지 않을 때까지 손영작＋입영작 무한반복 하세요.

1 난 먹고 있어 / 치킨을 / 지금.
_____ / _____ / _____

2 그녀는 도와드리고 있어 / 그녀의 어머니를.
_____ / _____

3 우린 마시고 있어 / 함께.
_____ / _____

4 그는 요리하고 있어 / 뭔가를.
_____ / _____

5 그들은 춤추고 있어 / 그 무대 위에서.   ▶ 무대 위에서 on the stage
_____ / _____

6 난 얘기하고 있어 / 내 여자친구와.   ▶ ~와 얘기하다 talk to
_____ / _____

7 누군가가 해킹하고 있어 / 너의 시스템을.   ▶ 누군가 someone   ▶ 해킹하다 hack
_____ / _____

8 이 차는 움직이고 있어 / 빠르게.
_____ / _____

9 Ryan은 쓰고 있어 / 책을.
_____ / _____

10 난 생각하고 있어 / 너에 대해서.
_____ / _____

성급히 넘어가면 결국
또다시 왕초보 영어에
머물 것을 보장함

11 그녀는 일하고 있지 않아.

_____

12 난 하고 있지 않아 / 아무것도.   ▶ 아무것도 anything

_____ / _____

13 우린 즐기고 있지 않아 / 이 콘서트를.

_____ / _____

14 네 친구는 도와주고 있지 않아 / 우리를.

_____ / _____

15 Kenny는 사용하고 있지 않아 / 네 컴퓨터를.

_____ / _____

16 그녀는 자고 있니?

_____

17 그들은 일하고 있니 / 지금?

_____ / _____

18 넌 하고 있니 / 게임을?

_____ / _____

19 그는 읽고 있니 / 잡지를?

_____ / _____

20 그녀는 걷고 있니 / 너랑?

_____ / _____

STEP 2

연기낭독 훈련

답을 맞춰 보며 상대방에게 이야기하듯 실감나게 낭독한 후 낭독 횟수를 체크하세요.

조용히, 억양 없이, 영혼 없이 낭독하면 공식으로만 남게 돼 매우 위험함.

		4회	8회	12회
1	I am eating chicken now.	☑	☐	☐
2	She is helping her mother.	☐	☐	☐
3	We are drinking together.	☐	☐	☐
4	He is cooking something.	☐	☐	☐
5	They are dancing on the stage.	☐	☐	☐
6	I am talking to my girlfriend.	☐	☐	☐
7	Someone is hacking your system.	☐	☐	☐
8	This car is moving fast.	☐	☐	☐
9	Ryan is writing a book.	☐	☐	☐
10	I am thinking about you.	☐	☐	☐
11	She is not working.	☐	☐	☐
12	I am not doing anything.	☐	☐	☐
13	We are not enjoying this concert.	☐	☐	☐
14	Your friend is not helping us.	☐	☐	☐
15	Kenny is not using your computer.	☐	☐	☐
16	Is she sleeping?	☐	☐	☐
17	Are they working now?	☐	☐	☐
18	Are you playing a game?	☐	☐	☐
19	Is he reading a magazine?	☐	☐	☐
20	Is she walking with you?	☐	☐	☐

STEP 3

입영작 마스터 훈련

조금 더 자연스러운 우리말 문장을 보고 실감나게 입영작하세요.

'걔'는 he가 될 수도 she가 될 수도 있으며 여러분의 선택입니다.

		1차	2차	3차
1	나 지금 치킨 먹고 있어.			
2	걔는 자기 어머니 도와드리고 있어.			
3	우리 같이 마시고 있어.			
4	걔는 뭔가를 요리하고 있어.			
5	걔네는 그 무대 위에서 춤추고 있어.			
6	나 내 여자친구랑 얘기하고 있어.			
7	누군가가 네 시스템을 해킹하고 있어.			
8	이 차가 빠르게 움직이고 있어.			
9	Ryan은 책을 쓰고 있어.			
10	나 너에 대해 생각하고 있어.			
11	걔는 일 안 하고 있어.			
12	나 아무것도 안 하고 있어.			
13	우린 이 콘서트를 즐기고 있지 않아.			
14	네 친구가 우릴 안 도와주고 있어.			
15	Kenny는 네 컴퓨터를 안 쓰고 있어.			
16	걔 자고 있니?			
17	걔네 지금 일하고 있어?			
18	너 게임하고 있어?			
19	걔는 잡지를 읽고 있니?			
20	걔는 너랑 걷고 있니?			

심하게 버벅거림 : 1점
버벅거림은 줄었으나 책 읽듯 어색함 : 3점
연기하듯 자연스러움 : 5점

TOTAL 1차 2차 3차

40점 이하 — 연기낭독 훈련 부터 다시
41~79점 — 입영작 마스터 훈련 재도전
80점 이상 — 흰띠 5단 완성

흰띠 5단 47

I ATE CHICKEN LAST NIGHT.

나 어젯밤에 치킨 먹었어.

 솔비: 얼굴이 왜 이래?
마유: 어젯밤에 치킨 먹었어. 나 많이 부었어?
솔비: 그냥 살찐 거야.

상황 마유는 '어젯밤'에 치킨을 먹었다는 '과거 동작'에 대해 말하고 있습니다.

무기 [과거동사] ~했다

1 [일반동사]의 과거형은 과거의 어느 한 시점에 벌어진 사실을 표현합니다.

예) 나 기절했어. (I passed out.)
April은 어제 발찌를 샀어. (April bought an anklet.)
그는 작년에 결혼했어. (He got married last year.)

무기 사용법

[주어] + [과거동사]

과거
1. 나는 그녀를 좋아했어.
2. [나는] + [좋아했어] + [그녀를].
   [I] + [liked] + [her].
3. I liked her.

과거
1. Ellie는 어제 Prada 가방을 샀어.
2. [Ellie는] + [샀어] + [Prada 가방을] + [어제].
   [Ellie] + [bought] + [a Prada bag] + [yesterday].
3. Ellie bought a Prada bag yesterday.

과거 (부정)
1. 그녀는 아무것도 안 먹었어.
2. [그녀는] + [안 먹었어] + [아무것도].
   [She] + [didn't eat] + [anything].
3. She didn't eat anything.

무기 UPGRADE
질문형 문장은 [Did + 주어] + [동사원형]?의 어순으로 진행
예) She <u>liked</u> me. → <u>Did</u> she <u>like</u> me?

예문 폭탄

1. **I lied / to my boyfriend.**
   (난 거짓말했어 / 내 남자친구에게.)

2. **She called / me / last night.**
   (그녀는 전화했어 / 내게 / 어젯밤에.)

3. **We woke up / early.**
   (우린 일어났어 / 일찍.)

4. **He dumped / his girlfriend.**
   (그는 차버렸어 / 그의 여자친구를.)

5. **I didn't like / my pictures.**
   (난 좋아하지 않았어 / 내 사진들을.)

6. **She didn't work / yesterday.**
   (그녀는 일하지 않았어 / 어제.)

7. **They didn't hire / my friend.**
   (그들은 고용하지 않았어 / 내 친구를.)

8. **Did you steal / my wallet?**
   (네가 훔쳤니 / 내 지갑을?)

9. **Did she buy / an iPhone?**
   (그녀가 샀니 / 아이폰을?)

10. **Did they follow / you?**
    (그들은 따라왔니 / 너를?)

STEP 1

손영작 입영작 어순 훈련

막히지 않을 때까지 손영작+입영작 무한반복 하세요.

1 난 사랑했어 / 널.

_____ / _____

2 그녀는 키스했어 / 내게.

_____ / _____

3 그들은 떠났어 / 한국을 / 어제.

_____ / _____ / _____

4 그는 이사했어 / 뉴욕으로.   ▶ ~로 이사하다 move to

_____ / _____

5 우린 지었어 / 집을 / 캘리포니아에.   ▶ (집 등을) 짓다 build

_____ / _____ / _____

6 난 졸업했어 / 작년에.   ▶ 졸업하다 graduate

_____ / _____

7 그녀는 떠났어 / 캐나다를 / 2016년에.

_____ / _____ / _____

8 우린 마셨어 / 많은 물을.

_____ / _____

9 그들은 해고했어 / 내 상사를.   ▶ 해고하다 fire   ▶ 상사 boss

_____ / _____

10 그는 열었어 / 그 문을 / 날 위해.

_____ / _____ / _____

경고 WARNING — 성급히 넘어가면 결국 또다시 왕초보 영어에 머물 것을 보장함

11 난 몰랐어 / 그의 이름을.
　　_____ / _____

12 그들은 좋아하지 않았어 / 내 아이디어를.
　　_____ / _____

13 그는 전화하지 않았어 / 내게 / 어제.
　　_____ / _____ / _____

14 그녀는 도와주지 않았어 / 우릴 / 오늘.
　　_____ / _____ / _____

15 난 춤추지 않았어 / 네 여자친구랑.
　　_____ / _____

16 그들이 고용했니 / Colin을?　　▶ 고용하다 hire
　　_____ / _____

17 넌 갔니 / 학교에 / 어제?
　　_____ / _____ / _____

18 그가 코골았니 / 어젯밤에?　　▶ 코골다 snore
　　_____ / _____

19 넌 끝냈니 / 네 에세이를?
　　_____ / _____

20 그녀는 팔았니 / 그녀의 스카프를?　　▶ 스카프 scarf
　　_____ / _____

STEP 2

연기낭독 훈련

답을 맞춰 보며 상대방에게 이야기하듯 실감나게 낭독한 후 낭독 횟수를 체크하세요.

조용히, 억양 없이, 영혼 없이 낭독하면 공식으로만 남게 돼 매우 위험함.

1. I loved you.
2. She kissed me.
3. They left Korea yesterday.
4. He moved to New York.
5. We built a house in California.
6. I graduated last year.
7. She left Canada in 2016.
8. We drank a lot of water.
9. They fired my boss.
10. He opened the door for me.
11. I didn't know his name.
12. They didn't like my idea.
13. He didn't call me yesterday.
14. She didn't help us today.
15. I didn't dance with your girlfriend.
16. Did they hire Colin?
17. Did you go to school yesterday?
18. Did he snore last night?
19. Did you finish your essay?
20. Did she sell her scarf?

STEP 3

입영작 마스터 훈련

조금 더 자연스러운 우리말 문장을 보고 실감나게 입영작하세요.

'걔'는 he가 될 수도 she가 될 수도 있으며 여러분의 선택입니다.

		1차	2차	3차
1	난 널 사랑했어.			
2	걔가 나한테 키스했어.			
3	걔네 어제 한국을 떠났어.			
4	걔는 뉴욕으로 이사했어.			
5	우리 캘리포니아에다 집을 지었어.			
6	나 작년에 졸업했어.			
7	걔는 2016년에 캐나다를 떠났어.			
8	우린 많은 물을 마셨어.			
9	그들이 내 상사를 해고했어.			
10	걔가 날 위해 그 문을 열어 줬어.			
11	나 걔 이름 몰랐어.			
12	걔네는 내 아이디어를 안 좋아했어.			
13	걔는 어제 나한테 전화 안 했어.			
14	걔는 오늘 우리 안 도와줬어.			
15	나 네 여자친구랑 춤 안 췄어.			
16	걔네가 Colin을 고용했어?			
17	너 어제 학교 갔어?			
18	걔가 어젯밤에 코골았어?			
19	넌 네 에세이를 끝냈니?			
20	걔는 자기 스카프를 팔았니?			

심하게 버벅거림 : 1점
버벅거림은 줄었으나 책 읽듯 어색함 : 3점
연기하듯 자연스러움 : 5점

TOTAL 1차   2차   3차

40점 이하 — 연기낭독 훈련 부터 다시
41~79점 — 입영작 마스터 훈련 재도전
80점 이상 — 흰띠 6단 완성

훈띠 7단

I WAS REMOVING MY MAKEUP.

나 화장 지우고 있었어.

사용빈도
★★★★★
난이도
★★☆

마유: 자기, 어젯밤에 왜 전화 안 받았어?
유리: 나 10시 8분경에 화장 지우고 있었어.
마유: 뭘 이리 자세해?

상황 유리는 과거 시점(10시 8분 혹은 그즈음)에 한참 화장을 지우고 있었다고 말하고 있습니다.

무기

[과거형 be동사 + ~ing]
~하고 있었다 (과거진행형)

---

1. 흔히 [과거진행형]이라고 불리는 무기입니다.

2. 과거 한 시점 (혹은 그즈음) 한참 진행 중이었던 행동을 표현합니다.

　예) 난 치킨을 먹고 있었어. (I was eating chicken.)
　　　그녀는 울고 있지 않았어. (She was not crying.)
　　　너 메이크업 하고 있었어? (Were you putting on makeup?)

무기 사용법
[주어 + 과거형 be동사 + ~ing]

과거진행
1. 난 치킨을 먹고 있었어.
2. [난 먹고 있었어] + [치킨을].
   [I + was + eating] + [chicken].
3. I was eating chicken.

과거진행 (부정)
1. 그녀는 울고 있지 않았어.
2. [그녀는 울고 있지 않았어].
   [She + was + not crying].
3. She was not crying.

과거진행
1. 그들은 서로를 도와주고 있었어.
2. [그들은 도와주고 있었어] + [서로를].
   [They + were + helping] + [each other].
3. They were helping each other.

무기 UPGRADE
질문형 문장은 [과거형 Be동사 + 주어] + [~ing]?의 어순으로 진행.
예) She was drinking. ➔ Was she drinking?

예문 폭탄

1. **I was driving / a Porsche.**
   (난 운전하고 있었어 / Porsche를.)

2. **I was doing / something.**
   (난 하고 있었어 / 뭔가를.)

3. **She was wearing / a white dress.**
   (그녀는 입고 있었어 / 하얀 드레스를.)

4. **We were watching / a movie.**
   (우린 시청하고 있었어 / 영화를.)

5. **I was not sleeping.**
   (난 자고 있지 않았어.)

6. **The dog was not moving.**
   (그 개는 움직이고 있지 않았어.)

7. **Danny was not writing / his essay.**
   (Danny는 쓰고 있지 않았어 / 그의 에세이를.)

8. **Were you crying?**
   (넌 울고 있었니?)

9. **Was she dancing / at a party?**
   (그녀는 춤추고 있었니 / 파티에서?)

10. **Were they helping / you?**
    (그들은 도와주고 있었니 / 널?)

STEP 1

**손영작
입영작
어순 훈련**

막히지 않을 때까지
손영작＋입영작 무한반복 하세요.

1 난 운전하고 있었어.

2 그녀는 먹고 있었어 / 아이스크림을.

3 그는 일하고 있었어 / 나랑.

4 그건 움직이고 있었어 / 빠르게.

5 그들은 춤추고 있었어 / 그 방 안에서.

6 Sue와 Alice는 노래하고 있었어.

7 난 생각하고 있었어 / 너에 대해서.

8 그는 테스트하고 있었어 / 그의 아이디어를.   ▶ 테스트하다 test

9 그녀는 잠자고 있었어 / 그녀의 방 안에서.

10 Yessica는 요리하고 있었어 / 날 위해.

성급히 넘어가면 결국 또다시 왕초보 영어에 머물 것을 보장함

WARNING

11 난 먹고 있지 않았어 / 네 쿠키들을.

                                            /

12 그는 따라오고 있지 않았어 / 널.   ▶ 따라오다 follow

                                            /

13 Chris는 쇼핑하고 있지 않았어.

14 난 쳐다보고 있지 않았어 / 널.   ▶ ~을 쳐다보다 look at

                                            /

15 우린 공부하고 있지 않았어 / 함께.

                                            /

16 내가 말하고 있었니 / 너에게?   ▶ ~에게 말하다 talk to

                                            /

17 넌 하고 있었니 / 뭔가를?

                                            /

18 그녀는 씻고 있었니 / 그녀의 손들을?

                                            /

19 그들은 먹고 있었니 / 피자를?

                                            /

20 Jenny는 도와주고 있었니 / 널?

                                            /

흰띠 7단

STEP 2

연기낭독 훈련

답을 맞춰 보며 상대방에게 이야기하듯 실감나게 낭독한 후 낭독 횟수를 체크하세요.

조용히, 억양 없이, 영혼 없이 낭독하면 공식으로만 남게 돼 매우 위험함.

		4회	8회	12회
1	I was driving.	✓		
2	She was eating an ice cream.			
3	He was working with me.			
4	It was moving fast.			
5	They were dancing in the room.			
6	Sue and Alice were singing.			
7	I was thinking about you.			
8	He was testing his idea.			
9	She was sleeping in her room.			
10	Yessica was cooking for me.			
11	I was not eating your cookies.			
12	He was not following you.			
13	Chris was not shopping.			
14	I was not looking at you.			
15	We were not studying together.			
16	Was I talking to you?			
17	Were you doing something?			
18	Was she washing her hands?			
19	Were they eating pizza?			
20	Was Jenny helping you?			

STEP 3

입영작 마스터 훈련

조금 더 자연스러운 우리말 문장을 보고 실감나게 입영작하세요.

'걔'는 he가 될 수도 she가 될 수도 있으며 여러분의 선택입니다.

1차 2차 3차

1. 나 운전하고 있었어.
2. 걔는 아이스크림을 먹고 있었어.
3. 걔는 나랑 일하고 있었어.
4. 그건 빠르게 움직이고 있었어.
5. 걔네들은 그 방 안에서 춤추고 있었어.
6. Sue랑 Alice는 노래하고 있었어.
7. 난 너에 대해 생각하고 있었어.
8. 걔는 자기 아이디어를 테스트하고 있었어.
9. 걔는 자기 방에서 자고 있었어.
10. Yessica가 날 위해 요리하고 있었어.
11. 난 네 쿠키들 먹고 있지 않았어.
12. 걔는 널 따라오고 있지 않았어.
13. Chris는 쇼핑하고 있지 않았어.
14. 나 너 쳐다보고 있지 않았어.
15. 우린 같이 공부하고 있지 않았어.
16. 내가 너한테 얘기하고 있었니?
17. 너 뭔가 하고 있었니?
18. 걔는 자기 손들을 씻고 있었어?
19. 걔네는 피자를 먹고 있었니?
20. Jenny가 널 도와주고 있었어?

심하게 버벅거림 : 1점
버벅거림은 줄었으나 책 읽듯 어색함 : 3점
연기하듯 자연스러움 : 5점

TOTAL 1차 2차 3차

40점 이하 — 연기낭독 훈련 부터 다시
41~79점 — 입영작 마스터 훈련 재도전
80점 이상 — 흰띠 7단 완성

I WILL CALL YOU LATER.
나중에 전화할게.

훈띠 8단

사용빈도 ★★★★★
난이도 ★☆

마유: 여보세요? 뭐해?
효주: 나 지금 화장해. **나중에 전화할게.**
마유: 언제? x 3
효주: 아, 나중에! 귀찮게…

상황 효주는 나중에 전화하겠다며, 사전 계획 없는 '순간적 의지'만을 보여 주고 있습니다.

무기

[will] ~할 거야 / ~할게 / ~할래

1 사전 계획 없는 '순간적인 의지'만을 표현하는 무기입니다.

예) (귀찮은 전화에) 이따가 너한테 전화할게. (I will call you later.)
　　(의지만 불타서) 나 모델 될래. (I will be a model.)

2 주어가 내가 아닌 '너' 또는 '제3자'일 경우에는 '남의 의지'를 '추측/확신'하는 것입니다. 이 역시 정확한 사전 정보가 없는 '막연한 추측/확신'입니다.

예) (귀찮아서) 걔가 아마 널 도와줄 거야. (She will probably help you.)
　　(순간 분노하며) 너 이거 후회할 거야. (You will regret this.)

3 [will]의 부정은 [will not]이지만 회화체에선 대부분 [won't]를 사용합니다.

예) I will not go there. = I won't go there. (나 거기 안 갈래.)

| 무기 사용법 | **[주어] + [will 동사원형]** |

의지
1. 난 그녀를 영원히 사랑할 거야.
2. [난] + [사랑할 거야] + [그녀를] + [영원히].
   [I] + [will love] + [her] + [forever].
3. I will love her forever.

의지 (부정)
1. 난 돌아오지 않을 거야.
2. [난] + [돌아오지 않을 거야].
   [I] + [will not come back].
3. I won't come back.

추측/확신
1. 그녀가 널 도와줄 거야.
2. [그녀가] + [도와줄 거야] + [널].
   [She] + [will help] + [you].
3. She will help you.

무기 UPGRADE 질문형 문장은 [Will 주어] + [동사원형]?의 어순으로 진행.
예) She will help us. → Will she help us?

예문 폭탄

1. **I will call / you / later.**
   (내가 전화할게 / 너에게 / 나중에.)

2. **I will study / hard.**
   (난 공부할 거야 / 열심히.)

3. **He will forgive / you.**
   (그는 용서할 거야 / 널.)

4. **They will come back / soon.**
   (그들은 돌아올 거야 / 곧.)

5. **I will be / there.**
   (내가 있을게 / 거기에.)

6. **I won't do / it / again.**
   (난 안 할 거야 / 그걸 / 다시는.)

7. **She won't help / us.**
   (그녀는 도와주지 않을 거야 / 우릴.)

8. **You won't like / her.**
   (넌 맘에 들지 않을 거야 / 그녀가.)

9. **Will you marry / me?**
   (너 결혼할 거야 / 나랑?)

10. **Will he hire / me?**
    (그가 고용할까 / 날?)

STEP 1

손영작 입영작 어순 훈련

막히지 않을 때까지 손영작＋입영작 무한반복 하세요.

1　난 시도할 거야 / 그걸 / 나중에.　　　　　　　　　　　　　　　　▶ 시도하다 try

_____ / _____ / _____

2　난 방문할 거야 / 널 / 언젠가.　　　　　　　　　　　　　　　　▶ 언젠가 someday

_____ / _____ / _____

3　넌 후회할 거야 / 네 결정을.　　　　　　　　　　　▶ 후회하다 regret　　▶ 결정 decision

_____ / _____

4　그는 찾을 거야 / 누군가를.

_____ / _____

5　그들은 떠날 거야 / 곧.

_____ / _____

6　난 부유해질 거야 / 언젠가.

_____ / _____

7　넌 건강해질 거야 / 다시.　　　　　　　　　　　　　　　　　　▶ 건강한 healthy

_____ / _____

8　그녀는 될 거야 / 내 아내가.　　　　　　　　　　　　　　　　　▶ ~이 되다 be

_____ / _____

9　우린 항상 행복할 거야.　　　　　　　　　　　　　　　　　　　▶ 항상 always

_____

10　그건 어려울 거야.　　　　　　　　　　　　　　　　　　　　▶ 어려운 difficult

_____

성급히 넘어가면 결국
또다시 왕초보 영어에
머물 것을 보장함

WARNING

11 난 잊지 않을 거야 / 네 이름을.　　　　　　　　　　　　　　　　▶ 잊다 forget

　　　_____ / _____

12 난 떠나지 않을 거야 / 널.

　　　_____ / _____

13 넌 후회하지 않을 거야 / 이걸.

　　　_____ / _____

14 그는 좋아하지 않을 거야 / 내 사진을.

　　　_____ / _____

15 그건 쉽지 않을 거야.

　　　_____

16 넌 도와줄 거니 / 날?

　　　_____ / _____

17 넌 사랑할 거니 / 날?

　　　_____ / _____

18 넌 해 줄 거니 / 그걸 / 날 위해?

　　　_____ / _____ / _____

19 Madonna가 방문할까 / 한국을 / 언젠가?

　　　_____ / _____ / _____

20 그들이 고용할까 / 더 많은 사람들을 / 곧?　　　　　　　　　　　　▶ 고용하다 hire

　　　_____ / _____ / _____

흰띠 8단　　**63**

STEP 2

연기낭독 훈련

답을 맞춰 보며 상대방에게 이야기하듯 실감나게 낭독한 후 낭독 횟수를 체크하세요.

조용히, 억양 없이, 영혼 없이 낭독하면 공식으로만 남게 돼 매우 위험함.

		4회	8회	12회
1	I will try it later.	✓		
2	I will visit you someday.			
3	You will regret your decision.			
4	He will find someone.			
5	They will leave soon.			
6	I will be rich someday.			
7	You will be healthy again.			
8	She will be my wife.			
9	We will always be happy.			
10	It will be difficult.			
11	I won't forget your name.			
12	I won't leave you.			
13	You won't regret this.			
14	He won't like my picture.			
15	It won't be easy.			
16	Will you help me?			
17	Will you love me?			
18	Will you do it for me?			
19	Will Madonna visit Korea someday?			
20	Will they hire more people soon?			

입영작 영어회화 : 영어로 잘 대답하기

STEP 3

입영작 마스터 훈련

조금 더 자연스러운 우리말 문장을 보고 실감나게 입영작하세요.

'걔'는 he가 될 수도 she가 될 수도 있으며 여러분의 선택입니다.

		1차	2차	3차
1	내가 그걸 나중에 시도할 거야.			
2	난 언젠가 널 방문할 거야.			
3	넌 네 결정을 후회할 거야.			
4	걔는 누군가를 찾게 될 거야.			
5	걔네는 금방 떠날 거야.			
6	난 언젠가 부유해질 거야.			
7	넌 다시 건강해질 거야.			
8	걔는 내 아내가 될 거야.			
9	우린 항상 행복할 거야.			
10	그건 어려울 거야.			
11	난 네 이름을 안 잊을 거야.			
12	난 널 안 떠날 거야.			
13	넌 이걸 후회하지 않을 거야.			
14	걔는 내 사진을 안 좋아할 거야.			
15	그건 쉽지 않을 거야.			
16	너 나 도와줄 거야?			
17	너 나 사랑할 거야?			
18	너 날 위해 그거 할 거야?			
19	Madonna가 언젠가 한국을 방문할까?			
20	걔네가 곧 더 많은 사람들을 고용할까?			

심하게 버벅거림 : 1점
버벅거림은 줄었으나 책 읽듯 어색함 : 3점
연기하듯 자연스러움 : 5점

TOTAL 1차 2차 3차

40점 이하 — 연기낭독 훈련 부터 다시
41~79점 — 입영작 마스터 훈련 재도전
80점 이상 — 흰띠 8단 완성

흰띠 8단 **65**

흰띠 9단

I'M GOING TO GO TO MYEONGDONG TO SEE HIM.

나 그 오빠 만나러 명동 갈 거야.

사용빈도 ★★★★★
난이도 ★★

마유: 일 끝나고 뭐 할 거야?
소연: 나 그 오빠 만나러 명동 갈 거야.
마유: 그 사람을 왜 만나!
소연: 벌써 만나기로 했어…

상황 소연이는 그 오빠를 만날 거라는 '사전 계획'과 '의지' 둘 다를 보여 주고 있습니다.

무기
[be going to] ~할 거야 / ~할 계획이야

1 [will]이 '사전 계획' 없이 '순간적인 의지'만 보여준다면, [be going to]는 '사전 계획'과 '의지'를 둘 다 보여줍니다.

2 이전에 이미 마음먹었거나 계획된 것을 실제로 진행할 것임을 표현합니다.

예) 내가 나중에 너한테 전화할게. (I will call you later.)
  ▶ 바쁘거나 귀찮아서 사전 계획 없는 순간적인 의지만 말해 버림.

내가 3시에 너한테 전화할 거야. (I am going to call you at 3.)
  ▶ 할 말이 있어서, 이미 3시에 전화할 계획이 있었고 실제로 전화할 거라는 의지도 전함.

3 [be going to]는 회화체에서 [be gonna] 라는 슬랭으로도 많이 쓰입니다.

예) I am going to call you. = I am gonna call you. (내가 너한테 전화할 거야.)

무기 사용법

[주어] + [be going to + 동사원형]

이미 마음먹은 것의 진행
1. 난 내일 떠날 거야.
2. [난] + [떠날 거야] + [내일].
   [I] + [am going to leave] + [tomorrow].
3. I am going to leave tomorrow.

이미 마음먹은 것의 진행 (부정)
1. 난 오늘은 그녀를 만나지 않을 거야.
2. [나는] + [만나지 않을 거야] + [그녀를] + [오늘은].
   [I] + [am not going to meet] + [her] + [today].
3. I am not going to meet her today.

이미 계획된 것의 진행
1. 그녀는 5월에 아기를 낳을 거야.
2. [그녀는] + [낳을 거야] + [아기를] + [5월에].
   [She] + [is going to have] + [a baby] + [in May].
3. She is going to have a baby in May.

무기 UPGRADE
질문형 문장은 [Be동사 + 주어 + going to + 동사원형]?의 어순으로 진행.
예) She is going to call me. → Is she going to call me?

예문 폭탄

1. **I am going to call / you / at 6:30.**
   (난 전화할 거야 / 너에게 / 6시 반에.)

2. **I am going to buy / this car / in May.**
   (난 살 거야 / 이 차를 / 5월에.)

3. **She is going to sell / her house.**
   (그녀는 팔 거야 / 그녀의 집을.)

4. **We are going to stay / here.**
   (우린 머물 거야 / 여기에.)

5. **He is going to move / to Busan / soon.**
   (그는 이사할 거야 / 부산으로 / 곧.)

6. **I am not going to study / today.**
   (난 공부 안 할 거야 / 오늘.)

7. **She is not going to buy / these skinny jeans.**
   (그녀는 사지 않을 거야 / 이 스키니진을.)

8. **Ella is not going to live / in Canada.**
   (Ella는 살지 않을 거야 / 캐나다에서.)

9. **Are you going to eat / this bread?**
   (넌 먹을 거니 / 이 빵을?)

10. **Is he going to wash / his car / today?**
    (그는 씻을 거니 / 그의 차를 / 오늘?)

STEP 1

손영작 입영작 어순 훈련

막히지 않을 때까지 손영작＋입영작 무한반복 하세요.

1 난 방문할 거야 / 내 어머니를 / 오늘.
   _____ / _____ / _____

2 난 보낼 거야 / 이 편지를 / 그녀에게.   ▶ 보내다 send
   _____ / _____ / _____

3 난 찾을 거야 / 새 직업을.   ▶ 찾다 find
   _____ / _____

4 그들은 해고할 거야 / Jake를 / 곧.   ▶ 해고하다 fire
   _____ / _____ / _____

5 그녀는 갈 거야 / 쇼핑을.
   _____ / _____

6 우린 갈 거야 / 그 도서관에.
   _____ / _____

7 그는 관둘 거야 / 그의 일을 / 내일.   ▶ 관두다 quit
   _____ / _____ / _____

8 Jeremy가 날 픽업할 거야.   ▶ ~를 픽업하다 pick someone up
   _____

9 그들은 심을 거야 / 나무를 / 여기에.   ▶ 심다 plant
   _____ / _____ / _____

10 난 갈 거야 / 맥도날드에.   ▶ 맥도날드 McDonald's
   _____ / _____

경고 WARNING 성급히 넘어가면 결국 또다시 왕초보 영어에 머물 것을 보장함

11 난 주문하지 않을 거야 / 피자를.

_____ / _____

12 우린 운동하지 않을 거야 / 오늘.

_____ / _____

13 그는 방문하지 않을 거야 / 우릴 / 오늘.

_____ / _____ / _____

14 그들은 팔지 않을 거야 / 그들의 사업을.

_____ / _____

15 Thomas는 사지 않을 거야 / 새 차를.

_____ / _____

16 넌 이사할 거니 / 플로리다로 / 내년에?

_____ / _____ / _____

17 넌 갈 거니 / 집에 / 곧?

_____ / _____ / _____

18 넌 전화할 거니 / 네 상사에게 / 지금?

_____ / _____ / _____

19 그녀는 초대할 거니 / Jerry를?   ▶ 초대하다 invite

_____ / _____

20 우린 머물 거니 / 여기에?

_____ / _____

STEP 2

연기낭독 훈련

답을 맞춰 보며 상대방에게 이야기하듯 실감나게 낭독한 후 낭독 횟수를 체크하세요.

조용히, 억양 없이, 영혼 없이 낭독하면 공식으로만 남게 돼 매우 위험함.

		4회	8회	12회
1	I am going to visit my mother today.	✓		
2	I am going to send this letter to her.			
3	I am going to find a new job.			
4	They are going to fire Jake soon.			
5	She is going to go shopping.			
6	We are going to go to the library.			
7	He is going to quit his job tomorrow.			
8	Jeremy is going to pick me up.			
9	They are going to plant a tree here.			
10	I am going to go to McDonald's.			
11	I am not going to order pizza.			
12	We are not going to exercise today.			
13	He is not going to visit us today.			
14	They are not going to sell their business.			
15	Thomas is not going to buy a new car.			
16	Are you going to move to Florida next year?			
17	Are you going to go home soon?			
18	Are you going to call your boss now?			
19	Is she going to invite Jerry?			
20	Are we going to stay here?			

STEP 3

입영작 마스터 훈련

조금 더 자연스러운 우리말 문장을 보고 실감나게 입영작하세요.

'걔'는 he가 될 수도 she가 될 수도 있으며 여러분의 선택입니다.

		1차	2차	3차
1	나 오늘 우리 어머니 방문할 거야.			
2	나 걔한테 이 편지 보낼 거야.			
3	난 새 직업을 찾을 거야.			
4	걔네는 곧 Jake를 해고할 거야.			
5	걔는 쇼핑하러 갈 거야.			
6	우리 그 도서관에 갈 거야.			
7	걔는 내일 자기 일을 관둘 거야.			
8	Jeremy가 날 픽업할 거야.			
9	걔네는 여기에 나무를 심을 거야.			
10	나 맥도날드 갈 거야.			
11	나 피자 주문 안 할 거야.			
12	우리 오늘 운동 안 할 거야.			
13	걔는 오늘 우릴 방문 안 할 거야.			
14	걔네는 자기네들 사업을 안 팔 거야.			
15	Thomas는 새 자동차를 안 살 거야.			
16	너 내년에 플로리다로 이사할 거야?			
17	너 금방 집에 갈 거야?			
18	너 지금 너네 상사한테 전화할 거야?			
19	걔가 Jerry를 초대할 거니?			
20	우리 여기에 머물 거야?			

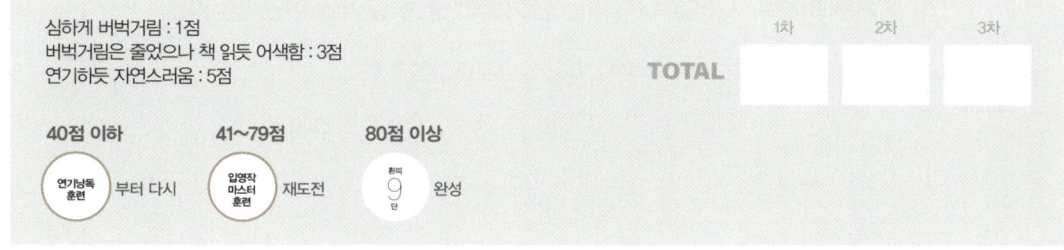

흰띠 10단

I'M LEAVING TOMORROW.

나 내일 떠나.

사용빈도
★★★★★
난이도
★☆

마유: 윤지야, 나 내일 떠나.
윤지: 안 가면 안 되는 거야…?
마유: 미안해. 이미 다 정해진 일이야.

상황 마유는 내일 떠난다고 하는 '확정된' 미래에 대해 대답하고 있습니다.

무기
[be동사 + ~ing] ~해

1. 이번 무기는 [진행형]과 모양은 같지만 쓰임은 전혀 다릅니다. 바로, '확정된 미래'에 대해 말할 때 사용하는 무기입니다. '의지 전달'보다는 '사실 전달'에 가깝습니다.

   예) 나 내일 걔 만나. (I am seeing him tomorrow.)
   나 다음 주에 출장 가. (I am going on a business trip next week.)
   너 내일 몇 시에 떠나? (What time are you leaving tomorrow?)

2. 우리가 한국어로도 '확정된 미래'에 대해 대답할 때, '나 내일 ~할래' (순간적인 의지) 혹은 '나 내일 ~할 거야' (사전 계획 진행)보다는 마치 기존 사실인 냥, '나 내일 ~해'와 같은 말투를 쓰는 것과 비슷합니다.

3. 이 무기는 미래의 시점을 나타내는 단어들과 종종 같이 쓰이곤 합니다.

   예) tomorrow, tonight, next week, this weekend, soon, etc.

무기 사용법

[주어 + 현재형 be동사 + ~ing]

확정된 미래
1. 난 내일 이사 가.
2. [난 이사 가] + [내일].
   [I + am + moving] + [tomorrow].
3. I am moving tomorrow.

확정된 미래 (부정)
1. 그녀는 이 파티에 안 와.
2. [그녀는 안 와] + [이 파티에].
   [She + is + not coming] + [to this party].
3. She is not coming to this party.

확정된 미래
1. 그들은 오늘 은퇴해.
2. [그들은 은퇴해] + [오늘].
   [They + are + retiring] + [today].
3. They are retiring today.

무기 UPGRADE
질문형 문장은 [Be동사 + 주어] + [~ing]?의 어순으로 진행.
예) They are coming. ➔ Are they coming?

예문 폭탄

1. **I am working / in Seoul / tomorrow.**
   (난 일해 / 서울에서 / 내일.)

2. **I am staying / here / for 3 days.**
   (난 머물러 / 여기에서 / 3일 동안.)

3. **I am coming back / on Thursday.**
   (난 돌아와 / 목요일에.)

4. **They are attending / the seminar / tonight.**
   (그들은 참석해 / 그 세미나에 / 오늘밤.)

5. **She is going / to Italy / next week.**
   (그녀는 가 / 이탈리아로 / 다음 주에.)

6. **I am not leaving / until Sunday.**
   (난 떠나지 않아 / 일요일까지는.)

7. **We are not having / a meeting / tomorrow.**
   (우린 갖지 않아 / 모임을 / 내일.)

8. **Are you staying / here / tonight?**
   (넌 머무니 / 여기에서 / 오늘밤?)

9. **Are you coming / with your girlfriend?**
   (넌 오니 / 네 여자친구랑?)

10. **Is she visiting / her employees / tomorrow?**
    (그녀는 방문하니 / 그녀의 직원들을 / 내일?)

STEP 1

손영작 입영작 어순 훈련

막히지 않을 때까지 손영작＋입영작 무한반복 하세요.

1 난 졸업해 / 내일. ▶ 졸업하다 graduate

_____ / _____

2 난 방문해 / 내 할머니를 / 오늘.

_____ / _____ / _____

3 그들은 만나 / 다음 주에.

_____ / _____

4 내 부모님은 돌아오셔 / 오늘.

_____ / _____

5 Ellie는 와 / 네 콘서트에.

_____ / _____

6 난 봐 / 내 남자친구를 / 내일.

_____ / _____ / _____

7 우린 떠나 / 한국을 / 다음 주에.

_____ / _____ / _____

8 그녀는 결혼해 / 내년에. ▶ 결혼하다 get married

_____ / _____

9 내 배터리가 죽어 / 곧. ▶ (배터리 등이) 죽다 die

_____ / _____

10 그녀는 도착해 / 5시에.

_____ / _____

경고 WARNING 성급히 넘어가면 결국 또다시 왕초보 영어에 머물 것을 보장함

11 난 이사하지 않아 / 부산으로.
_____ / _____

12 난 일하지 않아 / 러시아에서.
_____ / _____

13 그녀는 하지 않아 / 아무것도 / 내일.
_____ / _____ / _____

14 내 상사는 방문하지 않아 / 우리를 / 오늘.
_____ / _____ / _____

15 우린 보지 않아 / 뮤지컬을 / 오늘밤에.
_____ / _____ / _____

16 넌 일하니 / 내일?
_____ / _____

17 넌 시작하니 / 사업을 / 곧?
_____ / _____ / _____

18 넌 하니 / 뭔가를 / 오늘밤에?
_____ / _____ / _____

19 그는 사니 / 새 빌딩을 / 홍콩에서?
_____ / _____ / _____

20 우린 이사하니 / 파리로?
_____ / _____

STEP 2

연기낭독 훈련

답을 맞춰 보며 상대방에게 이야기하듯 실감나게 낭독한 후 낭독 횟수를 체크하세요.

조용히, 억양 없이, 영혼 없이 낭독하면 공식으로만 남게 돼 매우 위험함.

		4회	8회	12회
1	I am graduating tomorrow.	✓☐ ☐	☐ ☐	☐ ☐
2	I am visiting my grandmother today.	☐ ☐	☐ ☐	☐ ☐
3	They are meeting next week.	☐ ☐	☐ ☐	☐ ☐
4	My parents are coming back today.	☐ ☐	☐ ☐	☐ ☐
5	Ellie is coming to your concert.	☐ ☐	☐ ☐	☐ ☐
6	I am seeing my boyfriend tomorrow.	☐ ☐	☐ ☐	☐ ☐
7	We are leaving Korea next week.	☐ ☐	☐ ☐	☐ ☐
8	She is getting married next year.	☐ ☐	☐ ☐	☐ ☐
9	My battery is dying soon.	☐ ☐	☐ ☐	☐ ☐
10	She is arriving at 5.	☐ ☐	☐ ☐	☐ ☐
11	I am not moving to Busan.	☐ ☐	☐ ☐	☐ ☐
12	I am not working in Russia.	☐ ☐	☐ ☐	☐ ☐
13	She is not doing anything tomorrow.	☐ ☐	☐ ☐	☐ ☐
14	My boss is not visiting us today.	☐ ☐	☐ ☐	☐ ☐
15	We are not watching a musical tonight.	☐ ☐	☐ ☐	☐ ☐
16	Are you working tomorrow?	☐ ☐	☐ ☐	☐ ☐
17	Are you starting a business soon?	☐ ☐	☐ ☐	☐ ☐
18	Are you doing something tonight?	☐ ☐	☐ ☐	☐ ☐
19	Is he buying a new building in Hong Kong?	☐ ☐	☐ ☐	☐ ☐
20	Are we moving to Paris?	☐ ☐	☐ ☐	☐ ☐

STEP 3

입영작 마스터 훈련

조금 더 자연스러운 우리말 문장을 보고 실감나게 입영작하세요.

'걔'는 he가 될 수도 she가 될 수도 있으며 여러분의 선택입니다.

		1차	2차	3차
1	나 내일 졸업해.			
2	나 오늘 우리 할머니 방문해.			
3	걔네들은 다음 주에 만나.			
4	우리 부모님 오늘 돌아오셔.			
5	Ellie가 네 콘서트에 와.			
6	나 내일 내 남자친구 봐.			
7	우리 다음 주에 한국을 떠나.			
8	걔는 내년에 결혼해.			
9	내 배터리 곧 죽어.			
10	걔는 5시에 도착해.			
11	나 부산으로 이사 안 해.			
12	나 러시아에서 일 안 해.			
13	걔는 내일 아무것도 안 해.			
14	내 상사는 오늘 우릴 방문 안 해.			
15	우리 오늘밤에 뮤지컬 안 봐.			
16	너 내일 일해?			
17	너 사업 곧 시작해?			
18	너 오늘밤에 뭔가 해?			
19	걔 홍콩에서 새 빌딩 사?			
20	우리 파리로 이사해?			

심하게 버벅거림 : 1점
버벅거림은 줄었으나 책 읽듯 어색함 : 3점
연기하듯 자연스러움 : 5점

TOTAL | 1차 | 2차 | 3차 |

40점 이하 — 연기낭독 훈련 부터 다시
41~79점 — 입영작 마스터 훈련 재도전
80점 이상 — 흰띠 10단 완성

흰띠 10단

흰띠 11단

YOU HAVE GAINED WEIGHT!
너 살쪘네!

경주: 어! 너 살쪘네?
마유: 고맙네…
경주: 대체 언제부터 이렇게 된 거야?

상황 한국어로 "살쪘네!" 라는 말투는 얼핏 보면 과거시제 같지만 사실은 "살쪄 있네!" 라는 '현재 상태를 강조'하는 말입니다.

무기

[have p.p.]
(과거에 벌어진/시작된 일이) 현재 ~한 상태다

---

1 과거에 벌어지거나 시작된 일이 '현재' 어떤 상태인지 표현하는 무기입니다. 마치 현재형 형용사와 비슷하다고 생각하면 편합니다.

위의 상황에서 마유가 살찌기 시작한 '과거 사건'에 집중하려면 [과거동사]를 쓰고, 결론적으로 살쪄 있는 '현재 상태'에 집중하려면 [have p.p.]를 쓰면 됩니다.

우리가 보통 오랜만에 친구를 만나서 "어! 너 살쪘다!" 라고 말할 때는, 살찌기 시작한 '과거 사건'을 강조하고 싶어서가 아니라, 결론적으로 살쪄 있는 '현재 상태'를 강조하고 싶을 것이기 때문에,
➜ You have gained weight. (넌 현재 살쪄 있는 상태다.)가 더 잘 어울립니다.

2 [과거동사]가 있는 문장은 yesterday, last year, 3 days ago 등의 과거를 나타내는 단어를 쓸 수 있지만, [have p.p.]가 들어간 문장은 현재에 집중하기 때문에 쓰지 못합니다.

무기 사용법
[주어] + [have p.p.]

현재상태
1. 난 살쪄 있는 상태야. (과거에 찌기 시작했지만 여전히 살쪄 있는 현재 상태에 집중)
2. [나는] + [살쪄 있는 상태야].
   [I] + [have gained weight].
3. I have gained weight.

현재상태
1. 여름이 와 있는 상태야. (과거에 여름이 왔지만 여전히 여름인 현재 상태에 집중)
2. [여름이] + [와 있는 상태야].
   [Summer] + [has come].
3. Summer has come.

현재상태 (부정)
1. 그는 아직 이 게임을 지지 않은 상태야.
   (게임 초반에도 안 졌고 여전히 지지 않은 현재 상태에 집중)
2. [그는] + [지지 않은 상태야] + [이 게임을] + [아직].
   [He] + [hasn't lost] + [this game] + [yet].
3. He hasn't lost this game yet.

무기 UPGRADE
질문형 문장은 [Have + 주어] + [p.p.]?의 어순으로 진행.
예) You have lost weight. → Have you lost weight?

예문 폭탄

1. **I have found / my watch.**
   (난 찾은 상태야 / 내 시계를.)
   * 과거에 찾아서 현재도 가지고 있는 상태

2. **I have finished / my essay.**
   (난 끝낸 상태야 / 내 에세이를.)
   * 과거에 끝내서 현재도 끝낸 상태

3. **Spring has come.**
   (봄이 온 상태야.)
   * 과거에 와서 현재도 봄인 상태

4. **We have arrived / at the airport.**
   (우린 도착한 상태야 / 그 공항에.)
   * 과거에 도착해서 현재도 도착한 상태

5. **They have left / Hong Kong / already.**
   (그들은 떠난 상태야 / 홍콩을 / 이미.)
   * 과거에 떠나서 현재도 떠난 상태

6. **I haven't found / the answer / yet.**
   (난 찾지 못한 상태야 / 그 답을 / 아직.)
   * 과거에 찾지 못했고 현재도 못 찾은 상태

7. **She hasn't lost / weight.**
   (그녀는 빼지 않은 상태야 / 살을.)
   * 과거에 빼지 않았고 현재도 빼지 않은 상태

8. **We haven't left / yet.**
   (우린 떠나지 않은 상태야 / 아직.)
   * 과거에 떠나지 않았고 현재도 떠나지 않은 상태

9. **Have you found / your cell phone?**
   (넌 찾은 상태니 / 네 휴대폰을?)
   * 과거에 찾아서 현재도 찾은 상태인지 물어봄

10. **Has he arrived / in England?**
    (그가 도착한 상태니 / 영국에?)
    * 과거에 도착해서 현재도 도착한 상태인지 물어봄

STEP 1

손영작 입영작 어순 훈련

막히지 않을 때까지 손영작+입영작 무한반복 하세요.

1 난 시작한 상태야 / 내 숙제를.
   _____ / _____

2 난 결정한 상태야 / 이미. ▶ 결정하다 decide ▶ 이미 already
   _____ / _____

3 그녀는 끝낸 상태야 / 그녀의 이력서를. ▶ 이력서 resumé
   _____ / _____

4 그들은 떠난 상태야 / 그 사무실을.
   _____ / _____

5 그 기차는 도착한 상태야.
   _____

6 그는 아픈 상태야.
   _____

7 그 파티는 끝난 상태야. ▶ 끝나다 end
   _____

8 그녀는 잃어버린 상태야 / 그녀의 남자친구를.
   _____ / _____

9 우린 판 상태야 / 우리의 집을 / 이미.
   _____ / _____ / _____

10 겨울이 온 상태야.
   _____

WARNING 성급히 넘어가면 결국 또다시 왕초보 영어에 머물 것을 보장함

11 난 찾은 상태가 아니야 / 내 시계를.
_____ / _____

12 난 전화한 상태가 아니야 / 그녀에게 / 아직.
_____ / _____ / _____

13 난 시작한 상태가 아니야 / 내 프로젝트를 / 아직.
_____ / _____ / _____

14 가을이 온 상태가 아니야 / 아직.
_____ / _____

15 그는 산 상태가 아니야 / 그 반지를 / 아직.
_____ / _____ / _____

16 넌 판 상태니 / 네 귀걸이들을?　　　　　　　　　　　▶ 귀걸이 earring
_____ / _____

17 넌 찾은 상태니 / 네 반지를?
_____ / _____

18 넌 결정한 상태니?
_____

19 그는 패스한 상태니 / 그 시험을?
_____ / _____

20 그들은 도착한 상태니 / 서울에?
_____ / _____

흰띠 11단 **81**

STEP 2

연기낭독 훈련

답을 맞춰 보며 상대방에게 이야기하듯 실감나게 낭독한 후 낭독 횟수를 체크하세요.

조용히, 억양 없이, 영혼 없이 낭독하면 공식으로만 남게 돼 매우 위험함.

		4회	8회	12회
1	I have started my homework.	✓		
2	I have decided already.			
3	She has finished her resumé.			
4	They have left the office.			
5	The train has arrived.			
6	He has been sick.			
7	The party has ended.			
8	She has lost her boyfriend.			
9	We have sold our house already.			
10	Winter has come.			
11	I haven't found my watch.			
12	I haven't called her yet.			
13	I haven't started my project yet.			
14	Fall hasn't come yet.			
15	He hasn't bought the ring yet.			
16	Have you sold your earrings?			
17	Have you found your ring?			
18	Have you decided?			
19	Has he passed the test?			
20	Have they arrived in Seoul?			

입영작 영어회화 : 영어로 잘 대답하기

STEP 3

입영작 마스터 훈련

조금 더 자연스러운 우리말 문장을 보고 실감나게 입영작하세요.

'걔'는 he가 될 수도 she가 될 수도 있으며 여러분의 선택입니다.

1 난 내 숙제를 시작한 상태야.
2 난 이미 결정한 상태야.
3 걔는 자기 이력서를 끝낸 상태야.
4 걔네는 그 사무실을 떠난 상태야.
5 그 기차가 도착한 상태야.
6 걔는 아파온 상태야.
7 그 파티는 끝난 상태야.
8 걔는 자기 남자친구를 잃어버린 상태야.
9 우린 이미 우리 집을 판 상태야.
10 겨울이 온 상태야.
11 난 내 시계를 찾은 상태가 아니야.
12 난 아직 걔한테 전화한 상태가 아니야.
13 난 아직 내 프로젝트를 시작한 상태가 아니야.
14 가을이 아직 온 상태가 아니야.
15 걔는 아직 그 반지를 산 상태가 아니야.
16 넌 네 귀걸이들을 팔아 버린 상태니?
17 넌 네 반지를 찾은 상태니?
18 넌 결정한 상태니?
19 걔는 그 시험을 패스한 상태니?
20 걔네는 서울에 도착한 상태니?

심하게 버벅거림 : 1점
버벅거림은 줄었으나 책 읽듯 어색함 : 3점
연기하듯 자연스러움 : 5점

TOTAL 1차 2차 3차

40점 이하 — 연기낭독 훈련 부터 다시
41~79점 — 입영작 마스터 훈련 재도전
80점 이상 — 흰띠 11단 완성

흰띠 11단 83

훈띠 12단

I HAVE BEEN STUDYING ENGLISH FOR 2 YEARS.

나 영어 공부 2년간 해 오고 있어.

사용빈도 ★★★★
난이도 ★★☆

 마유: 해외 지사로 스카우트 됐다며? 소문대로 영어 여왕이네.
아림: 사실, **나 영어 공부 2년간 해 오고 있어.**
마유: 혹시, 입영작?
아림: You know it! 아, 미얀 영어가 버릇이라.

상황 아림이는 2년 전부터 지금 이 순간까지도
'**계속**' 영어 공부를 해 오고 있다고 표현하고 있습니다.

무기
[have been ~ing] ~해 오고 있다

1 어떤 행동을 과거에 시작해서 현재까지 '계속' 해 오고 있다는 걸 전달하는 무기입니다. 말을 꺼내고 있는 그 순간에 그 행동을 하고 있을 수도 있고 혹은 방금 멈췄을 수도 있지만 그것이 중요한 게 아닙니다.
그 동안 '계속' 해 왔다는 사실을 전달하는 게 핵심입니다.

예) It has been raining for 3 days. (3일간 비가 내려 오고 있어.)
→ 비가 3일 동안 계속 내리고 있는 상황을 친구에게 전달함.

이 말을 꺼내는 그 순간에 비가 오고 있을 수도 있고, 혹은 3분 정도 비가 잠깐 그쳤을 수도 있고, 방금 그쳐서 앞으로 안 올 수도 있습니다. 하지만, 전달하려는 핵심이 그 동안 '계속' 비가 왔다는 것이기 때문에 여전히 [have been ~ing]를 쓸 수 있는 것입니다.

2 'for (~ 동안)'와 'since (~ 이후로)'는 매우 유용한 보조 무기입니다.

예) I have been waiting here for 3 hours. (나 3시간 동안 여기서 기다려 오고 있어.)
She has been studying English since 2017. (걔는 2017년 이후로 영어를 공부해 오고 있어.)

무기 사용법

[주어] + [have been ~ing]

계속 진행
1. 난 3일 동안 울어 오고 있어.
2. [난] + [울어 오고 있어} + [3일 동안].
   [I] + [have been crying] + [for 3 days].
3. I have been crying for 3 days.

계속 진행
1. 비가 지난주 이후로 내려 오고 있어.
2. [비가 내려오고 있어] + [지난주 이후로].
   [It] + [has been raining] + [since last week].
3. It has been raining since last week.

계속 진행
1. 내 아기가 여기서 잠을 자 오고 있어.
2. [내 아기가] + [잠을 자 오고 있어] + [여기서].
   [My baby] + [has been sleeping] + [here].
3. My baby has been sleeping here.

무기 UPGRADE
질문형 문장은 [Have/has 주어] + [been ~ing]?의 어순으로 진행.
예) They have been drinking for 5 hours. ➜ Have they been drinking for 5 hours?

예문 폭탄

1. **I've been laughing.**
   (난 웃어 오고 있어.)

2. **I've been working / for 5 hours.**
   (난 일해 오고 있어 / 5시간 동안.)

3. **I've been studying / English / for 6 months.**
   (난 공부해 오고 있어 / 영어를 / 6개월 동안.)

4. **I've been drinking / every day.**
   (난 마셔 오고 있어 / 매일.)

5. **She's been working / here / since 1997.**
   (그녀는 일해 오고 있어 / 여기에서 / 1997년 이후로.)

6. **We've been dating / for 2 weeks.**
   (우린 데이트해 오고 있어 / 2주 동안.)

7. **It's been snowing / for 3 days.**
   (눈이 내려 오고 있어 / 3일 동안.)

8. **Have you been eating / this bread?**
   (넌 먹어 오고 있니 / 이 빵을?)

9. **Has she been teaching / here?**
   (그녀는 가르쳐 오고 있니 / 여기에서?)

10. **Has it been raining / in Paris?**
    (비가 내려 오고 있니 / 파리에는?)

STEP 1

손영작 입영작 어순 훈련

막히지 않을 때까지 손영작+입영작 무한반복 하세요.

1 난 생각해 오고 있어 / 너에 대해서.
_____ / _____

2 난 살아오고 있어 / 뉴욕에서 / 10년 동안.
_____ / _____ / _____

3 난 도와줘 오고 있어 / 그들을 / 3주 동안.
_____ / _____ / _____

4 난 사용해 오고 있어 / 내 전화기를 / 2달 동안.
_____ / _____ / _____

5 난 먹어 오고 있어 / 샐러드를 / 7일 동안.
_____ / _____ / _____

6 그는 잠을 자 오고 있어 / 24시간 동안.
_____ / _____

7 그들은 거짓말해 오고 있어 / 너에게. ▶ ~에게 거짓말하다 lie to someone
_____ / _____

8 비가 내려 오고 있어 / 캐나다에.
_____ / _____

9 난 꿈꿔 오고 있어 / 너에 대해서.
_____ / _____

10 그녀는 일해 오고 있어 / 나랑.
_____ / _____

경고 WARNING 성급히 넘어가면 결국 또다시 왕초보 영어에 머물 것을 보장함

11 James는 해 오고 있어 / 이 게임을 / 5시간 동안.
_____ / _____ / _____

12 난 가르쳐 오고 있어 / 2009년 이후로.
_____ / _____

13 우린 마셔 오고 있어 / 이 방 안에서.
_____ / _____

14 그는 따라와 오고 있어 / 날.
_____ / _____

15 그들은 머물러 오고 있어 / 우리랑 / 하루 종일.   ▶ 하루종일 all day
_____ / _____ / _____

16 넌 기다려 오고 있니 / 날?
_____ / _____

17 넌 살아 오고 있니 / 여기에서 / 오랫동안?   ▶ 오랫동안 for a long time
_____ / _____ / _____

18 그가 서 있어 오고 있니 / 여기에서 / 30분 동안?
_____ / _____ / _____

19 그들은 사용해 오고 있니 / 네 신용카드를?   ▶ 신용카드 credit card
_____ / _____

20 눈이 내려 오고 있니 / 서울에?
_____ / _____

흰띠 12단 87

STEP 2

연기낭독 훈련

답을 맞춰 보며 상대방에게 이야기하듯 실감나게 낭독한 후 낭독 횟수를 체크하세요.

조용히, 억양 없이, 영혼 없이 낭독하면 공식으로만 남게 돼 매우 위험함.

		4회	8회	12회
1	I've been thinking about you.	✓		
2	I've been living in New York for 10 years.			
3	I've been helping them for 3 weeks.			
4	I've been using my phone for 2 months.			
5	I've been eating salad for 7 days.			
6	He's been sleeping for 24 hours.			
7	They've been lying to you.			
8	It's been raining in Canada.			
9	I've been dreaming about you.			
10	She's been working with me.			
11	James has been playing this game for 5 hours.			
12	I've been teaching since 2009.			
13	We've been drinking in this room.			
14	He's been following me.			
15	They've been staying with us all day.			
16	Have you been waiting for me?			
17	Have you been living here for a long time?			
18	Has he been standing here for 30 minutes?			
19	Have they been using your credit card?			
20	Has it been snowing in Seoul?			

STEP 3

입영작 마스터 훈련

조금 더 자연스러운 우리말 문장을 보고 실감나게 입영작하세요.

'걔'는 he가 될 수도 she가 될 수도 있으며 여러분의 선택입니다.

		1차	2차	3차
1	난 너에 대해 생각해 오고 있어.			
2	난 뉴욕에서 10년간 살아 오고 있어.			
3	난 걔네를 3주간 도와줘 오고 있어.			
4	난 내 전화기 두 달 동안 사용해 오고 있어.			
5	난 샐러드를 7일 동안 먹어 오고 있어.			
6	걔는 24시간 동안 잠을 자 오고 있어.			
7	걔네는 너한테 거짓말해 오고 있어.			
8	캐나다에 비가 내려 오고 있어.			
9	난 너에 대해 꿈꿔 오고 있어.			
10	걔는 나랑 일해 오고 있어.			
11	James는 이 게임을 5시간 동안 해 오고 있어.			
12	난 2009년 이후로 가르쳐 오고 있어.			
13	우린 이 방 안에서 마셔 오고 있어.			
14	걔가 날 따라와 오고 있어.			
15	걔네는 우리랑 하루 종일 머물러 오고 있어.			
16	넌 날 기다려 오고 있니?			
17	넌 여기 오랫동안 살아 오고 있니?			
18	걔가 여기 30분간 서 있어 왔니?			
19	걔네가 네 신용카드를 써 오고 있니?			
20	서울에 눈이 내려 오고 있니?			

심하게 버벅거림 : 1점
버벅거림은 줄었으나 책 읽듯 어색함 : 3점
연기하듯 자연스러움 : 5점

TOTAL 1차 / 2차 / 3차

- 40점 이하 : 연기낭독 훈련 부터 다시
- 41~79점 : 입영작 마스터 훈련 재도전
- 80점 이상 : 흰띠 12단 완성

훈띠 13단

I USED TO BE POPULAR.
내가 인기 좀 있곤 했지.

사용빈도
★★★★
난이도
★★

(준원이의 리즈 시절 사진들을 구경하며)
마유: 오, 예쁜 친구들이 많았었네.
준원: 허허. 내가 인기 좀 있곤 했지.
마유: 그래. "있곤 했지."

상황 준원이의 말은 과거에 인기가 있었다는 말도 되지만, 현재 상황은 다르다는 의미도 간접적으로 가지고 있습니다.

무기
[used to] ~하곤 했다

1 '한때' 어떤 행동을 하곤 했으나 현재는 더 이상 하지 않는다는 것을 간접적으로 표현하는 무기입니다. [used to] 뒤에는 [동사원형]이 옵니다.

예) 난 치킨을 매일 먹곤 했어.
  (I <u>used to eat</u> chicken every day.)
  ▶ 더 이상 매일 먹지 않음

  내 남자친구는 나한테 자주 전화하곤 했어.
  (My boyfriend <u>used to call</u> me often.)
  ▶ 더 이상 자주 전화하지 않음

  그녀는 인기가 있곤 했어.
  (She <u>used to be</u> popular.)
  ▶ 더 이상 인기 있지 않음

2 [used to]는 [d]와 [t]가 충돌하여 [유스투]에 가깝게 발음합니다.

무기 사용법
[주어] + [used to 동사원형]

평서문
1. 난 매일 펩시를 마시곤 했어.
2. [난] + [마시곤 했어] + [펩시를] + [매일].
   [I] + [used to drink] + [Pepsi] + [every day].
3. I used to drink Pepsi every day.

평서문
1. 내 남자친구는 내게 자주 전화하곤 했어.
2. [내 남자친구는] + [전화하곤 했어] + [내게] + [자주].
   [My boyfriend] + [used to call] + [me] + [often].
3. My boyfriend used to call me often.

평서문
1. 그녀는 10년 전에는 인기가 있곤 했어.
2. [그녀는] + [인기가 있곤 했어] + [10년 전에는].
   [She] + [used to be popular] + [10 years ago].
3. She used to be popular 10 years ago.

무기 UPGRADE
질문형 문장은 [Did 주어] + [use to 동사원형]?의 어순으로 진행
예) You <u>used</u> to love me. → Did you <u>use</u> to love me?
(넌 날 사랑하곤 했잖아.) → (넌 날 사랑하곤 했었니?)

예문 폭탄

1. **I used to love / her.**
   (난 사랑하곤 했어 / 그녀를.)

2. **She used to like / hip hop.**
   (그녀는 좋아하곤 했어 / 힙합을.)

3. **We used to hang out / in Itaewon.**
   (우리는 놀곤 했어 / 이태원에서.)

4. **He used to like / cute girls.**
   (그는 좋아하곤 했어 / 귀여운 소녀들을.)

5. **They used to love / each other.**
   (그들은 사랑하곤 했어 / 서로를.)

6. **I used to be depressed.**
   (난 우울해 하곤 했어.)

7. **He used to be cute / when he was little.**
   (그는 귀엽곤 했어 / 그가 어렸을 때.)

8. **Jenna used to be cool / before.**
   (Jenna는 쿨하곤 했어 / 전에는.)

9. **Did you use to exercise / every day?**
   (넌 운동하곤 했니 / 매일?)

10. **Did she use to come / here / every weekend?**
    (그녀는 오곤 했니 / 여기에 / 주말마다?)

STEP 1

손영작 입영작 어순 훈련

막히지 않을 때까지 손영작＋입영작 무한반복 하세요.

1   난 운동하곤 했어 / 매일.
_____ / _____

2   난 일어나곤 했어 / 늦게.
_____ / _____

3   난 일하곤 했어 / Michael이랑.
_____ / _____

4   난 뚱뚱하곤 했어.
_____

5   난 게으르곤 했어.
_____

6   그녀는 요리하곤 했어 / 날 위해.
_____ / _____

7   우린 마시곤 했어 / 매일 밤.
_____ / _____

8   내 남자친구는 사랑하곤 했어 / 나를.
_____ / _____

9   내 아내는 일하곤 했어 / 전에는.
_____ / _____

10 그들은 일하곤 했어 / 로스앤젤레스에서.
_____ / _____

경고 WARNING { 성급히 넘어가면 결국 또다시 왕초보 영어에 머물 것을 보장함

11 그들은 웃기곤 했어. ▶ 웃기는 funny

_____

12 우린 부유하곤 했어.

_____

13 그들은 행복하곤 했어 / 함께.

_____ / _____

14 그녀는 깡마르곤 했어. ▶ 깡마른 skinny

_____

15 우린 친구들이곤 했어.

_____

16 넌 공부하곤 했니 / 영어를?

_____ / _____

17 넌 마시곤 했니 / 커피를 / 매일 아침?

_____ / _____ / _____

18 넌 이기적이곤 했니? ▶ 이기적인 selfish

_____

19 그는 일하곤 했니 / 열심히?

_____ / _____

20 그들은 살곤 했니 / 너랑?

_____ / _____

흰띠 13단

STEP 2

연기낭독 훈련

답을 맞춰 보며 상대방에게 이야기하듯 실감나게 낭독한 후 낭독 횟수를 체크하세요.

조용히, 억양 없이, 영혼 없이 낭독하면 공식으로만 남게 돼 매우 위험함.

		4회	8회	12회
1	I used to exercise every day.	☑	☐	☐
2	I used to wake up late.	☐	☐	☐
3	I used to work with Michael.	☐	☐	☐
4	I used to be fat.	☐	☐	☐
5	I used to be lazy.	☐	☐	☐
6	She used to cook for me.	☐	☐	☐
7	We used to drink every night.	☐	☐	☐
8	My boyfriend used to love me.	☐	☐	☐
9	My wife used to work before.	☐	☐	☐
10	They used to work in Los Angeles.	☐	☐	☐
11	They used to be funny.	☐	☐	☐
12	We used to be rich.	☐	☐	☐
13	They used to be happy together.	☐	☐	☐
14	She used to be skinny.	☐	☐	☐
15	We used to be friends.	☐	☐	☐
16	Did you use to study English?	☐	☐	☐
17	Did you use to drink coffee every morning?	☐	☐	☐
18	Did you use to be selfish?	☐	☐	☐
19	Did he use to work hard?	☐	☐	☐
20	Did they use to live with you?	☐	☐	☐

STEP 3

입영작 마스터 훈련

조금 더 자연스러운 우리말 문장을 보고 실감나게 입영작하세요.

'걔'는 he가 될 수도 she가 될 수도 있으며 여러분의 선택입니다.

		1차	2차	3차
1	난 매일 운동하곤 했어.			
2	난 늦게 일어나곤 했어.			
3	난 Michael이랑 일하곤 했어.			
4	난 뚱뚱하곤 했어.			
5	난 게으르곤 했어.			
6	걔는 날 위해 요리하곤 했어.			
7	우린 매일 밤마다 마시곤 했어.			
8	내 남자친구는 날 사랑하곤 했어.			
9	내 아내가 전에는 일하곤 했지.			
10	걔네는 로스앤젤레스에서 일하곤 했어.			
11	걔네는 웃기곤 했어.			
12	우린 부유하곤 했어.			
13	걔네들은 함께 행복하곤 했어.			
14	걔는 깡마르곤 했어.			
15	우린 친구들이곤 했어.			
16	넌 영어를 공부하곤 했니?			
17	넌 매일 아침 커피 마시곤 했니?			
18	넌 이기적이곤 했니?			
19	걔는 열심히 일하곤 했니?			
20	걔네는 너랑 살곤 했니?			

심하게 버벅거림 : 1점
버벅거림은 줄었으나 책 읽듯 어색함 : 3점
연기하듯 자연스러움 : 5점

	1차	2차	3차
TOTAL			

40점 이하 — 연기낭독 훈련 부터 다시
41~79점 — 입영작 마스터 훈련 재도전
80점 이상 — 흰띠 13단 완성

흰띠 13단

IT'S VALENTINE'S DAY!

훈띠 14단

발렌타인데이야!

사용빈도 ★★★★★
난이도 ★

웅빈: **발렌타인데이야!**
마유: 아! 나 그거 들어 봤어. (해맑게)

상황 웅빈이는 '날(짜)'에 대해 표현하고 있습니다.

무기

[it + 동사]
(날짜, 요일, 시간, 거리, 날씨, 밝기)가 ~이다 / ~였다

---

1 '날짜, 요일, 시간, 거리, 날씨, 밝기' 등을 표현할 때는 주어를 [it]으로 쓰고 [동사]와 결합하여 '~이다' 라고 해석합니다.

예) 날짜: It is November. (11월이다.)
　　요일: It was Friday. (금요일이었다.)
　　시간: It is 3. (3시다.)
　　거리: It is 8 miles from here. (여기서부터 8마일이다.)
　　날씨: It is cool. (시원하다.)
　　　　　It is raining. (비가 오고 있다.)
　　　　　It snowed yesterday. (어제 눈이 왔다.)
　　밝기: It was dark. (어두웠다.)

무기 사용법

**[It + 동사] +
[날짜, 요일, 시간, 거리, 날씨, 밝기 관련 형용사 혹은 명사]**

현재
1. 발렌타인데이야.
2. [~이다] + [발렌타인데이]!
   [It + is] + [Valentine's Day]!
3. It's Valentine's Day!

과거
1. 어제는 추웠어.
2. [~였다] + [추운] + [어제는].
   [It + was] + [cold] + [yesterday].
3. It was cold yesterday.

추측/확신
1. 내일은 더울 거야.
2. [~일 것이다] + [더운] + [내일은].
   [It + will be] + [hot] + [tomorrow].
3. It will be hot tomorrow.

무기 UPGRADE
질문형은 [Be동사/Do동사 + 주어] + [날짜, 요일, 시간, 거리, 날씨, 밝기]?의 어순으로 진행.
예) It's Friday! → Is it Friday? / It was cool. → Was it cool?
It rains. → Does it rain? / It snowed. → Did it snow?

예문 폭탄

1. **It's Saturday.**
   (토요일이야.)

2. **It's March 10th / today.**
   (3월 10일이야 / 오늘은.)

3. **It's 5:30 / now.**
   (5시 30분이야 / 지금.)

4. **It was chilly / yesterday.**
   (쌀쌀했어 / 어제는.)

5. **It was only 10 miles.**
   (겨우 10마일이었어.)

6. **It was dark / outside.**
   (어두웠어 / 밖은.)

7. **It's raining / in Seoul.**
   (비가 오고 있어 / 서울에는.)

8. **It was snowing / in Canada.**
   (눈이 오고 있었어 / 캐나다에는.)

9. **Is it Christmas / tomorrow?**
   (크리스마스니 / 내일이?)

10. **Was it hot / in the room?**
    (더웠니 / 그 방에서는?)

STEP 1

손영작 입영작 어순 훈련

막히지 않을 때까지 손영작+입영작 무한반복 하세요.

1 눈이 오고 있어 / 지금.
   _____ / _____

2 5시 30분이야 / 뉴욕에서는.
   _____ / _____

3 월요일이야 / 오늘은.
   _____ / _____

4 100마일이야.
   _____

5 밝아 / 밖은.   ▶ 밝은 bright
   _____ / _____

6 5월 15일이었어 / 어제는.
   _____ / _____

7 시원했어 / 여기는.
   _____ / _____

8 비가 오고 있었어 / 런던에는.
   _____ / _____

9 내 생일이었어 / 어제는.
   _____ / _____

10 어두웠어 / 그 방 안은.
   _____ / _____

입영작 영어회화 : 영어로 잘 대답하기

WARNING 성급히 넘어가면 결국 또다시 왕초보 영어에 머물 것을 보장함

11 눈이 왔어 / 어제.

_____ / _____

12 따뜻하지 않아 / 여기는.

_____ / _____

13 발렌타인데이가 아니야 / 내일은.   ▶ 발렌타인데이 Valentine's Day

_____ / _____

14 비가 오지 않아 / 샌디에이고에는.

_____ / _____

15 눈이 와 / 알래스카에는 / 매년.

_____ / _____ / _____

16 크리스마스 이브니 / 오늘이?   ▶ 크리스마스 이브 Christmas Eve

_____ / _____

17 6시니 / 벌써?   ▶ 벌써 already

_____ / _____

18 덥니 / 안은?   ▶ 안, 내부 inside

_____ / _____

19 일요일이었니 / 어제가?

_____ / _____

20 비가 왔니 / 어제?

_____ / _____

훈띠 14단   **99**

STEP 2

연기낭독 훈련

답을 맞춰 보며 상대방에게 이야기하듯 실감나게 낭독한 후 낭독 횟수를 체크하세요.

조용히, 억양 없이, 영혼 없이 낭독하면 공식으로만 남게 돼 매우 위험함.

		4회	8회	12회
1	It's snowing now.	✓		
2	It's 5:30 in New York.			
3	It's Monday today.			
4	It's 100 miles.			
5	It's bright outside.			
6	It was May 15th yesterday.			
7	It was cool here.			
8	It was raining in London.			
9	It was my birthday yesterday.			
10	It was dark in the room.			
11	It snowed yesterday.			
12	It's not warm here.			
13	It's not Valentine's Day tomorrow.			
14	It doesn't rain in San Diego.			
15	It snows in Alaska every year.			
16	Is it Christmas Eve today?			
17	Is it 6 already?			
18	Is it hot inside?			
19	Was it Sunday yesterday?			
20	Did it rain yesterday?			

STEP 3

입영작 마스터 훈련

조금 더 자연스러운 우리말 문장을 보고 실감나게 입영작하세요.

'걔'는 he가 될 수도 she가 될 수도 있으며 여러분의 선택입니다.

		1차	2차	3차
1	눈 오고 있어 지금.			
2	5시 30분이야 뉴욕에는.			
3	월요일이야 오늘.			
4	100마일이야.			
5	밝아 밖에는.			
6	5월 15일이었어 어제.			
7	시원했어 여기.			
8	비 오고 있었어 런던에.			
9	내 생일이었어 어제.			
10	어두웠어 그 방 안에는.			
11	눈 왔어 어제.			
12	안 따뜻해 여기.			
13	발렌타인데이가 아니야 내일은.			
14	비가 안 와 샌디에이고에는.			
15	눈이 와 알래스카에는 매년.			
16	크리스마스 이브니 오늘이?			
17	6시니 벌써?			
18	덥니 안에는?			
19	일요일이었니 어제?			
20	비 왔니 어제?			

심하게 버벅거림 : 1점
버벅거림은 줄었으나 책 읽듯 어색함 : 3점
연기하듯 자연스러움 : 5점

TOTAL 1차 ☐ 2차 ☐ 3차 ☐

40점 이하 — 연기낭독 훈련 부터 다시
41~79점 — 입영작 마스터 훈련 재도전
80점 이상 — 흰띠 14단 완성

흰띠 14단 **101**

THERE'S SOMETHING ON YOUR FACE.

흰띠 15단

얼굴에 뭐 묻었어.

사용빈도 ★★★★★
난이도 ★

마유: 얼굴에 뭐 묻었어.
수영: 어? 뭐가…?
마유: 아름ㄷ…
수영: '아름다움' 이딴 건 아니지?

상황 마유는 수영이 얼굴에 뭔가가 '있음 (존재)'을 알려 주고 있습니다.

무기
[there + be동사] ~가 있다

1 뭔가의 존재를 알리고 싶을 때는 문장 앞에 [there]를 쓰고 [be동사]와 결합하여 '~가 있다' 라고 해석합니다.

예) 물이 있다. (There is water.)
    문제가 있었다. (There was a problem.)
    토끼들이 있다. (There are rabbits.)

2 [be동사]의 모양은 뒤에 오는 [명사]로 결정합니다. 명사가 단수이면 is/was를, 명사가 복수이면 are/were를 씁니다.

예) 고양이 (단수) ➡ There is a cat. (고양이가 있다.)
    사랑 (단수) ➡ There is love. (사랑이 있다.)
    소녀들 (복수) ➡ There are girls. (소녀들이 있다.)
    사람들 (복수) ➡ There are people. (사람들이 있다.)
    귀신 (단수) ➡ There was a ghost. (귀신이 있었다.)
    팬들 (복수) ➡ There were your fans. (네 팬들이 있었다.)
    미팅 (단수) ➡ There will be a meeting. (미팅이 있을 것이다.)

무기 사용법

[There + be동사] + [명사]

현재
1. 사랑이 있어.
2. [있어] + [사랑이].
   [There + is] + [love].
3. There is love.

과거
1. 이 방 안에 강아지가 있었어!
2. [있었어] + [강아지가] + [이 방 안에]!
   [There + was] + [a puppy] + [in this room]!
3. There was a puppy in this room!

추측/확신
1. 혼란이 있을 거야.
2. [있을 거야] + [혼란이].
   [There + will be] + [confusion].
3. There will be confusion.

무기 UPGRADE

질문형 문장은 [Be동사 + there] + [명사]?의 어순으로 진행.
예) There is a shark. ➔ Is there a shark?
   There were cheerleaders. ➔ Were there cheerleaders?

예문 폭탄

1. **There is my girlfriend.**
   (내 여자친구가 있어.)

2. **There are kids / in the building.**
   (아이들이 있어 / 그 빌딩 안에.)

3. **There is no water / here.**
   (물이 없어 / 여기엔.)

4. **There was a crazy man / in the terminal.**
   (미친 남자가 있었어 / 그 터미널 안에.)

5. **There were 7 girls / in the band.**
   (7명의 소녀들이 있었어 / 그 밴드 안에.)

6. **There will be a show / tomorrow.**
   (쇼가 있을 거야 / 내일.)

7. **Is there a restroom / here?**
   (화장실이 있나요 / 여기에?)

8. **Are there cars / in the parking lot?**
   (차들이 있니 / 그 주차장 안에?)

9. **Was there a problem?**
   (문제가 있었니?)

10. **Will there be a meeting?**
    (미팅이 있을 건가요?)

STEP 1

**손영작
입영작
어순 훈련**

막히지 않을 때까지
손영작＋입영작 무한반복 하세요.

1   내 여자친구가 있어 / 이 방 안에.
　　_____ / _____

2   선물이 있어 / 이 상자 안에는.　　　　　　　　　　　　　　▶ 선물 gift
　　_____ / _____

3   행복이 있어 / 내 가족 안에는.　　　　　　　　　　　　　▶ 행복 happiness
　　_____ / _____

4   귀여운 소녀들이 있어 / 여기에.
　　_____ / _____

5   두 개의 문제들이 있어.
　　_____

6   차가 없어 / 여기엔.
　　_____ / _____

7   사랑이 없어.
　　_____

8   에러가 있었어.　　　　　　　　　　　　　　　　　　　　　▶ 에러 error
　　_____

9   열쇠가 있었어 / 그 테이블 위에.
　　_____ / _____

10 시간이 없었어.
　　_____

| WARNING | 성급히 넘어가면 결국 또다시 왕초보 영어에 머물 것을 보장함 |

11 고양이들이 있었어 / 그 집 안에.
_____ / _____

12 펜들이 있었어 / 그 서랍 안에. ▶ 서랍 drawer
_____ / _____

13 문제가 있을 거야.
_____

14 콘서트가 있을 거야 / 내일.
_____ / _____

15 탈의실이 있니 / 여기에? ▶ 탈의실 fitting room
_____ / _____

16 물이 있니 / 그 냉장고 안에? ▶ 냉장고 refrigerator
_____ / _____

17 영웅들이 있니 / 그 영화 안에? ▶ 영웅 hero
_____ / _____

18 사람들이 있니 / 그 빌딩 안에?
_____ / _____

19 문제가 있었니 / 어제?
_____ / _____

20 TV가 있었니 / 그 방 안에?
_____ / _____

훈띠 15단 **105**

STEP 2

연기낭독 훈련

답을 맞춰 보며 상대방에게 이야기하듯 실감나게 낭독한 후 낭독 횟수를 체크하세요.

조용히, 억양 없이, 영혼 없이 낭독하면 공식으로만 남게 돼 매우 위험함.

		4회	8회	12회
1	There is my girlfriend in this room.	✓		
2	There is a gift in this box.			
3	There is happiness in my family.			
4	There are cute girls here.			
5	There are two problems.			
6	There is no car here.			
7	There is no love.			
8	There was an error.			
9	There was a key on the table.			
10	There was no time.			
11	There were cats in the house.			
12	There were pens in the drawer.			
13	There will be a problem.			
14	There will be a concert tomorrow.			
15	Is there a fitting room here?			
16	Is there water in the refrigerator?			
17	Are there heroes in the movie?			
18	Are there people in the building?			
19	Was there a problem yesterday?			
20	Was there a TV in the room?			

STEP 3

입영작 마스터 훈련

조금 더 자연스러운 우리말 문장을 보고 실감나게 입영작하세요.

'걔'는 he가 될 수도 she가 될 수도 있으며 여러분의 선택입니다.

		1차	2차	3차
1	내 여자친구가 있어 이 방 안에.			
2	선물이 있어 이 상자 안에.			
3	행복이 있어 내 가족 안에.			
4	귀여운 여자애들이 있어 여기에.			
5	두 개의 문제들이 있어.			
6	자동차가 없어 여기엔.			
7	사랑이 없어.			
8	에러가 있었어.			
9	열쇠가 있었어 그 테이블 위에.			
10	시간이 없었어.			
11	고양이들이 있었어 그 집 안에.			
12	펜들이 있었어 그 서랍 안에.			
13	문제가 있을 거야.			
14	콘서트가 있을 거야 내일.			
15	탈의실이 있니 여기?			
16	물이 있니 그 냉장고 안에?			
17	영웅들이 있니 그 영화에?			
18	사람들이 있니 그 빌딩 안에?			
19	문제가 있었니 어제?			
20	TV가 있었니 그 방 안에?			

심하게 버벅거림 : 1점
버벅거림은 줄었으나 책 읽듯 어색함 : 3점
연기하듯 자연스러움 : 5점

TOTAL 1차 2차 3차

40점 이하 — 연기낭독 훈련 부터 다시
41~79점 — 입영작 마스터 훈련 재도전
80점 이상 — 흰띠 15단 완성

흰띠 15단

노란띠

언어는 무기입니다.
연마해 두십시오.
- 쿠르트 투콜스키

Language is a weapon.
Keep it honed.
- Kurt Tucholsky

기분 좋게 떠난 해외여행.
말이 통하지 않는다는 이유만으로
눈앞에서 내 사랑하는 부모님, 아이들, 혹은 애인이
인격 모독을 당하거나 억울한 누명을 쓰게 될 상황에 놓인다면,
여러분은 과연 어떻게 지켜주실 건가요?

A4 용지에 한 폭의 그림과 글을 담아 상황을 설명?
현란한 바디랭귀지로 분노와 입장을 표현?
조용히 슬픈 눈으로 바라보기?

때때로 이런 생각이 들 수 있습니다.
"내가 왜 굳이 남의 언어를 배우려고 이 고생을 하고 있는 거지?"

흔들리지 말고 기억하셨으면 합니다.
"이 고생이 언젠가 내 사람들을 지켜줄 강력한 방어 무기가 될 것이다."

지금 이 순간 여러분이 연마하고 있는 무기는
전세계 공통어 (Universal Language)가 되어 버린 최강의 무기,
영어라고 불립니다.

노란띠 마치고 더 강력해져서 만나기를 기대하겠습니다.

– 마스터유진

노란띠 1단

I WANT TO EAT FRIED CHICKEN.

나 후라이드 치킨 먹고 싶어.

사용빈도 ★★★★★
난이도 ★★

마유: 후... 후라...
지희: 뭐.
마유: **후라이드 치킨 먹고 싶어.**
지희: 안 지겹니?

상황 마유는 지희에게 자신이 '하고 싶은 것 (후라이드 치킨을 먹는 것)'을 표현하고 있습니다.

무기

[want to] ~하고 싶다

1. 자신이 하고 싶은 행동을 표현하는 무기입니다.
   [want to] 뒤에는 [동사원형]이 따라옵니다.

   예) 나 화장실 가고 싶어. (I want to go to the bathroom.)
   　　난 울고 싶었어. (I wanted to cry.)
   　　난 포기하고 싶지 않아. (I don't want to give up.)

2. [want to]는 회화체에서 [wanna] 라는 슬랭으로 많이 쓰이지만 이건 [want to]가 충분히 훈련된 후에 시도해 보길 추천합니다.

무기 사용법: [주어 want] + [to 동사]

현재
1. 난 후라이드 치킨을 먹고 싶어.
2. [난 원해] + [먹는 것을] + [후라이드 치킨을].
   [I want] + [to eat] + [fried chicken].
3. I want to eat fried chicken.

과거
1. 그녀는 Harry에게 뭔가를 물어보고 싶어 했어.
2. [그녀는 원했어] + [Harry에게 물어보는 것을] + [뭔가를].
   [She wanted] + [to ask Harry] + [something].
3. She wanted to ask Harry something.

현재 (부정)
1. 난 쇼핑 가고 싶지 않아.
2. [난 원하지 않아] + [쇼핑 가는 것을].
   [I don't want] + [to go shopping].
3. I don't want to go shopping.

무기 UPGRADE

질문형 문장은 [Do동사 + 주어 + want] + [to 동사원형]?의 어순으로 진행.
예) He wants to drink. → Does he want to drink?

예문 폭탄

1. **I want to kiss / Olive.**
   (난 키스하고 싶어 / Olive에게.)

2. **We want to learn / hip hop.**
   (우린 배우고 싶어 / 힙합을.)

3. **I don't want to live / in Japan.**
   (난 살고 싶지 않아 / 일본에서.)

4. **She doesn't want to work / for you.**
   (그녀는 일하고 싶어 하지 않아 / 널 위해.)

5. **He wanted to run away.**
   (그는 도망가고 싶어 했어.)

6. **They wanted to drink / last night.**
   (그들은 마시고 싶어 했어 / 어젯밤에.)

7. **I didn't want to hug / Kyle.**
   (난 안아 주고 싶지 않았어 / Kyle을.)

8. **Do you want to come / with me?**
   (넌 오고 싶니 / 나랑?)

9. **Does he want to buy / a mansion?**
   (그는 사고 싶어 하니 / 저택을?)

10. **Did you want to talk / to me?**
    (넌 얘기하고 싶었니 / 나와?)

STEP 1

손영작 입영작 어순 훈련

막히지 않을 때까지 손영작+입영작 무한반복 하세요.

1 난 살고 싶어 / 파리에서.

_____ / _____

2 그는 마시고 싶어 해 / 물을.

_____ / _____

3 우린 시작하고 싶어 / 사업을.

_____ / _____

4 그녀는 잊고 싶어 해 / 모든 것에 대해. ▶ 잊다 forget

_____ / _____

5 Chris는 결혼하고 싶어 해 / 나랑. ▶ ~와 결혼하다 marry someone

_____ / _____

6 난 키스하고 싶었어 / 내 남자친구에게.

_____ / _____

7 그는 머물고 싶어 했어 / 샌프란시스코에서.

_____ / _____

8 우린 물어보고 싶었어 / 네게 / 뭔가를.

_____ / _____ / _____

9 그들은 포기하고 싶어 했어 / 모든 걸. ▶ 포기하다 give up

_____ / _____

10 Edward는 용서하고 싶어 했어 / 그녀를. ▶ 용서하다 forgive

_____ / _____

⚠ **WARNING** 성급히 넘어가면 결국 또다시 왕초보 영어에 머물 것을 보장함

11 난 알고 싶지 않아.

_____

12 우린 떠나고 싶지 않아 / 서울을.

_____ / _____

13 그녀는 운전하고 싶어 하지 않아 / 내 차를.

_____ / _____

14 난 울고 싶지 않았어.

_____

15 그는 고용하고 싶어 하지 않았어 / Ella를.

_____ / _____

16 넌 하고 싶니 / 뭔가를?

_____ / _____

17 넌 춤추고 싶니 / 나랑?

_____ / _____

18 그는 방문하고 싶어 하니 / 우리를?

_____ / _____

19 그들은 이사하고 싶어 했니 / 토론토로?

_____ / _____

20 넌 보고 싶었니 / 영화를 / 그녀랑?

_____ / _____ / _____

STEP 2

연기낭독 훈련

답을 맞춰 보며 상대방에게 이야기하듯 실감나게 낭독한 후 낭독 횟수를 체크하세요.

조용히, 억양 없이, 영혼 없이 낭독하면 공식으로만 남게 돼 매우 위험함.

		4회	8회	12회
1	I want to live in Paris.	✓		
2	He wants to drink water.			
3	We want to start a business.			
4	She wants to forget about everything.			
5	Chris wants to marry me.			
6	I wanted to kiss my boyfriend.			
7	He wanted to stay in San Francisco.			
8	We wanted to ask you something.			
9	They wanted to give up everything.			
10	Edward wanted to forgive her.			
11	I don't want to know.			
12	We don't want to leave Seoul.			
13	She doesn't want to drive my car.			
14	I didn't want to cry.			
15	He didn't want to hire Ella.			
16	Do you want to do something?			
17	Do you want to dance with me?			
18	Does he want to visit us?			
19	Did they want to move to Toronto?			
20	Did you want to watch a movie with her?			

입영작 영어회화 : 영어로 잘 대답하기

STEP 3

입영작 마스터 훈련

조금 더 자연스러운 우리말 문장을 보고 실감나게 입영작하세요.

'걔'는 he가 될 수도 she가 될 수도 있으며 여러분의 선택입니다.

		1차	2차	3차
1	난 파리에서 살고 싶어.			
2	걔가 물 마시고 싶어 해.			
3	우린 사업을 시작하고 싶어.			
4	걔는 모든 것에 대해 잊고 싶어 해.			
5	Chris는 나랑 결혼하고 싶어 해.			
6	난 내 남자친구한테 키스하고 싶었어.			
7	걔는 샌프란시스코에 머물고 싶어 했어.			
8	우린 너한테 뭐 물어보고 싶었어.			
9	걔네는 모든 걸 포기하고 싶어 했어.			
10	Edward는 걔를 용서하고 싶어 했어.			
11	난 알고 싶지 않아.			
12	우린 서울 떠나고 싶지 않아.			
13	걔는 내 차 몰고 싶어 하지 않아.			
14	난 울고 싶지 않았어.			
15	걔는 Ella를 고용하고 싶어 하지 않았어.			
16	너 뭔가 하고 싶어?			
17	너 나랑 춤추고 싶어?			
18	걔가 우릴 방문하고 싶어 해?			
19	걔네는 토론토로 이사하고 싶어 했어?			
20	너 걔랑 영화 보고 싶었어?			

심하게 버벅거림 : 1점
버벅거림은 줄었으나 책 읽듯 어색함 : 3점
연기하듯 자연스러움 : 5점

TOTAL 1차 2차 3차

40점 이하 — 연기낭독훈련 부터 다시
41~79점 — 입영작 마스터 훈련 재도전
80점 이상 — 노란띠 1단 완성

I WOULD LIKE TO DATE YOU.

당신과 데이트하고 싶은데요.

사용빈도 ★★★★
난이도 ★★

 마유: 유리 씨, 주말에 바쁘세요?
유리: 글쎄요.
마유: **당신과 데이트하고 싶은데요.**
유리: 엄머.

상황 마유는 유리 씨와 데이트하고 싶다고 '예의를 갖추어' 표현하고 있습니다.

무기
[would like to] ~하고 싶습니다

1 자신이 하고 싶은 행동을 좀 더 '예의'를 갖춰 표현하는 무기입니다. [want to]보다 격식을 갖춘 무기라고 볼 수 있습니다.

예) 당신께 저녁식사를 사 드리고 싶습니다.
   (I would like to treat you to dinner.)

   연애 조언을 좀 드리고 싶습니다.
   (I would like to give you some love advice.)

   그녀를 초대하고 싶습니다.
   (I would like to invite her.)

2 주어와 [would]를 축약해 I'd / You'd / She'd / He'd / We'd / They'd / It'd 처럼 쓰며, 이럴 경우 'd'의 발음이 굉장히 약화됩니다.

3 [would like to]는 과거나 부정으로 쓸 수 없습니다.

| 무기 사용법 | **[주어 would like] + [to 동사원형]** |

현재
1. 저는 이 피자를 주문하고 싶습니다.
2. [저는 원합니다] + [주문하는 것을] + [이 피자를].
   [I would like] + [to order] + [this pizza].
3. I would like to order this pizza.

현재
1. 저희는 당신으로부터 배우고 싶습니다.
2. [저희는 원합니다] + [배우는 것을] + [당신으로부터].
   [We would like] + [to learn] + [from you].
3. We would like to learn from you.

질문
1. 당신은 뭔가를 마시고 싶으신가요?
2. [당신은 원하시나요] + [마시는 것을] + [뭔가를]?
   [Would you like] + [to drink] + [something]?
3. Would you like to drink something?

| 무기 UPGRADE | 질문형 문장은 [Would 주어 like] + [to 동사원형]?의 어순으로 진행.
예) You <u>would like to</u> come with me. ➡ Would you <u>like to</u> come with me? |

예문 폭탄

1. **I would like to ask / you / something.**
   (전 물어보고 싶습니다 / 당신에게 / 뭔가를.)

2. **I would like to get / one Café Latte.**
   (전 주문하고 싶습니다 / 카페라떼 하나를.)

3. **I would like to invite / you.**
   (전 초대하고 싶습니다 / 당신을.)

4. **I would like to share / my story.**
   (전 나누고 싶습니다 / 제 이야기를.)

5. **I would like to have / lunch / with you.**
   (전 먹고 싶습니다 / 점심을 / 당신과.)

6. **Would you like to pay / now?**
   (지불하고 싶으신가요 / 지금?)

7. **Would you like to go / to a concert / with me?**
   (가고 싶으신가요 / 콘서트에 / 저와?)

8. **Would you like to come / to my party?**
   (오고 싶으신가요 / 제 파티에?)

9. **Would you like to dance / with me?**
   (춤을 추고 싶으신가요 / 저와?)

10. **Would you like to test drive / this car?**
    (시운전해 보고 싶으신가요 / 이 차를?)

STEP 1

손영작 입영작 어순 훈련

막히지 않을 때까지 손영작＋입영작 무한반복 하세요.

1 전 걷고 싶습니다 / 당신과.

_____ / _____

2 전 사고 싶습니다 / 티켓 두 장을.

_____ / _____

3 전 이용하고 싶습니다 / 당신의 서비스를.

_____ / _____

4 전 먹고 싶습니다 / 저녁식사를 / 당신과.　　　　　　　　　　▶ 저녁을 먹다 have dinner

_____ / _____ / _____

5 전 춤추고 싶습니다 / 당신의 따님과.

_____ / _____

6 전 주문하고 싶습니다 / 샌드위치를.

_____ / _____

7 전 말하고 싶습니다 / 당신의 매니저와.　　　　　　　　　　▶ ～와 말하다 talk to

_____ / _____

8 전 렌트하고 싶습니다 / 스포츠카를.

_____ / _____

9 전 보고 싶습니다 / 제 의사를.

_____ / _____

10 전 도와주고 싶습니다 / 당신의 남편을.

_____ / _____

경고 WARNING 성급히 넘어가면 결국 또다시 왕초보 영어에 머물 것을 보장함

11 당신은 앉고 싶으신가요 / 여기에?

_____ / _____

12 당신은 드시고 싶으신가요 / 뭔가를?

_____ / _____

13 당신은 시도해 보고 싶으신가요 / 다시?

_____ / _____

14 당신은 알고 싶으신가요 / 제 비밀을?　　　　　　　　　　▶ 비밀 secret

_____ / _____

15 당신은 드시고 싶으신가요 / 브런치를 / 저와?　　　　　▶ 브런치를 먹다 have brunch

_____ / _____ / _____

16 당신은 보고 싶으신가요 / 이 오페라를 / 저희와?

_____ / _____ / _____

17 당신은 오고 싶으신가요 / 저희 세미나에?　　　　　　　▶ 세미나 seminar

_____ / _____

18 당신은 맛보고 싶으신가요 / 제 김치를?　　　　　　　　▶ 맛보다 taste

_____ / _____

19 당신은 되고 싶으신가요 / 제 친구가?　　　　　　　　　▶ ~이 되다 be

_____ / _____

20 당신은 듣고 싶으신가요 / 제 이야기를?　　　　　　　　▶ 듣다 hear

_____ / _____

노란띠 2단

STEP 2

연기낭독 훈련

답을 맞춰 보며 상대방에게 이야기하듯 실감나게 낭독한 후 낭독 횟수를 체크하세요.

조용히, 억양 없이, 영혼 없이 낭독하면 공식으로만 남게 돼 매우 위험함.

		4회	8회	12회
1	I would like to walk with you.	✓	☐☐	☐☐
2	I would like to buy two tickets.	☐☐	☐☐	☐☐
3	I would like to use your service.	☐☐	☐☐	☐☐
4	I would like to have dinner with you.	☐☐	☐☐	☐☐
5	I would like to dance with your daughter.	☐☐	☐☐	☐☐
6	I would like to order a sandwich.	☐☐	☐☐	☐☐
7	I would like to talk to your manager.	☐☐	☐☐	☐☐
8	I would like to rent a sports car.	☐☐	☐☐	☐☐
9	I would like to see my doctor.	☐☐	☐☐	☐☐
10	I would like to help your husband.	☐☐	☐☐	☐☐
11	Would you like to sit here?	☐☐	☐☐	☐☐
12	Would you like to eat something?	☐☐	☐☐	☐☐
13	Would you like to try again?	☐☐	☐☐	☐☐
14	Would you like to know my secret?	☐☐	☐☐	☐☐
15	Would you like to have brunch with me?	☐☐	☐☐	☐☐
16	Would you like to watch this opera with us?	☐☐	☐☐	☐☐
17	Would you like to come to our seminar?	☐☐	☐☐	☐☐
18	Would you like to taste my kimchi?	☐☐	☐☐	☐☐
19	Would you like to be my friend?	☐☐	☐☐	☐☐
20	Would you like to hear my story?	☐☐	☐☐	☐☐

입영작 영어회화 : 영어로 잘 대답하기

STEP 3

입영작 마스터 훈련

조금 더 자연스러운 우리말 문장을 보고 실감나게 입영작하세요.

'걔'는 he가 될 수도 she가 될 수도 있으며 여러분의 선택입니다.

		1차	2차	3차
1	당신이랑 걷고 싶은데요.			
2	티켓 두 장 사고 싶은데요.			
3	당신의 서비스를 이용하고 싶은데요.			
4	당신이랑 저녁식사하고 싶은데요.			
5	댁의 따님과 춤추고 싶은데요.			
6	샌드위치 주문하고 싶은데요.			
7	당신의 매니저랑 얘기하고 싶은데요.			
8	스포츠카를 렌트하고 싶은데요.			
9	제 의사를 보고 싶은데요. (=진찰을 받고 싶은데요.)			
10	당신 남편을 도와주고 싶은데요.			
11	여기 앉고 싶으세요?			
12	뭔가 드시고 싶으세요?			
13	다시 시도해 보고 싶으세요?			
14	제 비밀을 알고 싶으세요?			
15	저랑 브런치 드시고 싶으세요?			
16	저희랑 이 오페라 보고 싶으세요?			
17	저희 세미나에 오고 싶으세요?			
18	제 김치 맛보고 싶으세요?			
19	제 친구가 되고 싶으세요?			
20	제 이야기 듣고 싶으세요?			

심하게 버벅거림 : 1점
버벅거림은 줄었으나 책 읽듯 어색함 : 3점
연기하듯 자연스러움 : 5점

TOTAL | 1차 | 2차 | 3차 |

40점 이하 — 연기감독 훈련 부터 다시
41~79점 — 입영작 마스터 훈련 재도전
80점 이상 — 노란띠 2단 완성

노란띠 3단

I'M TRYING TO LOVE HIM.

난 그를 사랑하려고 노력하는 중이야.

 마유: 새 남자친구 어때?
경희: 착한 사람인데... 모르겠어. 사랑하려고 노력하는 중이야.
마유: 그게 노력한다고 되는 일인가?

상황 경희는 새 남자친구를 사랑하는 걸 목표로 '**노력**' 중임을 표현하고 있습니다.

무기

[try to] ~하려고 노력하다

---

1 [try to]는 어떤 목표를 이루려는 '노력' 자체를 강조하는 무기입니다.
[try to] 뒤에는 [동사원형]이 따라오며,
바로 이 [동사원형]이 목표이자 노력을 나타냅니다.

예) 난 그녀를 도와주려고 노력하고 있어. ▶ 도와주는 게 목표이자 노력
   (I am trying to help her.)

   난 그를 사랑하려고 노력했어. ▶ 사랑하는 게 목표이자 노력
   (I tried to love him.)

   집중하려고 노력할게. ▶ 집중하는 게 목표이자 노력
   (I will try to focus.)

2 한국어로 말할 땐 '노력'이란 단어 자체는 종종 생략됩니다.

예) 난 살 빼려고 노력하고 있어. → 난 살 빼려고 하고 있어.

무기 사용법: [주어 try] + [to 동사원형]

현재진행
1. 나는 집중하려고 노력하고 있어.
2. [나는 노력하고 있어] + [집중하려고].
   [I am trying] + [to focus].
3. I am trying to focus.

과거
1. 우리는 그를 구출하려고 노력했어.
2. [우리는 노력했어] + [구출하려고] + [그를].
   [We tried] + [to rescue] + [him].
3. We tried to rescue him.

현재진행 (부정)
1. 난 거짓말하려고 노력하고 있는 게 아니야.
2. [난 노력하고 있는 게 아니야] + [거짓말하려고].
   [I am not trying] + [to lie].
3. I am not trying to lie.

무기 UPGRADE
'~하지 않으려고 노력하다'는 [to] 앞에 [not]을 추가해서 표현.
예) I am trying not to lie. (난 거짓말하지 않으려고 노력하고 있어.)

예문 폭탄

1. **I tried / to kiss / Amy.**
   (난 노력했어 / 키스하려고 / Amy에게.)

2. **We tried / to finish / this project.**
   (우린 노력했어 / 끝내려고 / 이 프로젝트를.)

3. **She tried / to run away.**
   (그녀는 노력했어 / 도망가려고.)

4. **I am trying / to love / him.**
   (난 노력하고 있어 / 사랑하려고 / 그를.)

5. **He is trying / to teach / me / English.**
   (그는 노력하고 있어 / 가르치려고 / 내게 / 영어를.)

6. **I am not trying / to ruin / your party.**
   (난 노력하고 있는 게 아니야 / 망치려고 / 네 파티를.)

7. **We are not trying / to break / your computer.**
   (우린 노력하고 있는 게 아니야 / 고장 내려고 / 네 컴퓨터를.)

8. **I tried / not to cry.**
   (난 노력했어 / 울지 않으려고.)

9. **She is trying / not to forget.**
   (그녀는 노력하고 있어 / 까먹지 않으려고.)

10. **Are you trying / to sell / your car?**
    (넌 노력하고 있는 거니 / 팔려고 / 네 차를?)

STEP 1

손영작 입영작 어순 훈련

막히지 않을 때까지 손영작＋입영작 무한반복 하세요.

1   난 노력했어 / 샐러드를 먹으려고.

_____ / _____

2   그는 노력했어 / 살을 빼려고.   ▶ 살 빼다 lose weight

_____ / _____

3   그녀는 노력했어 / Dennis를 용서하려고.   ▶ 용서하다 forgive

_____ / _____

4   그들은 노력했어 / 돈을 빌리려고 / 우리로부터.   ▶ 빌리다 borrow

_____ / _____ / _____

5   우린 노력했어 / 도망가려고 / 그들로부터.   ▶ 도망가다 run away

_____ / _____ / _____

6   난 노력하고 있어 / 그녀의 룰을 따르려고.

_____ / _____

7   그녀는 노력하고 있어 / 직업을 찾으려고.

_____ / _____

8   그들은 노력하고 있어 / 이 문제를 고치려고.   ▶ 고치다 fix

_____ / _____

9   우린 노력하고 있어 / 그를 이해하려고.

_____ / _____

10   내 아기는 노력하고 있어 / 걸으려고.

_____ / _____

WARNING 성급히 넘어가면 결국 또다시 왕초보 영어에 머물 것을 보장함

11 넌 노력하고 있니 / 내게 키스하려고?

_____ / _____

12 넌 노력하고 있니 / 가려고 / 하바드에?

_____ / _____ / _____

13 그는 노력하고 있니 / 졸업하려고?

_____ / _____

14 그들은 노력하고 있니 / 그들의 집을 팔려고?

_____ / _____

15 그녀는 노력하고 있니 / 영어를 마스터하려고?

_____ / _____

16 난 노력했어 / 그의 이름을 잊지 않으려고.

_____ / _____

17 그녀는 노력했어 / 팝콘을 먹지 않으려고.

_____ / _____

18 난 노력하고 있어 / 잠을 자지 않으려고.

_____ / _____

19 우린 노력하고 있어 / 웃지 않으려고.

_____ / _____

20 그는 노력하고 있어 / 실패하지 않으려고. ▶ 실패하다 fail

_____ / _____

STEP 2

연기낭독 훈련

답을 맞춰 보며 상대방에게 이야기하듯 실감나게 낭독한 후 낭독 횟수를 체크하세요.

조용히, 억양 없이, 영혼 없이 낭독하면 공식으로만 남게 돼 매우 위험함.

		4회	8회	12회
1	I tried to eat salad.	☑☐	☐☐	☐☐
2	He tried to lose weight.	☐☐	☐☐	☐☐
3	She tried to forgive Dennis.	☐☐	☐☐	☐☐
4	They tried to borrow money from us.	☐☐	☐☐	☐☐
5	We tried to run away from them.	☐☐	☐☐	☐☐
6	I am trying to follow her rule.	☐☐	☐☐	☐☐
7	She is trying to find a job.	☐☐	☐☐	☐☐
8	They are trying to fix this problem.	☐☐	☐☐	☐☐
9	We are trying to understand him.	☐☐	☐☐	☐☐
10	My baby is trying to walk.	☐☐	☐☐	☐☐
11	Are you trying to kiss me?	☐☐	☐☐	☐☐
12	Are you trying to go to Harvard?	☐☐	☐☐	☐☐
13	Is he trying to graduate?	☐☐	☐☐	☐☐
14	Are they trying to sell their house?	☐☐	☐☐	☐☐
15	Is she trying to master English?	☐☐	☐☐	☐☐
16	I tried not to forget his name.	☐☐	☐☐	☐☐
17	She tried not to eat popcorn.	☐☐	☐☐	☐☐
18	I am trying not to sleep.	☐☐	☐☐	☐☐
19	We are trying not to laugh.	☐☐	☐☐	☐☐
20	He is trying not to fail.	☐☐	☐☐	☐☐

입영작 영어회화 : 영어로 잘 대답하기

STEP 3

입영작 마스터 훈련

조금 더 자연스러운 우리말 문장을 보고 실감나게 입영작하세요.

'걔'는 he가 될 수도 she가 될 수도 있으며 여러분의 선택입니다.

		1차	2차	3차
1	난 샐러드를 먹으려고 노력했어.			
2	걔는 살을 빼려고 노력했어.			
3	걔는 Dennis를 용서하려고 노력했어.			
4	걔네는 우리한테서 돈을 빌리려고 노력했어.			
5	우린 그들로부터 도망가려고 노력했어.			
6	난 그녀의 룰을 따르려고 노력하고 있어.			
7	걔는 직업을 찾으려고 노력하고 있어.			
8	걔네는 이 문제를 고치려고 노력하고 있어.			
9	우린 걔를 이해하려고 노력하고 있어.			
10	내 아기는 걸으려고 노력하고 있어.			
11	너 나한테 키스하려고 하고 있는 거야?			
12	너 하바드에 가려고 노력하고 있니?			
13	걔는 졸업하려고 노력하고 있니?			
14	걔네는 자기네 집을 팔려고 노력하고 있니?			
15	걔는 영어를 마스터하려고 노력하고 있니?			
16	난 걔 이름 안 까먹으려고 노력했어.			
17	걔는 팝콘 안 먹으려고 노력했어.			
18	난 안 자려고 노력하고 있어.			
19	우린 안 웃으려고 노력하고 있어.			
20	걔는 실패 안 하려고 노력하고 있어.			

심하게 버벅거림 : 1점
버벅거림은 줄었으나 책 읽듯 어색함 : 3점
연기하듯 자연스러움 : 5점

TOTAL 1차 2차 3차

40점 이하 → 연기낭독 훈련 부터 다시
41~79점 → 입영작 마스터 훈련 재도전
80점 이상 → 노란띠 3단 완성

노란띠 4단

I FORGOT TO ORDER IT.
그거 주문하는 걸 깜박했어.

사용빈도 ★★★
난이도 ★★

마유: 아... 어떡하지?
민석: 뭘?
마유: 닭발에 주먹밥 주문하는 걸 깜박했어.
민석: 제정신인가?

상황 마유는 주문하는 행동하는 걸 '잊었다'고 표현하고 있습니다.

무기

[forget to] ~하는 걸 잊다

1. [forget to]는 어떤 행동을 하는 걸 '잊었음'을 표현하는 무기입니다.
   [forget to] 뒤에는 [동사원형]이 따라옵니다.

   예) 나 돈 내는 걸 잊었어.
       (I forgot to pay.)

   난 그녀에게 전화하는 걸 잊었어.
   (I forgot to call her.)

   건전지들 주문하는 거 잊지 마.
   (Don't forget to order batteries.)

2. 이 [forget]은 진행형으로는 쓸 수 없습니다.

| 무기 사용법 | **[주어 forget] + [to 동사원형]** |

과거
1. 난 먹는 것을 잊었어.
2. [난 잊었어] + [먹는 것을].
   [I forgot] + [to eat].
3. I forgot to eat.

명령 (부정)
1. 나한테 전화하는 것을 잊지 마.
2. [잊지 마] + [전화하는 것을] + [나한테].
   [Don't forget] + [to call] + [me].
3. Don't forget to call me.

과거 (부정)
1. 난 내 숙제하는 걸 잊지 않았어.
2. [난 잊지 않았어] + [하는 것을] + [내 숙제를].
   [I didn't forget] + [to do] + [my homework].
3. I didn't forget to do my homework.

무기 UPGRADE 질문형 문장은 [Do동사 + 주어] + [forget to 동사원형]?의 어순으로 진행.
예) Did you forget to visit her? (너 걔 방문하는 것 잊었어?)

예문 폭탄

1. **I forgot / to ask / you.**
   (난 잊었어 / 물어보는 걸 / 너에게.)

2. **We forgot / to hide / this box.**
   (우린 잊었어 / 숨기는 걸 / 이 상자를.)

3. **She forgot / to bring / the file.**
   (그녀는 잊었어 / 가져오는 걸 / 그 파일을.)

4. **I didn't forget / to close / the window.**
   (난 잊지 않았어 / 닫는 걸 / 그 창문을.)

5. **They didn't forget / to come / to my party.**
   (그들은 잊지 않았어 / 오는 걸 / 내 파티에.)

6. **Don't forget / to wash / your hands.**
   (잊지 마 / 씻는 걸 / 네 손들을.)

7. **Don't forget / to buy / a gift / for her.**
   (잊지 마 / 사는 걸 / 선물을 / 그녀를 위해.)

8. **Don't forget / to call / me / later.**
   (잊지 마 / 전화하는 걸 / 나한테 / 나중에.)

9. **Did you forget / to read / my message?**
   (넌 잊었니 / 읽는 걸 / 내 메시지를?)

10. **Did Judy forget / to take / this umbrella?**
    (Judy가 잊었나 / 가져가는 걸 / 이 우산을?)

STEP 1

손영작 입영작 어순 훈련

막히지 않을 때까지 손영작＋입영작 무한반복 하세요.

1 난 잊었어 / 가져오는 걸 / 내 신분증을.　　▶ 가져오다 bring　▶ 신분증 ID

_____ / _____ / _____

2 난 잊었어 / 주문하는 걸 / 네 커피를.

_____ / _____ / _____

3 그녀는 잊었어 / 사는 걸 / 양말들을.

_____ / _____ / _____

4 그들은 잊었어 / 공부하는 걸 / 이 챕터를.

_____ / _____ / _____

5 Kay는 잊었어 / 끄는 걸 / 그의 컴퓨터를.　　▶ 끄다 turn off

_____ / _____ / _____

6 난 잊지 않았어 / 가는 걸 / 그 세미나에.

_____ / _____ / _____

7 난 잊지 않았어 / 잠그는 걸 / 그 문을.　　▶ 잠그다 lock

_____ / _____ / _____

8 그는 잊지 않았어 / 도와주는 걸 / 나를 / 오늘.

_____ / _____ / _____ / _____

9 그들은 잊지 않았어 / 사는 걸 / 케이크를.

_____ / _____ / _____

10 그녀는 잊지 않았어 / 이메일하는 걸 / 내게.　　▶ ~에게 이메일하다 email

_____ / _____ / _____

경고 WARNING 성급히 넘어가면 결국 또다시 왕초보 영어에 머물 것을 보장함

11 잊지 마 / 전화하는 걸 / 내게 / 내일.

_____ / _____ / _____ / _____

12 잊지 마 / 먹는 걸 / 이 샌드위치를.

_____ / _____ / _____

13 잊지 마 / 사는 걸 / 뭔가 / 그녀를 위해.

_____ / _____ / _____ / _____

14 잊지 마 / 가져오는 걸 / 네 여권을. ▶ 여권 passport

_____ / _____ / _____

15 잊지 마 / 취소하는 걸 / 그 미팅을. ▶ 취소하다 cancel

_____ / _____ / _____

16 넌 잊었니 / 연습하는 걸? ▶ 연습하다 practice

_____ / _____

17 넌 잊었니 / 가져오는 걸 / 네 열쇠를?

_____ / _____ / _____

18 넌 잊었니 / 사는 걸 / 꽃들을?

_____ / _____ / _____

19 그들은 잊었니 / 남기는 걸 / 메시지를? ▶ 메시지를 남기다 leave a message

_____ / _____ / _____

20 그녀는 잊었니 / 보내는 걸 / 이 편지를?

_____ / _____ / _____

노란띠 4단 **131**

STEP 2

연기낭독 훈련

답을 맞춰 보며 상대방에게 이야기하듯 실감나게 낭독한 후 낭독 횟수를 체크하세요.

조용히, 억양 없이, 영혼 없이 낭독하면 공식으로만 남게 돼 매우 위험함.

		4회	8회	12회
1	I forgot to bring my ID.	✓		
2	I forgot to order your coffee.			
3	She forgot to buy socks.			
4	They forgot to study this chapter.			
5	Kay forgot to turn off his computer.			
6	I didn't forget to go to the seminar.			
7	I didn't forget to lock the door.			
8	He didn't forget to help me today.			
9	They didn't forget to buy a cake.			
10	She didn't forget to email me.			
11	Don't forget to call me tomorrow.			
12	Don't forget to eat this sandwich.			
13	Don't forget to buy something for her.			
14	Don't forget to bring your passport.			
15	Don't forget to cancel the meeting.			
16	Did you forget to practice?			
17	Did you forget to bring your key?			
18	Did you forget to buy flowers?			
19	Did they forget to leave a message?			
20	Did she forget to send this letter?			

입영작 영어회화 : 영어로 잘 대답하기

STEP 3

입영작 마스터 훈련

조금 더 자연스러운 우리말 문장을 보고 실감나게 입영작하세요.

'걔'는 he가 될 수도 she가 될 수도 있으며 여러분의 선택입니다.

		1차	2차	3차
1	난 내 신분증 가져오는 걸 까먹었어.			
2	난 네 커피 주문하는 걸 까먹었어.			
3	걔는 양말 사는 걸 까먹었어.			
4	걔네는 이 챕터 공부하는 걸 까먹었어.			
5	Kay는 자기 컴퓨터 끄는 걸 까먹었어.			
6	난 그 세미나에 가는 걸 안 까먹었어.			
7	난 그 문 잠그는 걸 안 까먹었어.			
8	걔는 오늘 나 도와주는 걸 안 까먹었어.			
9	걔네는 케이크 사는 걸 안 까먹었어.			
10	걔는 나한테 이메일하는 걸 안 까먹었어.			
11	내일 나한테 전화하는 거 까먹지 마.			
12	이 샌드위치 먹는 거 까먹지 마.			
13	걔를 위해 뭔가 사는 거 까먹지 마.			
14	네 여권 가져오는 거 까먹지 마.			
15	그 미팅 취소하는 거 까먹지 마.			
16	넌 연습하는 걸 까먹었니?			
17	넌 네 열쇠 가져오는 걸 까먹었니?			
18	넌 꽃들 사는 걸 까먹었니?			
19	걔네는 메시지 남기는 걸 까먹었나?			
20	걔는 이 편지 보내는 걸 까먹었나?			

심하게 버벅거림 : 1점
버벅거림은 줄었으나 책 읽듯 어색함 : 3점
연기하듯 자연스러움 : 5점

TOTAL 1차 [ ] 2차 [ ] 3차 [ ]

- 40점 이하 : 연기감독 훈련부터 다시
- 41~79점 : 입영작 마스터 훈련 재도전
- 80점 이상 : 노란띠 4단 완성

노란띠 5단

I AM PLANNING TO MOVE TO NEW YORK.
나 뉴욕으로 이사하려고 계획 중이야.

사용빈도 ★★
난이도 ★★

현우: 나 뉴욕으로 이사하려고 계획 중이야.
마유: 계획만 하지 말고, 가면 안 돼?

상황 현우는 아직은 '**계획**'하고만 있다고 강조하고 있습니다.

무기

[plan to] ~하는 걸 계획하다

1 어떤 행동을 '계획'하고 있다는 걸 표현하는 무기입니다.
[plan to] 뒤에는 [동사원형]이 따라옵니다.

예) 그는 살 빼는 걸 <u>계획하고 있어</u>.
(He <u>is planning to</u> lose weight.)

우린 미국에서 공부하는 걸 <u>계획하고 있어</u>.
(We <u>are planning to</u> study in America.)

그들은 결혼하는 걸 <u>계획했었지</u>.
(They <u>planned to</u> get married.)

2 진행형 시제의 사용 빈도가 월등히 높기 때문에,
진행형 문장을 집중 훈련하는 것이 좋습니다.

무기 사용법: [주어 plan] + [to 동사원형]

현재진행
1. 난 이사하는 것을 계획하고 있어.
2. [난 계획하고 있어] + [이사하는 것을].
   [I am planning] + [to move].
3. I am planning to move.

현재진행 (부정)
1. 그녀는 공부하는 것을 계획하고 있지 않아.
2. [그녀는 계획하고 있지 않아] + [공부하는 것을].
   [She is not planning] + [to study].
3. She is not planning to study.

과거
1. 그들은 결혼하는 것을 계획했었어.
2. [그들은 계획했었어] + [결혼하는 것을].
   [They planned] + [to get married].
3. They planned to get married.

무기 UPGRADE

현재형/과거형 질문은 [Do동사 + 주어] + [plan to 동사원형]?의 어순으로 진행.
예) You planned to fly to Florida. → Did you plan to fly to Florida?
현재진행형 질문은 [현재형 Be동사 + 주어] + [planning to 동사원형]?의 어순으로 진행.
예) You are planning to marry her. → Are you planning to marry her?

예문 폭탄

1. **I am planning / to visit / Tokyo.**
   (난 계획하고 있어 / 방문하는 걸 / 도쿄를.)

2. **He is planning / to start / a business.**
   (그는 계획하고 있어 / 시작하는 걸 / 사업을.)

3. **We are planning / to move / to California.**
   (우린 계획하고 있어 / 이사하는 걸 / 캘리포니아로.)

4. **I am not planning / to fire / him.**
   (난 계획하고 있지 않아 / 해고하는 걸 / 그를.)

5. **They are not planning / to hire / anyone.**
   (그들은 계획하고 있지 않아 / 고용하는 걸 / 그 누구라도.)

6. **Are you planning / to meet / her?**
   (넌 계획하고 있니 / 만나는 걸 / 그녀를?)

7. **Is he planning / to work / in New Jersey?**
   (그는 계획하고 있니 / 일하는 걸 / 뉴저지에서?)

8. **Are they planning / to attack / us?**
   (그들이 계획하고 있니 / 공격하는 걸 / 우릴?)

9. **I planned / to attend / the seminar.**
   (난 계획했어 / 참석하는 걸 / 그 세미나에.)

10. **We planned / to buy / a condo / in Jeju Island.**
    (우린 계획했어 / 사는 걸 / 콘도를 / 제주도에.)

STEP 1

손영작 입영작 어순 훈련

막히지 않을 때까지 손영작＋입영작 무한반복 하세요.

1. 난 계획하고 있어 / 프러포즈 하는 걸 / 그녀에게.　▶ ~에게 프러포즈하다 propose to

   _____ / _____ / _____

2. 난 계획하고 있어 / 바꾸는 걸 / 내 이름을.

   _____ / _____ / _____

3. 난 계획하고 있어 / 고용하는 걸 / 더 많은 사람들을.

   _____ / _____ / _____

4. 난 계획하고 있어 / 놀라게 해 주는 걸 / Annie를.　▶ 놀라게 하다 surprise

   _____ / _____ / _____

5. 난 계획하고 있어 / 입는 걸 / 턱시도를 / 내일.　▶ 턱시도 tuxedo

   _____ / _____ / _____ / _____

6. 그들은 계획하고 있어 / 사는 걸 / 보트를.

   _____ / _____ / _____

7. 그녀는 계획하고 있어 / 파는 걸 / 그녀의 반지를.

   _____ / _____ / _____

8. Kelly는 계획하고 있어 / 머무는 걸 / 그녀의 언니와.

   _____ / _____ / _____

9. 우린 계획하고 있어 / 공부하는 걸 / 독일에서.

   _____ / _____ / _____

10. 그는 계획하고 있어 / 은퇴하는 걸 / 곧.　▶ 은퇴하다 retire

    _____ / _____ / _____

성급히 넘어가면 결국
또다시 왕초보 영어에
머물 것을 보장함

11 난 계획하고 있지 않아 / 이사하는 걸 / 아직은.

_____ / _____ / _____

12 그녀는 계획하고 있지 않아 / 결혼하는 걸 / Jacob과.

_____ / _____ / _____

13 그는 계획하고 있지 않아 / 떠나는 걸 / 스페인을.

_____ / _____ / _____

14 우린 계획하고 있지 않아 / 포기하는 걸.

_____ / _____

15 그들은 계획하고 있지 않아 / 훔치는 걸 / 그 다이아몬드를.   ▶ 훔치다 steal

_____ / _____ / _____

16 넌 계획하고 있니 / 일하는 걸 / 그와?

_____ / _____ / _____

17 넌 계획하고 있니 / 관두는 걸 / 네 일을?

_____ / _____ / _____

18 넌 계획하고 있니 / 돌아가는 걸 / 멕시코로?   ▶ 돌아가다 go back

_____ / _____ / _____

19 그는 계획하고 있니 / 가는 걸 / 대학에?   ▶ 대학 college

_____ / _____ / _____

20 그녀는 계획하고 있니 / 되는 걸 / 모델이?   ▶ ~이 되다 become

_____ / _____ / _____

STEP 2

 연기낭독 훈련

답을 맞춰 보며 상대방에게 이야기하듯 실감나게 낭독한 후 낭독 횟수를 체크하세요.

조용히, 억양 없이, 영혼 없이 낭독하면 공식으로만 남게 돼 매우 위험함.

		4회	8회	12회
1	I am planning to propose to her.	✓	☐☐	☐☐
2	I am planning to change my name.	☐☐	☐☐	☐☐
3	I am planning to hire more people.	☐☐	☐☐	☐☐
4	I am planning to surprise Annie.	☐☐	☐☐	☐☐
5	I am planning to wear a tuxedo tomorrow.	☐☐	☐☐	☐☐
6	They are planning to buy a boat.	☐☐	☐☐	☐☐
7	She is planning to sell her ring.	☐☐	☐☐	☐☐
8	Kelly is planning to stay with her sister.	☐☐	☐☐	☐☐
9	We are planning to study in Germany.	☐☐	☐☐	☐☐
10	He is planning to retire soon.	☐☐	☐☐	☐☐
11	I am not planning to move yet.	☐☐	☐☐	☐☐
12	She is not planning to marry Jacob.	☐☐	☐☐	☐☐
13	He is not planning to leave Spain.	☐☐	☐☐	☐☐
14	We are not planning to give up.	☐☐	☐☐	☐☐
15	They are not planning to steal the diamond.	☐☐	☐☐	☐☐
16	Are you planning to work with him?	☐☐	☐☐	☐☐
17	Are you planning to quit your job?	☐☐	☐☐	☐☐
18	Are you planning to go back to Mexico?	☐☐	☐☐	☐☐
19	Is he planning to go to college?	☐☐	☐☐	☐☐
20	Is she planning to become a model?	☐☐	☐☐	☐☐

STEP 3

입영작 마스터 훈련

조금 더 자연스러운 우리말 문장을 보고 실감나게 입영작하세요.

'걔'는 he가 될 수도 she가 될 수도 있으며 여러분의 선택입니다.

		1차	2차	3차
1	난 걔한테 프러포즈 하는 걸 계획 중이야.			
2	난 내 이름 바꾸는 걸 계획 중이야.			
3	난 더 많은 사람들을 고용하는 걸 계획 중이야.			
4	난 Annie를 놀라게 해 주는 걸 계획 중이야.			
5	난 내일 턱시도 입는 걸 계획 중이야.			
6	걔네는 보트 사는 걸 계획 중이야.			
7	걔는 자기 반지 파는 걸 계획 중이야.			
8	Kelly는 자기 언니랑 머무는 걸 계획 중이야.			
9	우린 독일에서 공부하는 걸 계획 중이야.			
10	그는 곧 은퇴하는 걸 계획 중이야.			
11	난 아직 이사하는 걸 계획하고 있진 않아.			
12	걔는 Jacob이랑 결혼하는 걸 계획하고 있진 않아.			
13	걔는 스페인을 떠나는 걸 계획하고 있진 않아.			
14	우린 포기하는 걸 계획하고 있진 않아.			
15	걔네는 그 다이아몬드를 훔치는 걸 계획하고 있진 않아.			
16	넌 걔랑 일하는 걸 계획 중이니?			
17	넌 네 일을 관두는 걸 계획 중이니?			
18	넌 멕시코로 돌아가는 걸 계획 중이니?			
19	걔는 대학에 가는 걸 계획 중이니?			
20	걔는 모델이 되는 걸 계획 중이니?			

심하게 버벅거림 : 1점
버벅거림은 줄었으나 책 읽듯 어색함 : 3점
연기하듯 자연스러움 : 5점

TOTAL 1차 2차 3차

- 40점 이하 : 연기낭독훈련 부터 다시
- 41~79점 : 입영작 마스터 훈련 재도전
- 80점 이상 : 노란띠 5단 완성

노란띠 6단

SHE TENDS TO TALK BEHIND OTHERS' BACKS.

걔는 남들 뒷담화하는 경향이 있어.

 창민: 내 여자친구 참 맘에 안 들어.
성격도 답답하고 게으르고,
제일 싫은 게, 남들 뒷담화하는 경향이 있다는 거지.
마유: 여자친구 욕하는 네가 최악이다.

 창민이는 여자친구의 '경향/성향'에 대해 불평하고 있습니다.

무기
[tend to] ~하는 경향/성향이 있다

1 특정한 행동을 하는 '경향/성향'이 있음을 표현하는 무기입니다.
[tend to] 뒤에는 [동사원형]이 따라옵니다.

예) 난 이름들을 잊는 경향이 있어. (I tend to forget names.)
그녀는 이기적인 경향이 있어. (She tends to be selfish.)

2 '~하지 않는 경향이 있다'를 표현하려면 [to] 대신 [not to]를 사용합니다.

예) She tends not to eat. (그녀는 먹지 않는 경향이 있어.)

무기 사용법: [주어 tend] + [to 동사원형]

현재
1. 난 이름들을 잊어버리는 경향이 있어.
2. [난 경향이 있어] + [잊는] + [이름들을].
   [I tend] + [to forget] + [names].
3. I tend to forget names.

현재 (부정)
1. 우린 인사하지 않는 경향이 있어.
2. [우린 경향이 있어] + [인사하지 않는].
   [We tend] + [not to say hi].
3. We tend not to say hi.

현재
1. 그녀는 민감한 경향이 있어.
2. [그녀는 경향이 있어] + [민감한].
   [She tends] + [to be sensitive].
3. She tends to be sensitive.

무기 UPGRADE
[tend to] 대신 [have a tendency to] 역시 같은 의미로 사용 가능.
예) I <u>tend to</u> lie. = I <u>have a tendency to</u> lie.

예문 폭탄

1. **I tend / to wake up / late.**
   (난 경향이 있어 / 일어나는 / 늦게.)

2. **I tend / to talk / slowly.**
   (난 경향이 있어 / 말하는 / 천천히.)

3. **You tend / to cry / too much.**
   (넌 경향이 있어 / 우는 / 너무 많이.)

4. **This company tends / to hire / only men.**
   (이 회사는 경향이 있어 / 고용하는 / 남자들만을.)

5. **My parents tend / to be too strict.**
   (내 부모님은 경향이 있어 / 너무 엄격한.)

6. **I tend / not to focus.**
   (난 경향이 있어 / 집중하지 않는.)

7. **You tend / not to work / hard.**
   (넌 경향이 있어 / 일하지 않는 / 열심히.)

8. **We tend / not to drink / enough water.**
   (우린 경향이 있어 / 마시지 않는 / 충분한 물을.)

9. **I tend / not to be careful.**
   (난 경향이 있어 / 주의하지 않는.)

10. **Their design tends / not to be unique.**
    (그들의 디자인은 경향이 있어 / 독특하지 않은.)

STEP 1

손영작 입영작 어순 훈련

막히지 않을 때까지 손영작+입영작 무한반복 하세요.

1 난 경향이 있어 / 먹는 / 너무 빨리.

_____ / _____ / _____

2 난 경향이 있어 / 일하는 / 너무 열심히.

_____ / _____ / _____

3 넌 경향이 있어 / 거짓말하는 / 너무 많이.

_____ / _____ / _____

4 넌 경향이 있어 / 미소를 짓는 / 너무 많이.

_____ / _____ / _____

5 그는 경향이 있어 / 자는 / 너무 오래.

_____ / _____ / _____

6 그녀는 경향이 있어 / 노래하는 / 너무 크게.　　　　　　　　▶ 크게 loud

_____ / _____ / _____

7 내 남편은 경향이 있어 / 마시는 / 너무 자주.　　　　　　　▶ 자주 often

_____ / _____ / _____

8 난 경향이 있어 / 게으른.

_____ / _____

9 그는 경향이 있어 / 이기적인.　　　　　　　　　　　　　　▶ 이기적인 selfish

_____ / _____

10 그들은 경향이 있어 / 너무 조용한.　　　　　　　　　　　▶ 조용한 quiet

_____ / _____

성급히 넘어가면 결국 또다시 왕초보 영어에 머물 것을 보장함

11 난 경향이 있어 / 일어나지 않는 / 일찍.

_____ / _____ / _____

12 난 경향이 있어 / 먹지 않는 / 채소들을.   ▶ 채소 vegetable

_____ / _____ / _____

13 그는 경향이 있어 / 이해하지 않는 / 여자들을.

_____ / _____ / _____

14 그녀는 경향이 있어 / 돕지 않는 / 그녀의 부모님을.

_____ / _____ / _____

15 넌 경향이 있어 / 집중하지 않는.   ▶ 집중하다 focus

_____ / _____

16 넌 경향이 있어 / 웃지 않는.

_____ / _____

17 Sue는 경향이 있어 / 만들지 않는 / 친구들을.

_____ / _____ / _____

18 내 남자친구는 경향이 있어 / 전화하지 않는 / 내게 / 자주.

_____ / _____ / _____ / _____

19 내 여자친구는 경향이 있어 / 사과하지 않는 / 먼저.   ▶ 사과하다 apologize   ▶ 먼저 first

_____ / _____ / _____

20 난 경향이 있어 / 솔직하지 않은.   ▶ 솔직한 honest

_____ / _____

노란띠 6단

STEP 2

연기낭독 훈련

답을 맞춰 보며 상대방에게 이야기하듯 실감나게 낭독한 후 낭독 횟수를 체크하세요.

조용히, 억양 없이, 영혼 없이 낭독하면 공식으로만 남게 돼 매우 위험함.

		4회	8회	12회
1	I tend to eat too fast.	✓		
2	I tend to work too hard.			
3	You tend to lie too much.			
4	You tend to smile too much.			
5	He tends to sleep too long.			
6	She tends to sing too loud.			
7	My husband tends to drink too often.			
8	I tend to be lazy.			
9	He tends to be selfish.			
10	They tend to be too quiet.			
11	I tend not to wake up early.			
12	I tend not to eat vegetables.			
13	He tends not to understand women.			
14	She tends not to help her parents.			
15	You tend not to focus.			
16	You tend not to laugh.			
17	Sue tends not to make friends.			
18	My boyfriend tends not to call me often.			
19	My girlfriend tends not to apologize first.			
20	I tend not to be honest.			

STEP 3

입영작 마스터 훈련

조금 더 자연스러운 우리말 문장을 보고 실감나게 입영작하세요.

'걔'는 he가 될 수도 she가 될 수도 있으며 여러분의 선택입니다.

		1차	2차	3차
1	난 너무 빨리 먹는 경향이 있어.			
2	난 너무 열심히 일하는 경향이 있어.			
3	넌 너무 많이 거짓말하는 경향이 있어.			
4	넌 너무 많이 미소 짓는 경향이 있어.			
5	걔는 너무 오래 자는 경향이 있어.			
6	걔는 너무 크게 노래하는 경향이 있어.			
7	내 남편은 너무 자주 마시는 경향이 있어.			
8	난 게으른 경향이 있어.			
9	걔는 이기적인 경향이 있어.			
10	걔네는 너무 조용한 경향이 있어.			
11	난 일찍 안 일어나는 경향이 있어.			
12	난 채소들을 안 먹는 경향이 있어.			
13	걔는 여자들을 이해 못하는 경향이 있어.			
14	걔는 자기 부모님을 안 도와드리는 경향이 있어.			
15	넌 집중하지 않는 경향이 있어.			
16	넌 웃지 않는 경향이 있어.			
17	Sue는 친구들을 안 만드는(=안 사귀는) 경향이 있어.			
18	내 남자친구는 나한테 자주 전화 안 하는 경향이 있어.			
19	내 여자친구는 먼저 사과 안 하는 경향이 있어.			
20	난 솔직하지 않은 경향이 있어.			

심하게 버벅거림 : 1점
버벅거림은 줄었으나 책 읽듯 어색함 : 3점
연기하듯 자연스러움 : 5점

TOTAL 1차 2차 3차

40점 이하 → 연기낭독훈련부터 다시
41~79점 → 입영작 마스터 훈련 재도전
80점 이상 → 노란띠 6단 완성

노란띠 6단 **145**

I AM WILLING TO DATE HIM.

나 걔랑 데이트할 의향이 있어.

사용빈도 ★★★
난이도 ★★

 혜원: 그때 나한테 해 준다던 소개팅 있지?
마유: 안 한다며.
혜원: 생각해 보니까 개만한 애도 없는 것 같아. **나 걔랑 데이트할 의향 있어.**
마유: 걔 결혼했어.

상황 혜원이는 소개팅을 할 '의향'을 표현하고 있습니다.

무기 **[be willing to]** ~할 의향이 있다

---

1 어떤 행동을 할 '의향'이 있음을 표현할 수 있습니다.
[be willing to] 뒤에는 [동사원형]이 따라옵니다.

예) 난 그와 데이트할 의향이 있어. (I am willing to date him.)
    난 그녀를 용서할 의향이 있었어. (I was willing to forgive her.)
    우린 우리 음식을 나눌 의향이 없어. (We are not willing to share our food.)

무기 사용법
[주어 + be willing] + [to 동사원형]

현재
1. 난 그와 데이트할 의향이 있어.
2. [난 의향이 있어] + [데이트 할] + [그와].
   [I am willing] + [to date] + [him].
3. I am willing to date him.

현재 (부정)
1. 그녀는 너를 볼 의향이 없어.
2. [그녀는 의향이 없어] + [볼] + [너를].
   [She is not willing] + [to see] + [you].
3. She is not willing to see you.

과거
1. 난 더 많이 지불할 의향이 있었어.
2. [난 의향이 있었어] + [지불할] + [더 많이]
   [I was willing] + [to pay] + [more].
3. I was willing to pay more.

무기 UPGRADE
질문형 문장은 [Be동사 + 주어] + [willing to 동사원형]?의 어순으로 진행.
예) You are willing to do this business. ➔ Are you willing to do this business?

예문 폭탄

1. **I am willing / to help / them.**
(난 의향이 있어 / 도와줄 / 그들을.)

2. **I am willing / to cook / for you.**
(난 의향이 있어 / 요리할 / 널 위해.)

3. **He is willing / to come back / to our company.**
(그는 의향이 있어 / 돌아올 / 우리 회사로.)

4. **We are willing / to move / to San Diego.**
(우린 의향이 있어 / 이사할 / 샌디에이고로.)

5. **I am not willing / to pay / $100.**
(난 의향이 없어 / 지불할 / 100달러를.)

6. **She is not willing / to date / John.**
(그녀는 의향이 없어 / 데이트할 / John과.)

7. **They are not willing / to forgive / Mr. Jackson.**
(그들은 의향이 없어 / 용서할 / Mr. Jackson을.)

8. **Are you willing / to buy / this camera?**
(넌 의향이 있니 / 살 / 이 카메라를?)

9. **Is he willing / to bring / his car?**
(그는 의향이 있니 / 가져올 / 그의 차를?)

10. **Is Jenny willing / to sell / her earrings?**
(Jenny는 의향이 있니 / 팔 / 그녀의 귀걸이들을?)

STEP 1

손영작 입영작 어순 훈련

막히지 않을 때까지 손영작＋입영작 무한반복 하세요.

1 난 의향이 있어 / 죽을 / 널 위해.
   _____ / _____ / _____

2 난 의향이 있어 / 이용할 / 네 서비스를.
   _____ / _____ / _____

3 난 의향이 있어 / 일할 / 그와.
   _____ / _____ / _____

4 그들은 의향이 있어 / 사인할 / 이 계약서에.   ▶ ~에 사인하다 sign ▶ 계약서 contract
   _____ / _____ / _____

5 그녀는 의향이 있어 / 머물 / 여기에.
   _____ / _____ / _____

6 우린 의향이 있어 / 할 / 무엇이든.
   _____ / _____ / _____

7 난 의향이 있어 / 투자할 / 1,000달러를.   ▶ 투자하다 invest
   _____ / _____ / _____

8 내 친구들은 의향이 있어 / 배울 / 영어를.
   _____ / _____ / _____

9 내 남자친구는 의향이 있어 / 살 / 다이아몬드 반지를 / 날 위해.
   _____ / _____ / _____ / _____

10 그녀는 의향이 있어 / 보여줄 / 그녀의 사진들을 / 우리에게.
   _____ / _____ / _____ / _____

성급히 넘어가면 결국
또다시 왕초보 영어에
머물 것을 보장함

11 난 의향이 없어 / 포기할.

_____ / _____

12 난 의향이 없어 / 팔 / 내 Prada 가방을.

_____ / _____ / _____

13 우린 의향이 없어 / 지지할 / 그를.　　　　　　　　　　　▶ 지지하다 support

_____ / _____ / _____

14 그는 의향이 없어 / 도와줄 / 우릴.

_____ / _____ / _____

15 그들은 의향이 없어 / 일할 / 내일.

_____ / _____ / _____

16 넌 의향이 있니 / 마실 / 날 위해?

_____ / _____ / _____

17 넌 의향이 있니 / 고용할 / 나를?

_____ / _____ / _____

18 넌 의향이 있니 / 기부할 / 네 돈을?　　　　　　　　　　　▶ 기부하다 donate

_____ / _____ / _____

19 그녀는 의향이 있니 / 가르칠 / 우릴?

_____ / _____ / _____

20 그는 의향이 있니 / 희생시킬 / 자기 스스로를?　　　　　　▶ 희생시키다 sacrifice

_____ / _____ / _____

노란띠 7단

STEP 2

연기낭독 훈련

답을 맞춰 보며 상대방에게 이야기하듯 실감나게 낭독한 후 낭독 횟수를 체크하세요.

조용히, 억양 없이, 영혼 없이 낭독하면 공식으로만 남게 돼 매우 위험함.

		4회	8회	12회
1	I am willing to die for you.	✓		
2	I am willing to use your service.			
3	I am willing to work with him.			
4	They are willing to sign this contract.			
5	She is willing to stay here.			
6	We are willing to do anything.			
7	I am willing to invest $1,000.			
8	My friends are willing to learn English.			
9	My boyfriend is willing to buy a diamond ring for me.			
10	She is willing to show her pictures to us.			
11	I am not willing to give up.			
12	I am not willing to sell my Prada bag.			
13	We are not willing to support him.			
14	He is not willing to help us.			
15	They are not willing to work tomorrow.			
16	Are you willing to drink for me?			
17	Are you willing to hire me?			
18	Are you willing to donate your money?			
19	Is she willing to teach us?			
20	Is he willing to sacrifice himself?			

입영작 영어회화 : 영어로 잘 대답하기

STEP 3

입영작 마스터 훈련

조금 더 자연스러운 우리말 문장을 보고 실감나게 입영작하세요.

'걔'는 he가 될 수도 she가 될 수도 있으며 여러분의 선택입니다.

		1차	2차	3차
1	난 널 위해 죽을 의향이 있어.			
2	난 당신 서비스를 이용할 의향이 있어요.			
3	난 걔랑 일할 의향이 있어.			
4	걔네는 이 계약서에 사인할 의향이 있어.			
5	걔는 여기 머물 의향이 있어.			
6	우린 뭐든 할 의향이 있어.			
7	난 1,000달러를 투자할 의향이 있어.			
8	내 친구들은 영어를 배울 의향이 있어.			
9	내 남자친구는 날 위해 다이아몬드 반지를 살 의향이 있어.			
10	걔는 우리한테 자기 사진들을 보여 줄 의향이 있어.			
11	난 포기할 의향이 없어.			
12	난 내 Prada 가방을 팔 의향이 없어.			
13	우린 걔를 지지할 의향이 없어.			
14	걔는 우릴 도와줄 의향이 없어.			
15	걔네는 내일 일할 의향이 없어.			
16	넌 날 위해 마실 의향이 있니?			
17	넌 날 고용할 의향이 있니?			
18	넌 네 돈을 기부할 의향이 있니?			
19	걔는 우릴 가르쳐 줄 의향이 있나?			
20	걔는 자기 스스로를 희생시킬 의향이 있나?			

심하게 버벅거림 : 1점
버벅거림은 줄었으나 책 읽듯 어색함 : 3점
연기하듯 자연스러움 : 5점

TOTAL | 1차 | 2차 | 3차 |

40점 이하 — 연기감독 훈련 부터 다시
41~79점 — 입영작 마스터 훈련 재도전
80점 이상 — 노란띠 7단 완성

I WAS ABOUT TO CALL YOU!

나 너한테 막 전화하려던 참이었는데!

마유: 남자친구 생겼다고 연락 한번 없기냐?
주미: 아니야! 안 그래도, 너한테…
마유: 막 전화하려던 참이었다고?

상황 주미는 아직 하지는 않았지만 '막 전화하려던 참'이었다고 표현하고 있습니다.

무기
[be about to] 막 ~하려는 참이다

1. 어떤 행동을 아직 하지는 않았지만 '하기 일보직전'임을 표현하는 무기입니다. [be about to] 뒤에는 [동사원형]이 따라옵니다.

예) 난 화장실에 가려는 참이야. (I am about to go to the bathroom.)
　　우린 경찰을 부르려는 참이었어. (We were about to call the police.)
　　내 친구는 치킨을 주문하려는 참이야. (My friend is about to order some chicken.)

무기 사용법: [주어 be about] + [to 동사원형]

현재
1. 난 막 떠나려는 참이야.
2. [난 참이야] + [막 떠나려는].
   [I am about] + [to leave].
3. I am about to leave.

과거
1. 그는 막 그의 컴퓨터를 끄려는 참이었어.
2. [그는 참이었어] + [막 끄려는] + [그의 컴퓨터를].
   [He was about] + [to turn off] + [his computer].
3. He was about to turn off his computer.

과거
1. 우린 막 이 스테이크를 주문하려는 참이었어.
2. [우린 참이었어] + [막 주문하려는] + [이 스테이크를].
   [We were about] + [to order] + [this steak].
3. We were about to order this steak.

무기 UPGRADE
질문형 문장은 [Be동사 + 주어] + [about to 동사원형]?의 어순으로 진행.
예) You are about to leave. → Are you about to leave?

예문 폭탄

1. **I am about / to have / lunch.**
   (난 참이야 / 막 먹으려는 / 점심을.)

2. **She is about / to call / the police.**
   (그녀는 참이야 / 막 부르려는 / 경찰을.)

3. **My son is about / to go / to school.**
   (내 아들은 참이야 / 막 가려는 / 학교에.)

4. **We are about / to jump.**
   (우린 참이야 / 막 점프하려는.)

5. **I was about / to call / you.**
   (난 참이었어 / 막 전화하려는 / 너에게.)

6. **She was about / to play / a game.**
   (그녀는 참이었어 / 막 하려는 / 게임을.)

7. **He was about / to propose / to his fiancée.**
   (그는 참이었어 / 막 청혼하려는 / 그의 약혼녀에게.)

8. **Are you about / to leave?**
   (넌 참이니 / 막 떠나려는?)

9. **Are they about / to cancel / this show?**
   (그들은 참이니 / 막 취소하려는 / 이 쇼를?)

10. **Is she about / to tell / him / the truth?**
    (그녀는 참이니 / 막 말하려는 / 그에게 / 그 진실을?)

STEP 1

손영작 입영작 어순 훈련

막히지 않을 때까지 손영작+입영작 무한반복 하세요.

1 난 막 먹으려는 참이야 / 뭔가를.

_____ / _____

2 그녀는 가려는 참이야 / 직장에. ▶ 직장 work

_____ / _____

3 우린 막 포기하려는 참이야 / 모든 걸.

_____ / _____

4 그는 막 물어보려는 참이야 / 내게 / 뭔가를.

_____ / _____ / _____

5 그들은 막 떠나려는 참이야 / 이 빌딩을.

_____ / _____

6 Olivia는 막 샤워하려는 참이야. ▶ 샤워하다 take a shower

_____

7 Barbie는 막 가려는 참이야 / 집에.

_____ / _____

8 난 막 때리려는 참이야 / 널. ▶ 때리다 hit

_____ / _____

9 그들은 막 헤어지려는 참이야. ▶ 헤어지다 break up

_____

10 우린 막 결혼하려는 참이야. ▶ 결혼하다 get married

_____

경고 ⚠️ WARNING

성급히 넘어가면 결국
또다시 왕초보 영어에
머물 것을 보장함

11 난 막 쏘려는 참이었어 / 그를.　　　　　　　　　　　　　　　　　　　▶ 쏘다 shoot

_____ / _____

12 그녀는 막 열려는 참이었어 / 그 창문을.

_____ / _____

13 그들은 막 부수려는 참이었어 / 그 문을.

_____ / _____

14 그는 막 누르려는 참이었어 / 그 버튼을.

_____ / _____

15 우린 막 싸우려는 참이었어.

_____

16 넌 막 주문하려는 참이니 / 치킨을?

_____ / _____

17 넌 막 부르려는 참이니 / 이 노래를?

_____ / _____

18 넌 막 재채기하려는 참이니?　　　　　　　　　　　　　　　　　　　　　▶ 재채기하다 sneeze

_____

19 넌 막 시작하려는 참이니 / 사업을?

_____ / _____

20 그녀는 막 관두려는 참이니 / 그녀의 일을?

_____ / _____

STEP 2

연기낭독 훈련

답을 맞춰 보며 상대방에게 이야기하듯 실감나게 낭독한 후 낭독 횟수를 체크하세요.

조용히, 억양 없이, 영혼 없이 낭독하면 공식으로만 남게 돼 매우 위험함.

		4회	8회	12회
1	I am about to eat something.	✓	☐☐	☐☐
2	She is about to go to work.	☐☐	☐☐	☐☐
3	We are about to give up everything.	☐☐	☐☐	☐☐
4	He is about to ask me something.	☐☐	☐☐	☐☐
5	They are about to leave this building.	☐☐	☐☐	☐☐
6	Olivia is about to take a shower.	☐☐	☐☐	☐☐
7	Barbie is about to go home.	☐☐	☐☐	☐☐
8	I am about to hit you.	☐☐	☐☐	☐☐
9	They are about to break up.	☐☐	☐☐	☐☐
10	We are about to get married.	☐☐	☐☐	☐☐
11	I was about to shoot him.	☐☐	☐☐	☐☐
12	She was about to open the window.	☐☐	☐☐	☐☐
13	They were about to break the door.	☐☐	☐☐	☐☐
14	He was about to press the button.	☐☐	☐☐	☐☐
15	We were about to fight.	☐☐	☐☐	☐☐
16	Are you about to order chicken?	☐☐	☐☐	☐☐
17	Are you about to sing this song?	☐☐	☐☐	☐☐
18	Are you about to sneeze?	☐☐	☐☐	☐☐
19	Are you about to start a business?	☐☐	☐☐	☐☐
20	Is she about to quit her job?	☐☐	☐☐	☐☐

입영작 영어회화 : 영어로 잘 대답하기

STEP 3

입영작 마스터 훈련

조금 더 자연스러운 우리말 문장을 보고 실감나게 입영작하세요.

'걔'는 he가 될 수도 she가 될 수도 있으며 여러분의 선택입니다.

		1차	2차	3차
1	난 뭔가를 막 먹으려는 참이야.			
2	걔는 막 직장에 가려는 참이야.			
3	우린 모든 걸 막 포기하려는 참이야.			
4	걔는 나한테 막 뭔가를 물어보려는 참이야.			
5	걔네는 이 빌딩을 막 떠나려는 참이야.			
6	Olivia는 막 샤워하려는 참이야.			
7	Barbie는 집에 막 가려는 참이야.			
8	내가 널 막 때리려는 참이야.			
9	걔네는 막 헤어지려는 참이야.			
10	우린 막 결혼하려는 참이야.			
11	난 걔를 막 쏘려는 참이었어.			
12	걔는 그 창문을 막 열려는 참이었어.			
13	걔네는 그 문을 막 부수려는 참이었어.			
14	걔는 그 버튼을 막 누르려는 참이었어.			
15	우린 막 싸우려는 참이었어.			
16	넌 치킨을 막 주문하려는 참이니?			
17	넌 이 노래를 막 부르려는 참이니?			
18	넌 막 재채기를 하려는 참이니?			
19	넌 사업을 막 시작하려는 참이니?			
20	걔는 자기 일을 막 관두려는 참이니?			

심하게 버벅거림 : 1점
버벅거림은 줄었으나 책 읽듯 어색함 : 3점
연기하듯 자연스러움 : 5점

TOTAL | 1차 | 2차 | 3차 |

- 40점 이하 → 연기낭독 훈련 부터 다시
- 41~79점 → 입영작 마스터 훈련 재도전
- 80점 이상 → 노란띠 8단 완성

I WANT YOU TO LEAVE ME.

난 네가 날 떠나 줬으면 해.

사용빈도 ★★★★
난이도 ★★★

은주: 난 네가 날 떠나 줬으면 해.
마유: 갑자기 왜?
은주: 난 영어 잘하는 남자가 좋아.
마유: 어? 나 영어는 잘하는데? (눈치가 없음)

상황 은주는 자신이 떠나길 원한다는 게 아니라 '마유가 떠나 주길 원한다'고 표현하고 있습니다.

무기
[want 목적어 to] ~가 ~해 주길 원하다

1. 스스로 뭔가를 하고 싶은 게 아니라, '남이 뭔가를 해 주길 원한다'고 표현하는 무기입니다. [want 목적어 to] 뒤에는 [동사원형]이 따라옵니다.

   예) 난 네가 떠나길 원해. (I want you to leave.)
   　　그녀는 내가 떠나길 원했어. (She wanted me to leave.)
   　　난 그녀가 떠나길 원치 않아. (I don't want her to leave.)

무기 사용법: [주어 want 목적어] + [to 동사원형]

현재
1. 난 네가 떠나길 원해.
2. [난 널 원해] + [떠나길].
   [I want you] + [to leave].
3. I want you to leave.

현재
1. 그녀는 내가 그녀를 도와주길 원해.
2. [그녀는 날 원해] + [도와주길] + [그녀를].
   [She wants me] + [to help] + [her].
3. She wants me to help her.

현재 (부정)
1. 난 네가 떠나길 원하지 않아.
2. [난 널 원하지 않아] + [떠나길].
   [I don't want you] + [to leave].
3. I don't want you to leave.

무기 UPGRADE: 질문형 문장은 [Do동사 + 주어] + [want 목적어] + [to 동사원형]?의 어순으로 진행. 예) You want me to help you. ➜ Do you want me to help you?

예문 폭탄

1. **I want you / to wake me up / at 9.**
   (난 널 원해 / 날 깨우길 / 9시에.)

2. **I want him / to call / me / soon.**
   (난 그를 원해 / 전화하길 / 내게 / 곧.)

3. **She wants you / to call / her / now.**
   (그녀는 널 원해 / 전화하길 / 그녀에게 / 지금.)

4. **They want me / to fix / this printer.**
   (그들은 날 원해 / 고치길 / 이 프린터를.)

5. **I don't want you / to go.**
   (난 널 원하지 않아 / 가길.)

6. **I don't want them / to quit.**
   (난 그들을 원하지 않아 / 관두길.)

7. **He doesn't want me / to work.**
   (그는 날 원하지 않아 / 일하길.)

8. **Do you want me / to follow / you?**
   (넌 날 원하니 / 따르길 / 널?)

9. **Do you want her / to email / you?**
   (넌 그녀를 원하니 / 이메일하길 / 너에게?)

10. **Do they want you / to work / tonight?**
    (그들은 널 원하니 / 일하길 / 오늘밤에?)

STEP 1

손영작 입영작 어순 훈련

막히지 않을 때까지
손영작＋입영작 무한반복 하세요.

1 난 널 원해 / 키스하길 / 내게.
   _____ / _____ / _____

2 난 널 원해 / 머물길 / 여기에.
   _____ / _____ / _____

3 난 널 원해 / 잡아 주길 / 내 손들을.   ▶ 잡다 hold
   _____ / _____ / _____

4 난 그녀를 원해 / 찾길 / 나를.
   _____ / _____ / _____

5 난 내 남자친구를 원해 / 사과하길 / 내게.
   _____ / _____ / _____

6 그는 날 원해 / 운전하길.
   _____ / _____

7 그녀는 날 원해 / 시도하길 / 다시.
   _____ / _____ / _____

8 그들은 날 원해 / 일하길 / 그들을 위해.
   _____ / _____ / _____

9 내 선생님은 날 원해 / 읽길 / 이 책을.
   _____ / _____ / _____

10 내 상사는 날 원해 / 끝마치길 / 이 일을.
   _____ / _____ / _____

입영작 영어회화 : 영어로 잘 대답하기

> 성급히 넘어가면 결국 또다시 왕초보 영어에 머물 것을 보장함
>
> **WARNING**

11 난 널 원하지 않아 / 거짓말하길.

_____ / _____

12 난 그를 원하지 않아 / 돌아오길.

_____ / _____

13 난 그들을 원하지 않아 / 도망가길. ▶ 도망가다 run away

_____ / _____

14 그는 날 원하지 않아 / 흡연하길.

_____ / _____

15 그는 Alex를 원하지 않아 / 노래하길.

_____ / _____

16 넌 날 원하니 / 도와주길 / 너를?

_____ / _____ / _____

17 넌 날 원하니 / 기다리길 / 여기에서?

_____ / _____ / _____

18 넌 그를 원하니 / 옮기길 / 이 책상을?

_____ / _____ / _____

19 그는 날 원하니 / 방문하길 / 그를?

_____ / _____ / _____

20 그들은 날 원하니 / 떠나길 / 이 회사를?

_____ / _____ / _____

STEP 2

연기낭독 훈련

답을 맞춰 보며 상대방에게 이야기하듯 실감나게 낭독한 후 낭독 횟수를 체크하세요.

조용히, 억양 없이, 영혼 없이 낭독하면 공식으로만 남게 돼 매우 위험함.

		4회	8회	12회
1	I want you to kiss me.	✓		
2	I want you to stay here.			
3	I want you to hold my hands.			
4	I want her to find me.			
5	I want my boyfriend to apologize to me.			
6	He wants me to drive.			
7	She wants me to try again.			
8	They want me to work for them.			
9	My teacher wants me to read this book.			
10	My boss wants me to finish this work.			
11	I don't want you to lie.			
12	I don't want him to come back.			
13	I don't want them to run away.			
14	He doesn't want me to smoke.			
15	He doesn't want Alex to sing.			
16	Do you want me to help you?			
17	Do you want me to wait here?			
18	Do you want him to move this desk?			
19	Does he want me to visit him?			
20	Do they want me to leave this company?			

STEP 3

입영작 마스터 훈련

조금 더 자연스러운 우리말 문장을 보고 실감나게 입영작하세요.

'걔'는 he가 될 수도 she가 될 수도 있으며 여러분의 선택입니다.

		1차	2차	3차
1	난 네가 나한테 키스해 주길 원해.			
2	난 네가 여기 머물러 주길 원해.			
3	난 네가 내 손들을 잡아 주길 원해.			
4	난 걔가 날 찾길 원해.			
5	난 내 남자친구가 내게 사과하길 원해.			
6	걔는 내가 운전하길 원해.			
7	걔는 내가 다시 시도해 보길 원해.			
8	걔네는 내가 그들을 위해서 일하길 원해.			
9	우리 선생님은 내가 이 책을 읽길 원해.			
10	내 상사는 내가 이 일을 끝마치길 원해.			
11	난 네가 거짓말하는 걸 원치 않아.			
12	난 걔가 돌아오는 걸 원치 않아.			
13	난 걔네가 도망가는 걸 원치 않아.			
14	걔는 내가 흡연하는 걸 원치 않아.			
15	걔는 Alex가 노래하는 걸 원치 않아.			
16	넌 내가 널 도와주길 원해?			
17	넌 내가 여기서 기다리길 원해?			
18	넌 걔가 이 책상을 옮기길 원해?			
19	걔는 내가 걔를 방문하길 원해?			
20	걔네는 내가 이 회사를 떠나길 원해?			

심하게 버벅거림 : 1점
버벅거림은 줄었으나 책 읽듯 어색함 : 3점
연기하듯 자연스러움 : 5점

TOTAL   1차 [ ]   2차 [ ]   3차 [ ]

40점 이하 — 연기낭독훈련 부터 다시
41~79점 — 입영작 마스터 훈련 재도전
80점 이상 — 노란띠 9단 완성

노란띠 9단

I TOLD YOU TO WAIT!

노란띠 10단

내가 기다리랬잖아!

 마유: 성준아. 아니지? 너 탕수육에 소스 부은 거 아니지?
성준: 부었는데?
마유: **내가 기다리랬잖아!**

 마유는 성준이에게 '기다리라고 말했다고/시켰다고' 표현하고 있습니다.

무기

[tell 목적어 to] ~에게 ~하라고 말하다/시키다

1 남에게 어떤 행동을 하라고 '말하다/시키다'를 표현하는 무기입니다.
   [tell 목적어 to] 뒤에는 [동사원형]이 따라옵니다.

   예) 내가 그에게 조용히 하라고 말했어. (I told him to be quiet.)
   　　그녀가 내게 사라지라고 말했어. (She told me to go away.)
   　　그들이 내게 그걸 훔치라고 시켰어. (They told me to steal it.)

2 [tell] 대신 [ask]를 쓰면 '말하다/시키다'보다 '부탁하다'로 뜻이 업그레이드 됩니다.

무기 사용법: [주어 tell 목적어] + [to 동사원형]

과거
1. 내가 너에게 기다리라고 말했잖아.
2. [내가 너에게 말했다] + [기다리라고].
   [I told you] + [to wait].
3. I told you to wait.

과거 (부정)
1. 난 그에게 그녀의 차를 훔치라고 말하지 않았어.
2. [난 그에게 말하지 않았어] + [그녀의 차를 훔치라고].
   [I didn't tell him] + [to steal her car].
3. I didn't tell him to steal her car.

질문
1. 넌 그녀에게 일어나라고 말했니?
2. [넌 그녀에게 말했니] + [일어나라고]?
   [Did you tell her] + [to wake up]?
3. Did you tell her to wake up?

무기 UPGRADE
[to] 대신 [not to]를 쓰면, 반대로 '~하지 말라고 말하다' 라고 표현 가능.
예) I told him to leave. ➔ I told him not to leave.

예문 폭탄

1. **I told you / to stay / here.**
   (내가 너에게 말했잖아 / 있으라고 / 여기에.)

2. **I told him / to focus.**
   (난 그에게 말했어 / 집중하라고.)

3. **She told me / to lie / to you.**
   (그녀가 내게 말했어 / 거짓말하라고 / 네게.)

4. **They told me / to change / my name.**
   (그들은 내게 말했어 / 바꾸라고 / 내 이름을.)

5. **I didn't tell you / to go / there.**
   (난 너에게 말하지 않았어 / 가라고 / 거기에.)

6. **We didn't tell him / to drive.**
   (우린 그에게 말하지 않았어 / 운전하라고.)

7. **I told you / not to come.**
   (내가 네게 말했잖아 / 오지 말라고.)

8. **He told me / not to touch / him.**
   (그는 내게 말했어 / 건드리지 말라고 / 그를.)

9. **Did you tell her / to pay / $100?**
   (넌 그녀에게 말했니 / 지불하라고 / 100달러를?)

10. **Did he tell you / to quit?**
    (그가 네게 말했니 / 관두라고?)

STEP 1

손영작 입영작 어순 훈련

막히지 않을 때까지 손영작+입영작 무한반복 하세요.

1 내가 너에게 말했잖아 / 전화하라고 / 나에게 / 어제.
   _____ / _____ / _____ / _____

2 내가 너에게 말했잖아 / 공부하라고 / 이 챕터를.
   _____ / _____ / _____

3 내가 너에게 말했잖아 / 마시라고 / 많은 물을.
   _____ / _____ / _____

4 내가 너에게 말했잖아 / 전화하지 말라고 / 내게 / 늦게.
   _____ / _____ / _____ / _____

5 내가 너에게 말했잖아 / 읽지 말라고 / 내 이메일을.
   _____ / _____ / _____

6 난 그에게 말했어 / 운전하라고 / 내 차를.
   _____ / _____ / _____

7 난 그녀에게 말했어 / 끝마치라고 / 일찍 / 오늘.
   _____ / _____ / _____ / _____

8 난 Mike에게 말했어 / 도와달라고 / 날 / 오늘.
   _____ / _____ / _____ / _____

9 난 Teddy에게 말했어 / 해고하지 말라고 / 그를.
   _____ / _____ / _____

10 난 그들에게 말했어 / 팔지 말라고 / 그들의 집을.
   _____ / _____ / _____

경고: 성급히 넘어가면 결국 또다시 왕초보 영어에 머물 것을 보장함

11 난 그녀에게 말하지 않았어 / 마시라고.
_____ / _____

12 난 그들에게 말하지 않았어 / 따르라고 / 나를.
_____ / _____ / _____

13 난 그에게 말하지 않았어 / 죽이라고 / 그 남자를.
_____ / _____ / _____

14 Grace는 내게 말했어 / 먹지 말라고 / 치킨을.
_____ / _____ / _____

15 Monica는 내게 말했어 / 싫어하지 말라고 / 그녀를.   ▶ 싫어하다 hate
_____ / _____ / _____

16 넌 그에게 말했니 / 일하라고 / 오늘밤에?
_____ / _____ / _____

17 넌 그녀에게 말했니 / 머물라고 / 너와?
_____ / _____ / _____

18 넌 그들에게 말했니 / 가져오라고 / 수건들을?   ▶ 가져오다 bring   ▶ 수건 towel
_____ / _____ / _____

19 그가 네게 말했니 / 훔치라고 / 이 서류를?   ▶ 서류 document
_____ / _____ / _____

20 그녀가 네게 말했니 / 따르라고 / Julian을?
_____ / _____ / _____

STEP 2

연기낭독 훈련

답을 맞춰 보며 상대방에게 이야기하듯 실감나게 낭독한 후 낭독 횟수를 체크하세요.

조용히 억양 없이 영혼 없이 낭독하면 공식으로만 남게 돼 매우 위험함.

		4회	8회	12회
1	I told you to call me yesterday.	✓		
2	I told you to study this chapter.			
3	I told you to drink a lot of water.			
4	I told you not to call me late.			
5	I told you not to read my email.			
6	I told him to drive my car.			
7	I told her to finish early today.			
8	I told Mike to help me today.			
9	I told Teddy not to fire him.			
10	I told them not to sell their house.			
11	I didn't tell her to drink.			
12	I didn't tell them to follow me.			
13	I didn't tell him to kill the man.			
14	Grace told me not to eat chicken.			
15	Monica told me not to hate her.			
16	Did you tell him to work tonight?			
17	Did you tell her to stay with you?			
18	Did you tell them to bring towels?			
19	Did he tell you to steal this document?			
20	Did she tell you to follow Julian?			

입영작 영어회화 : 영어로 잘 대답하기

STEP 3

입영작 마스터 훈련

조금 더 자연스러운 우리말 문장을 보고 실감나게 입영작하세요.

'걔'는 he가 될 수도 she가 될 수도 있으며 여러분의 선택입니다.

		1차	2차	3차
1	내가 어제 나한테 전화하라고 했잖아.			
2	내가 이 챕터 공부하라고 했잖아.			
3	내가 많은 물을 마시라고 했잖아.			
4	내가 나한테 늦게 전화하지 말라고 했잖아.			
5	내가 내 이메일 읽지 말라고 했잖아.			
6	나 걔한테 내 자동차 몰라고 했어.			
7	나 걔한테 오늘 일찍 끝마치라고 했어.			
8	나 Mike한테 오늘 나 도와달라고 했어.			
9	나 Teddy한테 걔 해고하지 말라고 했어.			
10	나 걔네한테 걔네 집 팔지 말라고 했어.			
11	나 걔한테 마시라고 안 했어.			
12	나 걔네한테 날 따르라고 안 했어.			
13	나 걔한테 그 남자 죽이라고 안 했어.			
14	Grace가 나한테 치킨 먹지 말라고 했어.			
15	Monica가 나한테 걔 싫어하지 말라고 했어.			
16	너 걔한테 오늘밤 일하라고 했어?			
17	너 걔한테 너랑 머물라고 했어?			
18	너 걔네한테 수건들 가져오라고 했어?			
19	걔가 너한테 이 서류 훔치라고 했어?			
20	걔가 너한테 Julian을 따르라고 했어?			

I WAS GOING TO TELL YOU.

너한테 말하려고 했어.

사용빈도 ★★★
난이도 ★★

 마유: 이거 무슨 썩은 냄새야.
　　　너 방귀 꼈…
종석: **말하려고 했어.**

상황 종석이는 실제로는 말하지 못했지만 '그러려고 했다'고 표현하고 있습니다.

무기
[was/were going to] ~하려고 했어

1 어떤 행동을 하려고 했지만 '실제로는 하지 않았다' 라는 뉘앙스를 띄는 무기입니다. *그런 뉘앙스가 없을 때도 아주 간혹 있음.

[was/were going to] 뒤에는 [동사원형]이 따라옵니다.

예) 안 그래도 너한테 전화하려고 했어. (I was going to call you.)
　　우린 너 없이 먹으려고 했어. (We were going to eat without you.)
　　낮잠 자려고 했어. (I was going to take a nap.)

무기 사용법: [주어 was/were going to 동사원형]

과거
1. 난 너에게 뭔가를 물어보려고 했어.
2. [난 물어보려고 했어] + [너에게] + [뭔가를].
   [I was going to ask] + [you] + [something].
3. I was going to ask you something.

과거
1. 그녀는 나에게 그녀의 비밀을 말하려고 했어.
2. [그녀는 말하려고 했어] + [나에게] + [그녀의 비밀을].
   [She was going to tell] + [me] + [her secret].
3. She was going to tell me her secret.

과거 (부정)
1. 난 너에게 키스하지 않으려고 했어.
2. [난 키스하지 않으려고 했어] + [너에게].
   [I was not going to kiss] + [you].
3. I was not going to kiss you.

무기 UPGRADE
질문형 문장은 [Was/Were 주어 going to 동사원형]?의 어순으로 진행.
예) You were going to hug me. ➜ Were you going to hug me?

예문 폭탄

1. **I was going to call / you.**
   (난 전화하려고 했어 / 너에게.)

2. **I was going to exercise / today.**
   (난 운동하려고 했어 / 오늘.)

3. **I was going to bring / my notebook.**
   (난 가져오려고 했어 / 내 공책을.)

4. **I was not going to tell / him.**
   (난 말하지 않으려고 했어 / 그에게.)

5. **She was going to wear / a skirt.**
   (그녀는 입으려고 했어 / 치마를.)

6. **They were going to give up.**
   (그들은 포기하려고 했어.)

7. **We were going to open up / a business.**
   (우린 열려고 했어 / 사업을.)

8. **Were you going to move / to England?**
   (넌 이사하려고 했니 / 영국으로?)

9. **Were you going to meet / your ex-boyfriend?**
   (넌 만나려고 했니 / 네 전 남자친구를?)

10. **Was she going to borrow / your money?**
    (그녀는 빌리려고 했니 / 네 돈을?)

STEP 1

손영작 입영작 어순 훈련

막히지 않을 때까지
손영작＋입영작 무한반복 하세요.

1   난 떠나려고 했어.

_____

2   난 때리려고 했어 / 그를.

_____ / _____

3   난 고용하려고 했어 / 그 모델을.

_____ / _____

4   난 결혼하려고 했어 / 내 베스트프렌드와.

_____ / _____

5   난 용서하려고 했어 / 널.

_____ / _____

6   그는 도망가려고 했어.

_____

7   우린 신뢰하려고 했어 / 그를.   ▶ 신뢰하다 trust

_____ / _____

8   그들은 해고하려고 했어 / 날.

_____ / _____

9   그녀는 사려고 했어 / 검정 하이힐들을.

_____ / _____

10 Gina는 춤추려고 했어 / 나랑.

_____ / _____

11 난 초대하지 않으려고 했어 / Teddy를.

_____ / _____

12 난 먹지 않으려고 했어 / 치킨을 / 다시는.

_____ / _____ / _____

13 난 열지 않으려고 했어 / 내 아이스크림 가게를.

_____ / _____

14 난 살지 않으려고 했어 / 그와.

_____ / _____

15 그들은 지지하지 않으려고 했어 / Mr. Franklin을.   ▶ 지지하다 support

_____ / _____

16 넌 만지려고 했니 / 내 새 차를?

_____ / _____

17 넌 사려고 했니 / 빌딩을?

_____ / _____

18 넌 바꾸려고 했니 / 네 번호를?

_____ / _____

19 그녀는 잠그려고 했니 / 그 문을?

_____ / _____

20 그는 부르려고 했니 / 내 노래를?

_____ / _____

STEP 2

연기낭독 훈련

답을 맞춰 보며 상대방에게 이야기하듯 실감나게 낭독한 후 낭독 횟수를 체크하세요.

조용히, 억양 없이, 영혼 없이 낭독하면 공식으로만 남게 돼 매우 위험함.

		4회	8회	12회
1	I was going to leave.	✓		
2	I was going to hit him.			
3	I was going to hire the model.			
4	I was going to marry my best friend.			
5	I was going to forgive you.			
6	He was going to run away.			
7	We were going to trust him.			
8	They were going to fire me.			
9	She was going to buy black high heels.			
10	Gina was going to dance with me.			
11	I was not going to invite Teddy.			
12	I was not going to eat chicken again.			
13	I was not going to open my ice cream store.			
14	I was not going to live with him.			
15	They were not going to support Mr. Franklin.			
16	Were you going to touch my new car?			
17	Were you going to buy a building?			
18	Were you going to change your number?			
19	Was she going to lock the door?			
20	Was he going to sing my song?			

입영작 영어회화 : 영어로 잘 대답하기

STEP 3

입영작 마스터 훈련

조금 더 자연스러운 우리말 문장을 보고 실감나게 입영작하세요.

'걔'는 he가 될 수도 she가 될 수도 있으며 여러분의 선택입니다.

		1차	2차	3차
1	난 떠나려고 했어.			
2	난 걔를 때리려고 했어.			
3	난 그 모델을 고용하려고 했어.			
4	난 내 베스트프렌드랑 결혼하려고 했어.			
5	난 널 용서하려고 했어.			
6	걔가 도망가려고 했어.			
7	우린 걔를 신뢰하려고 했어.			
8	걔네가 날 해고하려고 했어.			
9	걔는 검정 하이힐들을 사려고 했어.			
10	Gina는 나랑 춤추려고 했어.			
11	난 Teddy를 초대 안 하려고 했어.			
12	난 다신 치킨을 안 먹으려고 했어.			
13	난 내 아이스크림 가게를 안 열려고 했어.			
14	난 걔랑 안 살려고 했어.			
15	걔네는 Mr. Franklin을 지지 안 하려고 했어.			
16	넌 내 새 차를 만지려고 했니?			
17	넌 빌딩을 사려고 했니?			
18	넌 네 번호를 바꾸려고 했니?			
19	걔가 그 문을 잠그려고 했니?			
20	걔가 내 노래를 부르려고 했니?			

심하게 버벅거림 : 1점
버벅거림은 줄었으나 책 읽듯 어색함 : 3점
연기하듯 자연스러움 : 5점

TOTAL 1차 2차 3차

40점 이하 — 연기낭독 훈련 부터 다시
41~79점 — 입영작 마스터 훈련 재도전
80점 이상 — 노란띠 11단 완성

노란띠 11단

I HAVE KISSED A GIRL BEFORE.

나 전에 여자한테 키스해 봤어.

사용빈도 ★★★★
난이도 ★★☆

마유: 나 전에 여자한테 키스해 봤어.
안나: 경험은 누가 못해. 현재가 중요하지.
마유: 애가 참 못됐네.

상황 마유는 키스해 본 적이 있다는 '**경험**'에 관해 표현하고 있습니다.

무기

[have p.p.] ~해 본 적이 있다

1 이번 [have p.p.]는 과거부터 현재까지의 '경험'을 표현하는 막강한 무기입니다.

예) 그녀는 뉴욕에서 뮤지컬을 관람한 적이 있어. (She has watched a musical in New York.)
난 모기 물린 곳에 십자가를 그어 본 적이 있어. (I have made a cross on a mosquito bite.)
난 그녀의 맨 얼굴을 본 적이 없어. (I have not seen her bare face.)

2 부정문은 회화체에서 다음과 같이 줄여서 많이 사용합니다.
(have not → haven't / has not → hasn't)

예) I have not done it. → I haven't done it. (난 그걸 한 적이 없어.)

3 부정문을 강조하고 싶다면, not (아닌) 대신 never (절대 아닌)를 사용합니다.

예) I have not tried this. → I have never tried this. (난 이걸 절대 시도한 적이 없어.)

4 문장 마지막에 before (전에) / in my life (인생에서) 등을 추가할 수도 있습니다.

예) I have cried before. (나 전에 울어 본 적 있어.)
I haven't sung in my life. (난 내 인생에서 노래해 본 적이 없어.)

무기 사용법

[주어 have p.p.]

경험
1. 난 Lamborghini를 몰아 본 적이 있어.
2. [난 몰아본 적이 있어] + [Lamborghini를].
   [I have driven] + [a Lamborghini].
3. I have driven a Lamborghini.

경험 (부정)
1. 그녀는 여기에서 일해 본 적이 없어.
2. [그녀는 일해 본 적이 없어] + [여기에서].
   [She has not worked] + [here].
3. She hasn't worked here.

경험 (부정 강조)
1. 난 전에 절대 울어 본 적이 없어.
2. [난 절대 울어 본 적이 없어] + [전에].
   [I have never cried] + [before].
3. I have never cried before.

무기 UPGRADE
질문형 문장은 [Have/Has 주어 p.p.]?의 어순으로 진행.
예) You have learned English before. ➜ Have you learned English before?

예문 폭탄

1. **I have tried / this / before.**
   (난 시도해 본 적이 있어 / 이걸 / 전에.)

2. **I have watched / this drama.**
   (난 본 적이 있어 / 이 드라마를.)

3. **Ella has had / a boyfriend.**
   (Ella는 가져 본 적이 있어 / 남자친구를.)

4. **We have visited / Rome.**
   (우린 방문해 본 적이 있어 / 로마를.)

5. **I haven't had / kimchi / in my life.**
   (난 먹어 본 적이 없어 / 김치를 / 내 인생에서.)

6. **She hasn't visited / Jeju Island / before.**
   (그녀는 방문해 본 적이 없어 / 제주도를 / 전에.)

7. **They haven't smoked / since 2010.**
   (그들은 담배를 피워 본 적이 없어 / 2010년 이후로.)

8. **Have you learned / English?**
   (넌 배워 본 적이 있니 / 영어를?)

9. **Have we met?**
   (우리가 만난 적이 있니?)

10. **Has she loved / anyone / before?**
    (그녀가 사랑해 본 적이 있니 / 누구라도 / 전에?)

STEP 1

손영작 입영작 어순 훈련

막히지 않을 때까지 손영작＋입영작 무한반복 하세요.

1 난 경험해 본 적이 있어 / 이걸 / 전에.　　　　　　　　　　　　　　　　▶ 경험하다 experience

_____ / _____ / _____

2 난 입어 본 적이 있어 / 치마를.

_____ / _____

3 난 꿈꿔 본 적이 있어 / 너에 대해서.

_____ / _____

4 난 방문해 본 적이 있어 / 베트남을.　　　　　　　　　　　　　　　　　▶ 베트남 Vietnam

_____ / _____

5 난 키스해 본 적이 있어 / 누군가에게 / 전에.

_____ / _____ / _____

6 그녀는 읽어 본 적이 있어 / 이 책을 / 전에.

_____ / _____ / _____

7 우린 배워 본 적이 있어 / 프랑스어를.

_____ / _____

8 그는 이용해 본 적이 있어 / 우리의 서비스를.

_____ / _____

9 Dan은 일해 본 적이 있어 / 미국에서.

_____ / _____

10 내 형은 흡연해 본 적이 있어 / 전에.

_____ / _____

경고 WARNING { 성급히 넘어가면 결국 또다시 왕초보 영어에 머물 것을 보장함

11 난 울어 본 적이 없어 / 내 인생에서.
_____ / _____

12 난 실패해 본 적이 없어 / 전에.
_____ / _____

13 난 본 적이 없어 / 그녀를 / 2000년 이후로.
_____ / _____ / _____

14 그녀는 운동해 본 적이 없어 / 전에.
_____ / _____

15 그는 시도해 본 적이 없어 / 이 게임을.
_____ / _____

16 넌 가져 본 적이 있니 / 남자친구를?
_____ / _____

17 넌 본 적이 있니 / 귀신을?   ▶ 귀신 ghost
_____ / _____

18 넌 방귀 뀌어 본 적이 있니 / 물 속에서?   ▶ 방귀 뀌다 fart
_____ / _____

19 그는 사용해 본 적이 있니 / 스마트폰을 / 전에?
_____ / _____ / _____

20 넌 만나 본 적이 있니 / Barack Obama를?
_____ / _____

STEP 2

연기낭독 훈련

답을 맞춰 보며 상대방에게 이야기하듯 실감나게 낭독한 후 낭독 횟수를 체크하세요.

조용히, 억양 없이, 영혼 없이 낭독하면 공식으로만 남게 돼 매우 위험함.

		4회	8회	12회
1	I have experienced this before.	✓		
2	I have worn a skirt.			
3	I have dreamed about you.			
4	I have visited Vietnam.			
5	I have kissed someone before.			
6	She has read this book before.			
7	We have learned French.			
8	He has used our service.			
9	Dan has worked in America.			
10	My brother has smoked before.			
11	I haven't cried in my life.			
12	I haven't failed before.			
13	I haven't seen her since 2000.			
14	She hasn't exercised before.			
15	He hasn't tried this game.			
16	Have you had a boyfriend?			
17	Have you seen a ghost?			
18	Have you farted in water?			
19	Has he used a smart phone before?			
20	Have you met Barack Obama?			

STEP 3

입영작 마스터 훈련

조금 더 자연스러운 우리말 문장을 보고 실감나게 입영작하세요.

'걔'는 he가 될 수도 she가 될 수도 있으며 여러분의 선택입니다.

		1차	2차	3차
1	나 전에 이거 경험해 본 적 있어.			
2	나 치마 입어 본 적 있어.			
3	나 너에 대해 꿈꿔 본 적 있어.			
4	나 베트남 방문해 본 적 있어.			
5	나 전에 누구한테 키스해 본 적 있어.			
6	걔는 전에 이 책을 읽어 본 적 있어.			
7	우리 프랑스어 배워 본 적 있어.			
8	걔는 우리 서비스를 이용해 본 적 있어.			
9	Dan은 미국에서 일해 본 적 있어.			
10	우리 형은 전에 흡연해 본 적 있어.			
11	난 내 인생에서 울어 본 적이 없어.			
12	난 전에 실패해 본 적이 없어.			
13	난 2000년 이후로 걔를 본 적이 없어.			
14	걔는 전에 운동해 본 적이 없어.			
15	걔는 이 게임을 시도해 본 적이 없어.			
16	너 남자친구 가져 본 적 있어?			
17	너 귀신 본 적 있어?			
18	너 물 속에서 방귀 뀌어 본 적 있어?			
19	걔는 전에 스마트폰 써 본 적이 있니?			
20	너 Barack Obama 만나 본 적 있어?			

심하게 버벅거림 : 1점
버벅거림은 줄었으나 책 읽듯 어색함 : 3점
연기하듯 자연스러움 : 5점

TOTAL 1차 2차 3차

40점 이하 — 연기낭독훈련 부터 다시
41~79점 — 입영작 마스터 훈련 재도전
80점 이상 — 노란띠 12단 완성

13단 LOVING SOMEONE IS BEAUTIFUL.

누군가를 사랑하는 건 아름다운 거야.

사용빈도 ★★★★★
난이도 ★★

마유: 연애하더니 진짜 얼굴 좋아졌네. 네가 잘생겨 보일 정도라니.
현빈: 허허. 그 정도인가?
마유: **누군가를 사랑하는 건 아름답다**는 게 사실인가 보네. (형님 미소)

상황 마유는 '**누군가를 사랑하는 것**'을 말의 핵심으로 두고 있습니다.

무기

[~ing] ~하는 것

---

1 [~ing]는 [동사]를 [명사]로 바꿔 버리는 무기입니다.

사랑하다 (love) ➡ 사랑하는 것 (loving)
웃다 (laugh) ➡ 웃는 것 (laughing)
행복해 하다 (be happy) ➡ 행복해 하는 것 (being happy)

2 [~ing]는 문장에서 주어, 목적어, 보어로 쓰일 수 있습니다.

예) 주어: 누군가를 사랑하는 것은 아름다워. (<u>Loving someone</u> is beautiful.)
　　주어: 운동하는 것은 쉽지 않았어. (<u>Exercising</u> was not easy.)
　　목적어: 난 치킨을 먹는 것을 아주 좋아해. (I love <u>eating</u> chicken.)
　　목적어: 난 달리는 것을 꺼리지 않아. (I don't mind <u>running</u>.)
　　보어: 내 꿈은 세계를 여행하는 거야. (My dream is <u>traveling</u> around the world.)
　　보어: 내 취미는 영화 보는 거야. (My hobby is <u>watching</u> movies.)

무기 사용법	주어로 쓸 때 ➡ [~ing + 동사] 목적어/보어로 쓸 때 ➡ [주어 + 동사 + ~ing]

현재–목적어
1. 난 달리는 것을 싫어해.
2. [난 싫어해] + [달리는 것을].
   [I hate] + [running].
3. I hate running.

과거–주어
1. 거기에 머무는 것은 힘들었어.
2. [거기에 머무는 것은] + [힘들었어].
   [Staying there] + [was difficult].
3. Staying there was difficult.

추측/확인–주어
1. 중국어를 공부하는 것은 쉽지 않을 거야.
2. [중국어를 공부하는 것은] + [쉽지 않을 거야].
   [Studying Chinese] + [will not be easy].
3. Studying Chinese won't be easy.

무기 UPGRADE	부정문과 질문형도 추가 훈련. 예) I don't enjoy singing. (난 노래하는 걸 즐기지 않아.) 예) Do you remember punching me? (넌 내게 펀치한 걸 기억하니?)

예문 폭탄

1. **Loving you / is painful.**
   (널 사랑하는 것은 / 고통스러워.)

2. **Studying / was easy.**
   (공부하는 것은 / 쉬웠어.)

3. **I like / eating chicken.**
   (난 좋아해 / 치킨을 먹는 것을.)

4. **She hates / talking to men.**
   (그녀는 싫어해 / 남자들과 대화하는 것을.)

5. **I enjoyed / listening to her voice.**
   (난 즐겼어 / 그녀의 목소리를 듣는 것을.)

6. **Talking to women / can be scary.**
   (여자들과 대화하는 것은 / 무서울 수 있어.)

7. **They didn't stop / singing.**
   (그들은 멈추지 않았어 / 노래하는 것을.)

8. **Is mastering English / difficult?**
   (영어를 마스터하는 것은 ~이니 / 어려운?)

9. **Do you like / cooking for your girlfriend?**
   (넌 좋아하니 / 네 여자친구를 위해 요리하는 것을?)

10. **Did you start / calling her?**
    (넌 시작했니 / 그녀에게 전화하는 것을?)

STEP 1

손영작 입영작 어순 훈련

막히지 않을 때까지 손영작+입영작 무한반복 하세요.

1 춤추는 것은 / 재미있어.

_____ / _____

2 일하는 것은 / 그와 / 쉽지 않아.

_____ / _____ / _____

3 운전하는 것은 / 내 취미야.　　　　　　　　　　▶ 취미 hobby

_____ / _____

4 여기에서 일하는 것은 / 내 꿈이야.

_____ / _____

5 하이힐들을 신는 것은 / 고통스러워.　　　　　　▶ 고통스러운 painful

_____ / _____

6 난 좋아해 / 걷는 것을 / 매일.

_____ / _____ / _____

7 그녀는 좋아해 / 읽는 것을 / 책들을.

_____ / _____ / _____

8 우린 사랑해 / 연습하는 것을 / 이 패턴을.

_____ / _____ / _____

9 그들은 즐겨 / 축구를 하는 것을 / 매일 아침.　　▶ 매일 아침 every morning

_____ / _____ / _____

10 난 싫어해 / 공부하는 것을 / 수학을.

_____ / _____ / _____

> 성급히 넘어가면 결국 또다시 왕초보 영어에 머물 것을 보장함

11 우린 멈췄어 / 웃는 것을.

_____ / _____

12 그녀는 즐겼어 / 마시는 것을 / 와인을.

_____ / _____ / _____

13 그들은 시작했어 / 소리지르는 것을.   ▶ 소리지르다 scream

_____ / _____

14 내 문제는 ~이다 / 일어나는 것 / 늦게.

_____ / _____ / _____

15 그의 꿈은 ~이다 / 가지는 것 / 여자친구를.

_____ / _____ / _____

16 여기 사는 것은 ~이니 / 비싼?

_____ / _____

17 배우는 것은 ~이니 / 한국어를 / 흥미로운?   ▶ 흥미로운 interesting

_____ / _____ / _____

18 넌 즐기니 / 조깅하는 것을 / 여기에서?

_____ / _____ / _____

19 그는 좋아하니 / 하는 것을 / 이 게임을?

_____ / _____ / _____

20 넌 시도했니 / 사용하는 것을 / 이 앱을?   ▶ 앱 app (=application)

_____ / _____ / _____

노란띠 13단 **185**

STEP 2

연기낭독 훈련

답을 맞춰 보며 상대방에게 이야기하듯 실감나게 낭독한 후 낭독 횟수를 체크하세요.

조용히, 억양 없이, 영혼 없이 낭독하면 공식으로만 남게 돼 매우 위험함.

		4회	8회	12회
1	Dancing is fun.	✓	☐☐	☐☐
2	Working with him is not easy.	☐☐	☐☐	☐☐
3	Driving is my hobby.	☐☐	☐☐	☐☐
4	Working here is my dream.	☐☐	☐☐	☐☐
5	Wearing high heels is painful.	☐☐	☐☐	☐☐
6	I like walking every day.	☐☐	☐☐	☐☐
7	She likes reading books.	☐☐	☐☐	☐☐
8	We love practicing this pattern.	☐☐	☐☐	☐☐
9	They enjoy playing soccer every morning.	☐☐	☐☐	☐☐
10	I hate studying math.	☐☐	☐☐	☐☐
11	We stopped laughing.	☐☐	☐☐	☐☐
12	She enjoyed drinking wine.	☐☐	☐☐	☐☐
13	They started screaming.	☐☐	☐☐	☐☐
14	My problem is waking up late.	☐☐	☐☐	☐☐
15	His dream is having a girlfriend.	☐☐	☐☐	☐☐
16	Is living here expensive?	☐☐	☐☐	☐☐
17	Is learning Korean interesting?	☐☐	☐☐	☐☐
18	Do you enjoy jogging here?	☐☐	☐☐	☐☐
19	Does he like playing this game?	☐☐	☐☐	☐☐
20	Did you try using this app?	☐☐	☐☐	☐☐

입영작 영어회화 : 영어로 잘 대답하기

STEP 3

입영작 마스터 훈련

조금 더 자연스러운 우리말 문장을 보고 실감나게 입영작하세요.

'걔'는 he가 될 수도 she가 될 수도 있으며 여러분의 선택입니다.

		1차	2차	3차
1	춤추는 거 재미있어.			
2	걔랑 일하는 거 쉽지 않아.			
3	운전하는 게 내 취미야.			
4	여기서 일하는 게 내 꿈이야.			
5	하이힐들을 신는 건 고통스러워.			
6	나 매일 걷는 거 좋아해.			
7	걔는 책들을 읽는 걸 좋아해.			
8	우린 이 패턴 연습하는 걸 사랑해.			
9	걔네는 매일 아침 축구하는 걸 즐겨.			
10	나 수학 공부하는 거 싫어해.			
11	우린 웃는 걸 멈췄어.			
12	걔는 와인 마시는 걸 즐겼어.			
13	걔네는 소리지르기 시작했어.			
14	내 문제는 늦게 일어나는 거야.			
15	그의 꿈은 여자친구를 가지는 거야.			
16	여기서 사는 건 비싸니?			
17	한국어를 배우는 건 흥미롭니?			
18	넌 여기서 조깅하는 걸 즐기니?			
19	걔는 이 게임 하는 걸 좋아하니?			
20	넌 이 앱 쓰는 걸 시도해 봤니?			

심하게 버벅거림 : 1점
버벅거림은 줄었으나 책 읽듯 어색함 : 3점
연기하듯 자연스러움 : 5점

TOTAL 1차 2차 3차

40점 이하 — 연기낭독 훈련 부터 다시
41~79점 — 입영작 마스터 훈련 재도전
80점 이상 — 노란띠 13단 완성

노란띠 13단

I LIKE HANGING OUT WITH YOU.

나 너랑 노는 거 좋아하잖아.

병수: 내가 술이 좀 안 깨지?
마유: 야, 너랑 술 마시는 거 진짜 힘들어!
병수: 그러지 마. **나 너랑 노는 거 좋아하잖아.**
마유: 넌 혹시 몸에 간이 없니?

상황 병수는 마유와 노는 걸 '좋아한다'고 표현하고 있습니다.

무기
[like ~ing] ~하는 것을 좋아하다

1 어떤 행동을 하는 걸 '좋아한다'고 표현할 수 있는 무기입니다.

예) 우린 입영작 연습하는 걸 좋아해.
   (We like practicing 입영작.)

   그는 여자들을 쳐다보는 걸 좋아해.
   (He likes staring at girls.)

   그녀는 남자들과 노는 걸 좋아하지 않아.
   (She doesn't like hanging out with guys.)

무기 사용법: [주어 like] + [~ing]

현재
1. 난 너랑 마시는 것을 좋아해.
2. [난 좋아해] + [마시는 것을] + [너랑].
   [I like] + [drinking] + [with you].
3. I like drinking with you.

현재 (부정)
1. 그녀는 여기에 오는 것을 좋아하지 않아.
2. [그녀는 좋아하지 않아] + [오는 것을] + [여기에].
   [She doesn't like] + [coming] + [here].
3. She doesn't like coming here.

질문
1. 넌 여자들과 얘기하는 것을 좋아하니?
2. [넌 좋아하니] + [얘기하는 것을] + [여자들과]?
   [Do you like] + [talking] + [to women]?
3. Do you like talking to women?

무기 UPGRADE
[like] 대신 [love]를 쓰면 '정말 좋아한다'로, [enjoy]를 쓰면 '즐긴다'로 활용 가능.
예) I love talking to girls. (난 여자애들이랑 얘기하는 걸 정말 좋아해.)
예) He enjoys listening to hip hop music. (그는 힙합 음악을 듣는 걸 즐겨.)

예문 폭탄

1. **I like eating / chicken.**
   (난 먹는 것을 좋아해 / 치킨을.)

2. **I like running / at night.**
   (난 달리는 것을 좋아해 / 밤에.)

3. **He likes hanging out / with girls.**
   (그는 노는 것을 좋아해 / 여자애들이랑.)

4. **She likes working / alone.**
   (그녀는 일하는 것을 좋아해 / 혼자.)

5. **I don't like eating.**
   (난 먹는 것을 좋아하지 않아.)

6. **They don't like waking up / early.**
   (그들은 일어나는 것을 좋아하지 않아 / 일찍.)

7. **She doesn't like wearing / high heels.**
   (그녀는 신는 것을 좋아하지 않아 / 하이힐을.)

8. **Do you like drinking / tea?**
   (넌 마시는 것을 좋아하니 / 차를?)

9. **Do you like drawing / animals?**
   (넌 그리는 것을 좋아하니 / 동물들을?)

10. **Does she like dating / you?**
    (그녀는 데이트하는 것을 좋아하니 / 너와?)

STEP 1

손영작 입영작 어순 훈련

막히지 않을 때까지 손영작＋입영작 무한반복 하세요.

1 난 좋아해 / 걷는 것을 / 매일.

_____ / _____ / _____

2 난 좋아해 / 읽는 것을 / 소설들을.   ▶ 소설 novel

_____ / _____ / _____

3 난 좋아해 / 보는 것을 / 공포영화들을.   ▶ 공포영화 horror movie

_____ / _____ / _____

4 난 좋아해 / 마시는 것을 / 내 친구들과.

_____ / _____ / _____

5 난 좋아해 / 입은 것을 / 스키니진을.   ▶ 스키니진 skinny jeans

_____ / _____ / _____

6 그는 좋아해 / 수집하는 것을 / 차들을.   ▶ 수집하다 collect

_____ / _____ / _____

7 그녀는 좋아해 / 쓰는 것을 / 노래들을.

_____ / _____ / _____

8 우린 좋아해 / 돈 버는 것을.

_____ / _____

9 내 딸은 좋아해 / 먹는 것을 / 푸딩을.

_____ / _____ / _____

10 Hanna는 좋아해 / 타는 것을 / 자전거를.   ▶ (자전거 등을) 타다 ride

_____ / _____ / _____

경고 WARNING — 성급히 넘어가면 결국 또다시 왕초보 영어에 머물 것을 보장함

11 그녀는 좋아하지 않아 / 입는 것을 / 치마를.
_____ / _____ / _____

12 우린 좋아하지 않아 / 노래하는 것을.
_____ / _____

13 그는 좋아하지 않아 / 먹는 것을 / 캔디를.
_____ / _____ / _____

14 내 아버지는 좋아하시지 않아 / 마시는 것을 / 그의 상사와.
_____ / _____ / _____

15 내 어머니는 좋아하시지 않아 / 요리하는 것을.
_____ / _____

16 넌 좋아하니 / 수영하는 것을?
_____ / _____

17 넌 좋아하니 / 사는 것을 / 서울에서?
_____ / _____ / _____

18 넌 좋아하니 / 듣는 것을 / 음악을?
_____ / _____ / _____

19 그녀는 좋아하니 / 마시는 것을 / 아메리카노를?
_____ / _____ / _____

20 그들은 좋아하니 / 일하는 것을 / 이 사무실에서?
_____ / _____ / _____

STEP 2

연기낭독 훈련

답을 맞춰 보며 상대방에게 이야기하듯 실감나게 낭독한 후 낭독 횟수를 체크하세요.

조용히, 억양 없이, 영혼 없이 낭독하면 공식으로만 남게 돼 매우 위험함.

		4회	8회	12회
1	I like walking every day.	✓		
2	I like reading novels.			
3	I like watching horror movies.			
4	I like drinking with my friends.			
5	I like wearing skinny jeans.			
6	He likes collecting cars.			
7	She likes writing songs.			
8	We like making money.			
9	My daughter likes eating pudding.			
10	Hanna likes riding a bicycle.			
11	She doesn't like wearing a skirt.			
12	We don't like singing.			
13	He doesn't like eating candy.			
14	My father doesn't like drinking with his boss.			
15	My mother doesn't like cooking.			
16	Do you like swimming?			
17	Do you like living in Seoul?			
18	Do you like listening to music?			
19	Does she like drinking Americano?			
20	Do they like working in this office?			

STEP 3

입영작 마스터 훈련

조금 더 자연스러운 우리말 문장을 보고 실감나게 입영작하세요.

'걔'는 he가 될 수도 she가 될 수도 있으며 여러분의 선택입니다.

		1차	2차	3차
1	나 매일 걷는 거 좋아해.			
2	나 소설들 읽는 거 좋아해.			
3	나 공포영화들 보는 거 좋아해.			
4	나 내 친구들이랑 마시는 거 좋아해.			
5	나 스키니진 입는 거 좋아해.			
6	걔는 자동차를 수집하는 걸 좋아해.			
7	걔는 노래들 쓰는 걸 좋아해.			
8	우린 돈 버는 걸 좋아해.			
9	내 딸은 푸딩 먹는 걸 좋아해.			
10	Hanna는 자전거 타는 걸 좋아해.			
11	걔는 치마 입는 걸 안 좋아해.			
12	우린 노래하는 걸 안 좋아해.			
13	걔는 캔디 먹는 걸 안 좋아해.			
14	우리 아버지는 자기 상사랑 마시는 걸 안 좋아하셔.			
15	우리 어머니는 요리하는 걸 안 좋아하셔.			
16	너 수영하는 거 좋아해?			
17	너 서울에 사는 거 좋아해?			
18	너 음악 듣는 거 좋아해?			
19	걔는 아메리카노 마시는 걸 좋아하니?			
20	걔네는 이 사무실에서 일하는 걸 좋아하니?			

심하게 버벅거림 : 1점
버벅거림은 줄었으나 책 읽듯 어색함 : 3점
연기하듯 자연스러움 : 5점

TOTAL | 1차 | 2차 | 3차 |

40점 이하 — 연기낭독 훈련 부터 다시
41~79점 — 입영작 마스터 훈련 재도전
80점 이상 — 노란띠 14단 완성

노란띠 14단 **193**

SHE STARTED CRYING.
그녀가 울기 시작했어.

사용빈도
★★
난이도
★★

마유: 바람 핀 여자친구를 용서하다니. 너도 대단하다.
병진: 아, 그게... **여자친구가 울기 시작하더라고.**
뭔가 진심이 느껴졌지. 다행인 건 5년간 바람 피면서 손도 안 잡아 봤대.
마유: 우와.... 병진아...

 병진이는 여자친구가 울기 '시작'했을 때 그녀의 진심을 느꼈습니다.

무기
[start ~ing]
～하는 것을 시작하다 / ～하기 시작하다

---

1 어떤 행동의 '시작'을 표현할 수 있는 무기입니다.

예) 우린 먹기 시작했어. (We started eating.)
그들은 데이트하기 시작했어. (They started dating.)
마시기 시작하자. (Let's start drinking.)

무기 사용법
[주어 start] + [~ing]

과거
1. 그녀가 울기 시작했어.
2. [그녀가 시작했어] + [울기].
   [She started] + [crying].
3. She started crying.

권유-하자
* Let's + 동사원형 = [동사]하자
1. 춤추기 시작하자.
2. [시작하자] + [춤추기].
   [Let's start] + [dancing].
3. Let's start dancing.

질문
1. 넌 네 숙제를 하기 시작했니?
2. [너는 시작했니] + [하기] + [네 숙제를]?
   [Did you start] + [doing] + [your homework]?
3. Did you start doing your homework?

무기 UPGRADE
질문형 문장 앞에 [의문사]를 넣어 더욱 다양하게 표현 가능:
예) <u>Why</u> + did you <u>start studying</u> English? (왜 + 넌 영어를 공부하기 시작했니?)
    <u>How</u> + did you <u>start working</u> here? (어떻게 + 넌 여기에서 일하기 시작했니?)

예문 폭탄

1. **Start exercising.**
   (운동하기 시작해.)

2. **Start practicing / this pattern.**
   (연습하기 시작해 / 이 패턴을.)

3. **Let's start eating.**
   (먹기 시작하자.)

4. **Let's start studying / for the test.**
   (공부하기 시작하자 / 그 시험을 위해.)

5. **I started looking / at her.**
   (난 쳐다보기 시작했어 / 그녀를.)

6. **I started laughing.**
   (난 웃기 시작했어.)

7. **He started coming / here / every day.**
   (그는 오기 시작했어 / 여기에 / 매일.)

8. **Did you start losing / control?**
   (넌 잃기 시작했니 / 컨트롤을?)

9. **Did they start asking / questions?**
   (그들은 물어보기 시작했니 / 질문들을?)

10. **Did she start acting / strangely?**
    (그녀는 행동하기 시작했니 / 이상하게?)

STEP 1

손영작 입영작 어순 훈련

막히지 않을 때까지 손영작＋입영작 무한반복 하세요.

1 달리기 시작해 / 나랑.

_____ / _____

2 먹기 시작해 / 건강한 음식을.

_____ / _____

3 걷기 시작해 / 매일.

_____ / _____

4 마시기 시작하자.

_____

5 운동하기 시작하자 / 함께.

_____ / _____

6 돈 벌기 시작하자.　　　　　　　　　　　　　　　　　▶ 돈 벌다 make money

_____

7 난 생각하기 시작했어 / 그녀에 대해서.

_____ / _____

8 난 얘기하기 시작했어 / 내 이웃에게.　　　　　　　　　　▶ 이웃 neighbor

_____ / _____

9 난 공부하기 시작했어 / 영어를 / 내 아내와.

_____ / _____ / _____

10 그녀는 울기 시작했어.

_____

> **WARNING** 성급히 넘어가면 결국 또다시 왕초보 영어에 머물 것을 보장함

11 그는 미소 짓기 시작했어 / 다시.
_____ / _____

12 그들은 소리지르기 시작했어.
_____

13 넌 쓰기 시작했니 / 네 책을?
_____ / _____

14 그녀는 배우기 시작했니 / 중국어를?
_____ / _____

15 그들은 듣기 시작했니 / 요가 수업을?　　　　　　　　　▶ (수업을) 듣다 take
_____ / _____

16 언제 / 넌 여행하기 시작했니 / 한국에서?　　　　　　　　▶ 여행하다 travel
_____ / _____ / _____ / _____

17 왜 / 넌 수집하기 시작했니 / 동전들을?　　　　▶ 수집하다 collect　▶ 동전 coin
_____ / _____ / _____ / _____

18 어떻게 / 넌 일하기 시작했니 / 여기에서?
_____ / _____ / _____ / _____

19 왜 / 넌 노래하기 시작했니?
_____ / _____

20 왜 / 넌 먹기 시작했니 / 샐러드를?
_____ / _____ / _____

STEP 2

 연기낭독 훈련

답을 맞춰 보며 상대방에게 이야기하듯 실감나게 낭독한 후 낭독 횟수를 체크하세요.

조용히, 억양 없이, 영혼 없이 낭독하면 공식으로만 남게 돼 매우 위험함.

		4회	8회	12회
1	Start running with me.	✓		
2	Start eating healthy food.			
3	Start walking every day.			
4	Let's start drinking.			
5	Let's start exercising together.			
6	Let's start making money.			
7	I started thinking about her.			
8	I started talking to my neighbor.			
9	I started studying English with my wife.			
10	She started crying.			
11	He started smiling again.			
12	They started screaming.			
13	Did you start writing your book?			
14	Did she start learning Chinese?			
15	Did they start taking a yoga class?			
16	When did you start traveling in Korea?			
17	Why did you start collecting coins?			
18	How did you start working here?			
19	Why did you start singing?			
20	Why did you start eating salad?			

입영작 영어회화 : 영어로 잘 대답하기

STEP 3

 입영작 마스터 훈련

조금 더 자연스러운 우리말 문장을 보고 실감나게 입영작하세요.

'걔'는 he가 될 수도 she가 될 수도 있으며 여러분의 선택입니다.

		1차	2차	3차
1	나랑 달리기 시작해.			
2	건강한 음식을 먹기 시작해.			
3	매일 걷기 시작해.			
4	마시기 시작하자.			
5	같이 운동하기 시작하자.			
6	돈 벌기 시작하자.			
7	난 걔에 대해 생각하기 시작했어.			
8	난 내 이웃이랑 얘기하기 시작했어.			
9	난 내 아내랑 영어 공부하기 시작했어.			
10	걔가 울기 시작했어.			
11	걔가 다시 미소 짓기 시작했어.			
12	걔네가 소리지르기 시작했어.			
13	넌 네 책을 쓰기 시작했니?			
14	걔는 중국어를 배우기 시작했니?			
15	걔네는 요가 수업을 듣기 시작했니?			
16	너 언제 한국에서 여행하기 시작했어?			
17	너 왜 동전 수집하기 시작했어?			
18	너 어떻게 여기서 일하기 시작했어?			
19	너 왜 노래하기 시작했어?			
20	너 왜 샐러드 먹기 시작했어?			

심하게 버벅거림 : 1점
버벅거림은 줄었으나 책 읽듯 어색함 : 3점
연기하듯 자연스러움 : 5점

TOTAL | 1차 | 2차 | 3차 |

40점 이하: 연기낭독 훈련 부터 다시
41~79점: 입영작 마스터 훈련 재도전
80점 이상: 노란띠 15단 완성

노란띠 16단

HE KEEPS CALLING ME.
개가 나한테 계속 전화해.

사용빈도 ★★★★
난이도 ★★

마유: 왜 이리 짜증이 났어?
유미: 그 모델 하는 남자애 있지.
　　　개가 나한테 계속 전화하잖아.
마유: 그러니까 돈을 갚아.

상황 유미는 모델이 자기에게 '반복적으로 계속' 전화한다고 짜증내고 있습니다.

무기
[keep ~ing] 계속 ~하다

---

1 어떤 행동을 '반복적으로 계속' 한다는 것을 표현할 수 있습니다.

예) 그가 내게 계속 전화해. (He <u>keeps calling</u> me.)
　　그녀가 나를 계속 쳐다봤어. (She <u>kept looking</u> at me.)
　　난 계속 까먹었어. (I <u>kept forgetting</u>.)

무기 사용법
[주어 keep] + [~ing]

현재
1. 그가 계속 나한테 전화해.
2. [그가 계속해] + [전화하는 것을] + [나에게].
   [He keeps] + [calling] + [me].
3. He keeps calling me.

과거
1. 그녀는 계속 울었어.
2. [그녀는 계속했어] + [우는 것을].
   [She kept] + [crying].
3. She kept crying.

질문
1. 그들이 계속 널 귀찮게 했니?
2. [그들이 계속했니] + [귀찮게 하는 것을] + [너를]?
   [Did they keep] + [bothering] + [you]?
3. Did they keep bothering you?

무기 UPGRADE
질문형 문장 앞에 [의문사]를 넣어 더욱 다양하게 표현 가능.
예) <u>Why</u> + did you <u>keep crying</u>? (왜 + 넌 계속 울었어?)
    <u>How</u> + did you <u>keep running</u>? (어떻게 + 넌 계속 달렸어?)

예문 폭탄

1. **Keep trying.**
   (계속 시도해.)

2. **Keep moving.**
   (계속 움직여.)

3. **I keep forgetting / his name.**
   (난 계속 잊어 / 그의 이름을.)

4. **She keeps calling / my boyfriend.**
   (그녀가 계속 전화해 / 내 남자친구에게.)

5. **They keep blaming / their boss.**
   (그들은 계속 탓해 / 그들의 상사를.)

6. **I kept coughing.**
   (난 계속 기침했어.)

7. **He kept looking / at me.**
   (그는 계속 쳐다봤어 / 날.)

8. **We kept coming back.**
   (우린 계속 돌아왔어.)

9. **Did you keep complaining?**
   (넌 계속 불평했니?)

10. **Did you keep listening / to the song?**
    (넌 계속 들었니 / 그 노래를?)

STEP 1

손영작 입영작 어순 훈련

막히지 않을 때까지 손영작+입영작 무한반복 하세요.

1 계속 미소 지어.

_____

2 계속 걸어.

_____

3 계속 연습해 / 이 문장을.

_____ / _____

4 계속 노래해 / 날 위해.

_____ / _____

5 계속 전화해 / 네 상사에게.

_____ / _____

6 난 계속 잊어버려 / 그녀의 나이를.

_____ / _____

7 Ricky는 계속 전화해 / 내게.

_____ / _____

8 그들은 계속 거짓말해 / 우리에게.

_____ / _____

9 내 아기는 계속 울어.

_____

10 Sunny는 계속 사용해 / 내 전화기를.

_____ / _____

성급히 넘어가면 결국
또다시 왕초보 영어에
머물 것을 보장함

11 난 계속 일했어 / 11시까지. ▶ (시간) ~까지 until

_____ / _____

12 난 계속 확인했어 / 내 이메일을. ▶ 확인하다 check

_____ / _____

13 그들은 계속 달리고 숨었어. ▶ 숨다 hide

_____

14 Theresa는 계속 기도했어. ▶ 기도하다 pray

_____

15 Colin은 계속 때렸어 / 날.

_____ / _____

16 넌 계속 마셨니 / 어젯밤에?

_____ / _____

17 그가 계속 방해했니 / 널? ▶ 방해하다 bother

_____ / _____

18 그녀는 계속 울었니 / 어젯밤에?

_____ / _____

19 왜 / 넌 계속 거짓말하니?

_____ / _____

20 왜 / 넌 계속 흡연하니 / 여기에서?

_____ / _____ / _____

STEP 2

연기낭독 훈련

답을 맞춰 보며 상대방에게 이야기하듯 실감나게 낭독한 후 낭독 횟수를 체크하세요.

조용히, 억양 없이, 영혼 없이 낭독하면 공식으로만 남게 돼 매우 위험함.

		4회	8회	12회
1	Keep smiling.	☑☐	☐☐	☐☐
2	Keep walking.	☐☐	☐☐	☐☐
3	Keep practicing this sentence.	☐☐	☐☐	☐☐
4	Keep singing for me.	☐☐	☐☐	☐☐
5	Keep calling your boss.	☐☐	☐☐	☐☐
6	I keep forgetting her age.	☐☐	☐☐	☐☐
7	Ricky keeps calling me.	☐☐	☐☐	☐☐
8	They keep lying to us.	☐☐	☐☐	☐☐
9	My baby keeps crying.	☐☐	☐☐	☐☐
10	Sunny keeps using my phone.	☐☐	☐☐	☐☐
11	I kept working until 11.	☐☐	☐☐	☐☐
12	I kept checking my email.	☐☐	☐☐	☐☐
13	They kept running and hiding.	☐☐	☐☐	☐☐
14	Theresa kept praying.	☐☐	☐☐	☐☐
15	Colin kept hitting me.	☐☐	☐☐	☐☐
16	Did you keep drinking last night?	☐☐	☐☐	☐☐
17	Did he keep bothering you?	☐☐	☐☐	☐☐
18	Did she keep crying last night?	☐☐	☐☐	☐☐
19	Why do you keep lying?	☐☐	☐☐	☐☐
20	Why do you keep smoking here?	☐☐	☐☐	☐☐

입영작 영어회화 : 영어로 잘 대답하기

STEP 3

입영작 마스터 훈련

조금 더 자연스러운 우리말 문장을 보고 실감나게 입영작하세요.

'걔'는 he가 될 수도 she가 될 수도 있으며 여러분의 선택입니다.

		1차	2차	3차
1	계속 미소 지어.			
2	계속 걸어.			
3	계속 이 문장을 연습해.			
4	계속 날 위해 노래해 줘.			
5	계속 네 상사한테 전화해.			
6	난 계속 그녀의 나이를 까먹어.			
7	Ricky가 계속 나한테 전화해.			
8	걔네가 계속 우리한테 거짓말해.			
9	내 아기가 계속 울어.			
10	Sunny가 계속 내 전화기를 써.			
11	나 11시까지 계속 일했어.			
12	나 계속 내 이메일 확인했어.			
13	걔네는 계속 달리고 숨었어.			
14	Theresa는 계속 기도했어.			
15	Colin이 계속 날 때렸어.			
16	너 어젯밤에 계속 마셨어?			
17	걔가 계속 널 방해했어?			
18	걔가 어젯밤에 계속 울었니?			
19	너 왜 계속 거짓말해?			
20	너 왜 여기서 계속 흡연해?			

심하게 버벅거림 : 1점
버벅거림은 줄었으나 책 읽듯 어색함 : 3점
연기하듯 자연스러움 : 5점

TOTAL 1차 ☐ 2차 ☐ 3차 ☐

40점 이하 → 연기낭독훈련 부터 다시
41~79점 → 입영작 마스터 훈련 재도전
80점 이상 → 노란띠 16밤 완성

노란띠 16단 **205**

STOP EATING!

그만 먹어!

사용빈도 ★★★★
난이도 ★★

마유: 왜 난 토마토도 살이 찔까?
미령: 토마토랑 설탕 비율이 1:1이 말이 되니?
마유: 안 그럼 맛없어.
미령: **그냥 그만 먹어...**

상황) 미령이는 마유에게 시작부터 아예 먹지 말라는 것이 아니라, 이미 먹고 있는 걸 '멈추라고' 설득하고 있습니다.

무기

[stop ~ing]   ~하는 것을 멈추다 / 그만 ~하다

---

1 [don't+동사]는 어떤 행동을 시작부터 아예 않는다는 표현이지만, [stop ~ing]는 이미 하던 행동을 '멈춘다'는 표현입니다.

예) 통화 좀 그만 해! (Stop talking on the phone!)
　　난 그녀에게 전화하는 걸 멈췄어. (I stopped calling her.)
　　난 먹는 걸 멈출 수가 없었어. (I couldn't stop eating.)

무기 사용법: [주어 stop] + [~ing]

명령
1. 그만 먹어!
2. [멈춰] + [먹는 것을]!
   [Stop] + [eating]!
3. Stop eating!

과거
1. 그녀는 이 수업에 오는 것을 멈췄어.
2. [그녀는 멈췄어] + [오는 것을] + [이 수업에].
   [She stopped] + [coming] + [to this class].
3. She stopped coming to this class.

질문
1. 그가 너에게 전화하는 것을 멈췄니?
2. [그가 멈췄니] + [전화하는 것을] + [네게]?
   [Did he stop] + [calling] + [you]?
3. Did he stop calling you?

무기 UPGRADE
질문형 문장 앞에 [의문사]를 넣어 더욱 다양하게 표현 가능.
예) Why + did you stop singing? (왜 + 넌 노래하는 것을 멈췄어?)
예) When + did you stop running? (언제 + 넌 달리는 것을 멈췄어?)

예문 폭탄

1. **Stop screaming!**
   (소리지르는 것을 멈춰!)
2. **Stop smoking / here!**
   (담배 피우는 것을 멈춰 / 여기에서!)
3. **Stop touching / me!**
   (건드리는 것을 멈춰 / 나를!)
4. **I stopped sneezing.**
   (난 재채기하는 것을 멈췄어.)
5. **She stopped calling / her boyfriend.**
   (그녀는 전화하는 것을 멈췄어 / 그녀의 남자친구에게.)
6. **We stopped talking / to each other.**
   (우린 얘기하는 것을 멈췄어 / 서로에게.)
7. **Did you stop farting?**
   (넌 방귀 끼는 것을 멈췄니?)
8. **Did they stop making / movies?**
   (그들은 만드는 것을 멈췄니 / 영화들을?)
9. **Did he stop using / your card?**
   (그는 사용하는 것을 멈췄니 / 네 카드를?)
10. **Why / did you stop training?**
    (왜 / 넌 훈련하는 것을 멈췄니?)

STEP 1

손영작 입영작 어순 훈련

막히지 않을 때까지 손영작+입영작 무한반복 하세요.

1 멈춰 / 달리는 것을.

_____ / _____

2 멈춰 / 마시는 것을 / 보드카를.

_____ / _____ / _____

3 멈춰 / 거짓말하는 것을 / 내게.

_____ / _____ / _____

4 멈춰 / 방해하는 것을 / 네 언니를. ▶ 방해하다 bother

_____ / _____ / _____

5 멈춰 / 입는 것을 / 내 재킷을.

_____ / _____ / _____

6 난 멈췄어 / 말하는 것을. ▶ 말하다 talk

_____ / _____

7 난 멈췄어 / 걷는 것을.

_____ / _____

8 난 멈췄어 / 놀리는 것을 / 그녀를. ▶ 놀리다 tease

_____ / _____ / _____

9 난 멈췄어 / 방문하는 것을 / 그녀의 사무실을.

_____ / _____ / _____

10 난 멈췄어 / 웃는 것을.

_____ / _____

입영작 영어회화 : 영어로 잘 대답하기

> **WARNING** 성급히 넘어가면 결국 또다시 왕초보 영어에 머물 것을 보장함

11 그는 멈췄어 / 불평하는 것을.　　　　　　　　　　　　　▶ 불평하다 complain

_____ / _____

12 우린 멈췄어 / 싸우는 것을.

_____ / _____

13 그들은 멈췄어 / 고용하는 것을 / 남자들을.

_____ / _____ / _____

14 Olivia는 멈췄어 / 움직이는 것을 / 그녀의 몸을.

_____ / _____ / _____

15 내 남자친구는 멈췄어 / 코고는 것을.　　　　　　　　　　　▶ 코골다 snore

_____ / _____

16 넌 멈췄니 / 공부하는 것을 / 수학을?

_____ / _____ / _____

17 넌 멈췄니 / 마시는 것을 / 커피를?

_____ / _____ / _____

18 넌 멈췄니 / 먹는 것을 / 치킨을?

_____ / _____ / _____

19 왜 / 넌 멈췄니 / 가는 것을 / 그 세미나에?

_____ / _____ / _____ / _____

20 왜 / 넌 멈췄니 / 얘기하는 것을 / Angela와?　　　　　　　▶ ~와 얘기하다 talk to

_____ / _____ / _____ / _____

STEP 2

 연기낭독 훈련

답을 맞춰 보며 상대방에게 이야기하듯 실감나게 낭독한 후 낭독 횟수를 체크하세요.

조용히, 억양 없이, 영혼 없이 낭독하면 공식으로만 남게 돼 매우 위험함.

1 Stop running.
2 Stop drinking vodka.
3 Stop lying to me.
4 Stop bothering your sister.
5 Stop wearing my jacket.
6 I stopped talking.
7 I stopped walking.
8 I stopped teasing her.
9 I stopped visiting her office.
10 I stopped laughing.
11 He stopped complaining.
12 We stopped fighting.
13 They stopped hiring men.
14 Olivia stopped moving her body.
15 My boyfriend stopped snoring.
16 Did you stop studying math?
17 Did you stop drinking coffee?
18 Did you stop eating chicken?
19 Why did you stop going to the seminar?
20 Why did you stop talking to Angela?

STEP 3

입영작 마스터 훈련

조금 더 자연스러운 우리말 문장을 보고 실감나게 입영작하세요.

'걔'는 he가 될 수도 she가 될 수도 있으며 여러분의 선택입니다.

		1차	2차	3차
1	그만 달려.			
2	보드카 그만 마셔.			
3	나한테 그만 거짓말해.			
4	네 언니 그만 방해해.			
5	내 재킷 그만 입어.			
6	난 말하는 걸 멈췄어.			
7	난 걷는 걸 멈췄어.			
8	난 걔를 놀리는 걸 멈췄어.			
9	난 걔 사무실 방문하는 걸 멈췄어.			
10	난 웃는 걸 멈췄어.			
11	걔는 불평하는 걸 멈췄어.			
12	우린 싸우는 걸 멈췄어.			
13	걔네는 남자들을 고용하는 걸 멈췄어.			
14	Olivia는 자기 몸을 움직이는 걸 멈췄어.			
15	내 남자친구는 코고는 걸 멈췄어.			
16	너 수학 공부하는 거 멈췄어?			
17	너 커피 마시는 거 멈췄어?			
18	너 치킨 먹는 거 멈췄어?			
19	너 왜 그 세미나 가는 거 멈췄어?			
20	너 왜 Angela랑 얘기하는 거 멈췄어?			

심하게 버벅거림 : 1점
버벅거림은 줄었으나 책 읽듯 어색함 : 3점
연기하듯 자연스러움 : 5점

TOTAL 1차 [ ] 2차 [ ] 3차 [ ]

40점 이하 — 연기낭독 훈련 부터 다시
41~79점 — 입영작 마스터 훈련 재도전
80점 이상 — 노란띠 17단 완성

노란띠 18단

TRY EXERCISING.
운동하는 걸 시도해 봐.

 마유: 굶기도 해 보고, 한약도 먹어 보고… 살이 안 빠져.
남희: **운동하는 걸 시도해 봐, 그럼.**
마유: 운동? 그거 막 걷고 그래야 돼?
남희: 아니야. 그냥 하지 마.

상황 남희는 마유에게 다이어트의 일환으로 운동하는 것도 '**시도**'해 보라고 권유하고 있습니다.

무기
[try ~ing] ~하는 것을 시도해 보다

1 [try to 동사원형]이 어떤 목표를 이루려는 '노력' 자체를 강조한다면, [try ~ing]는 그 노력의 일환으로 뭔가를 단순히 '시도해 봄'을 표현합니다.

난 살 빼려고 노력했어. (I tried to lose weight.)
▶ 살 빼는 게 최종 목표이자 노력임.

그래서, 난 운동하는 걸 시도해 봤어. (So, I tried exercising.)
▶ 그래서, 그 노력의 일환으로 운동하는 걸 시도해 봤음.
▶ 운동하는 게 최종 목표는 아님.

난 하버드대 가려고 노력했어. (I tried to go to Harvard.)
▶ 하버드대 가는 게 최종 목표이자 노력임.

그래서, 난 영어 배우는 걸 시도해 봤어. (So, I tried learning English.)
▶ 그래서, 그 노력의 일환으로 영어 배우는 걸 시도해 봤음.
▶ 영어 배우는 게 최종 목표는 아님.

무기 사용법
[주어 try] + [~ing]

명령
1. 이 책으로 공부하는 것을 시도해 봐.
2. [시도해 봐] + [공부하는 것을] + [이 책으로].
   [Try] + [studying] + [with this book].
3. Try studying with this book.

과거
1. 난 다른 암호를 사용하는 걸 시도해 봤어.
2. [난 시도해 봤어] + [사용하는 것을] + [다른 암호를].
   [I tried] + [using] + [a different password].
3. I tried using a different password.

질문
1. 넌 백 교수님께 여쭤보는 것을 시도해 봤니?
2. [넌 시도해 봤니] + [여쭤보는 것을] + [백 교수님께]?
   [Did you try] + [asking] + [professor Baek]?
3. Did you try asking Professor Baek?

> **무기 UPGRADE**
> [Why don't you/we (= ~하는 게 어때?)]를 [try ~ing] 앞에 추가하여 훈련.
> 예) <u>Why don't you</u> + try exercising? (너 운동하는 걸 시도해 보는 게 어때?)
> ▶ [입영작 영어회화 더 잘 대답하기편 빨간띠 2단] 참고

예문 폭탄

1. **Try / using / this screwdriver.**
   (시도해 봐 / 사용하는 걸 / 이 드라이버를.)

2. **Try / calling / his brother.**
   (시도해 봐 / 전화하는 걸 / 그의 형에게.)

3. **Try / doing / it / this way.**
   (시도해 봐 / 하는걸 / 그걸 / 이런 식으로.)

4. **I tried / using / a different color.**
   (난 시도해 봤어 / 사용하는 걸 / 다른 색을.)

5. **She tried / changing / her image.**
   (그녀는 시도해 봤어 / 바꾸는 걸 / 그녀의 이미지를.)

6. **They tried / searching / his bag.**
   (그들은 시도해 봤어 / 찾는 걸 / 그의 가방을.)

7. **We tried / tightening / the screw.**
   (우린 시도해 봤어 / 조이는 걸 / 그 나사를.)

8. **Did you try / using / a different code?**
   (넌 시도해 봤니 / 사용하는 걸 / 다른 코드를?)

9. **Did you try / contacting / Tim?**
   (넌 시도해 봤니 / 접촉하는 걸 / Tim에게?)

10. **Why don't you try / pressing / this button?**
    (시도해 보는 게 어때 / 누르는 걸 / 이 버튼을?)

STEP 1

손영작 입영작 어순 훈련

막히지 않을 때까지 손영작+입영작 무한반복 하세요.

1 시도해 봐 / 전화하는 걸 / 그의 사무실에.
_____ / _____ / _____

2 시도해 봐 / 먹는 걸 / 이 특별한 샐러드를.   ▶ 특별한 special
_____ / _____ / _____

3 시도해 봐 / 살 빼는 걸 / 네 건강을 위해.   ▶ 살 빼다 lose weight
_____ / _____ / _____

4 시도해 봐 / 보내는 걸 / 그에게 / 이메일을.
_____ / _____ / _____ / _____

5 시도해 봐 / 사용하는 걸 / 이 도구를.   ▶ 도구 tool
_____ / _____ / _____

6 난 시도해 봤어 / 사용하는 걸 / 다른 방법을.   ▶ 방법 method
_____ / _____ / _____

7 그는 시도해 봤어 / 깨는 걸 / 그 창문을.   ▶ 깨다 break
_____ / _____ / _____

8 그들은 시도해 봤어 / 고치는 걸 / 그 모터를.
_____ / _____ / _____

9 우린 시도해 봤어 / 공부하는 걸 / 다른 책으로.
_____ / _____ / _____

10 Grace는 시도해 봤어 / 추가하는 걸 / 설탕을.   ▶ 추가하다 add
_____ / _____ / _____

입영작 영어회화 : 영어로 잘 대답하기

11 넌 시도해 봤니 / 당기는 걸 / 그것을? ▶ 당기다 pull

_____ / _____ / _____

12 넌 시도해 봤니 / 누르는 걸 / 이 버튼을? ▶ 누르다 push

_____ / _____ / _____

13 넌 시도해 봤니 / 물어보는 걸 / 네 선생님께?

_____ / _____ / _____

14 넌 시도해 봤니 / 사용하는 걸 / 이 공식을? ▶ 공식 formula

_____ / _____ / _____

15 넌 시도해 봤니 / 운동하는 걸?

_____ / _____

16 너 시도해 보는 게 어때 / 사용하는 걸 / 이 카드를?

_____ / _____ / _____

17 너 시도해 보는 게 어때 / 일하는 걸 / 그들과 함께?

_____ / _____ / _____

18 너 시도해 보는 게 어때 / 배우는 걸 / 문법을? ▶ 문법 grammar

_____ / _____ / _____

19 너 시도해 보는 게 어때 / 가르치는 걸 / 영어를?

_____ / _____ / _____

20 너 시도해 보는 게 어때 / 입는 걸 / 이 목걸이를? ▶ 목걸이 necklace

_____ / _____ / _____

STEP 2

연기낭독 훈련

답을 맞춰 보며 상대방에게 이야기하듯 실감나게 낭독한 후 낭독 횟수를 체크하세요.

조용히, 억양 없이, 영혼 없이 낭독하면 공식으로만 남게 돼 매우 위험함.

	4회	8회	12회
1 Try calling his office.	✓		
2 Try eating this special salad.			
3 Try losing weight for your health.			
4 Try sending him an email.			
5 Try using this tool.			
6 I tried using a different method.			
7 He tried breaking the window.			
8 They tried fixing the motor.			
9 We tried studying with a different book.			
10 Grace tried adding sugar.			
11 Did you try pulling it?			
12 Did you try pushing this button?			
13 Did you try asking your teacher?			
14 Did you try using this formula?			
15 Did you try exercising?			
16 Why don't you try using this card?			
17 Why don't you try working with them?			
18 Why don't you try learning grammar?			
19 Why don't you try teaching English?			
20 Why don't you try wearing this necklace?			

입영작 영어회화 : 영어로 잘 대답하기

STEP 3

입영작 마스터 훈련

조금 더 자연스러운 우리말 문장을 보고 실감나게 입영작하세요.

'걔'는 he가 될 수도 she가 될 수도 있으며 여러분의 선택입니다.

		1차	2차	3차
1	그의 사무실에 전화하는 걸 시도해 봐.			
2	이 특별한 샐러드를 먹는 걸 시도해 봐.			
3	네 건강을 위해 살 빼는 걸 시도해 봐.			
4	걔한테 이메일 보내는 걸 시도해 봐.			
5	이 도구 쓰는 걸 시도해 봐.			
6	난 다른 방법 쓰는 걸 시도해 봤어.			
7	걔는 그 창문 깨는 걸 시도해 봤어.			
8	걔네는 그 모터 고치는 걸 시도해 봤어.			
9	우린 다른 책으로 공부하는 걸 시도해 봤어.			
10	Grace는 설탕을 추가하는 걸 시도해 봤어.			
11	너 그거 당기는 거 시도해 봤어?			
12	너 이 버튼 누르는 거 시도해 봤어?			
13	너 너네 선생님한테 물어보는 거 시도해 봤어?			
14	너 이 공식 사용하는 거 시도해 봤어?			
15	너 운동하는 거 시도해 봤어?			
16	너 이 카드 쓰는 걸 시도해 보는 거 어때?			
17	너 걔네랑 일하는 걸 시도해 보는 거 어때?			
18	너 문법 배우는 걸 시도해 보는 거 어때?			
19	너 영어 가르치는 걸 시도해 보는 거 어때?			
20	너 이 목걸이 차는 걸 시도해 보는 거 어때?			

심하게 버벅거림 : 1점
버벅거림은 줄었으나 책 읽듯 어색함 : 3점
연기하듯 자연스러움 : 5점

TOTAL 1차 2차 3차

- 40점 이하: 연기낭독훈련 부터 다시
- 41~79점: 입영작 마스터 훈련 재도전
- 80점 이상: 노란띠 18단 완성

노란띠 18단 **217**

I DON'T FEEL LIKE TALKING TO YOU.

나 너랑 얘기하고 싶은 기분 아니야.

사용빈도 ★★★
난이도 ★★

마유: 왜 화가 났는지 말을 해 줘야 알지, 도희야...
도희: 아, 몰라! **너랑 얘기하고 싶은 기분 아니야.**
마유: 미안해...
도희: 뭐가 미안한데?

상황 도희는 마유와 얘기하고 싶은 '기분'이 들지 않는다고 표현하고 있습니다.

무기

[feel like ~ing] ~하고 싶은 기분이 들다

1 뭔가 하고 싶은 기분이 드는 것 (feel)은 뭔가 하고 싶은 것 (want)보다는 원하는 강도가 조금 더 약합니다. 그렇기 때문에, 단순히 '가벼운 기분'이 든다고 말할 때 더 어울리는 표현입니다.

예를 들어, 꼭 알고 싶은 질문을 할 때에는,
'선생님께 뭘 여쭤보고 싶은 기분 (feel)이 들어요.'보단
'선생님께 뭘 여쭤보고 싶어요 (want).'가 더 어울립니다.

하지만, 언뜻 녹차빙수가 생각날 땐
'녹차빙수 먹고 싶은 기분 (feel)이 들어.'도 괜찮고
'녹차빙수 먹고 싶어 (want).' 모두 잘 어울립니다.

무기 사용법: [주어 feel like] + [~ing]

현재
1. 난 요거트 아이스크림을 먹고 싶은 기분이 들어.
2. [난 기분이 들어] + [먹고 싶은] + [요거트 아이스크림을].
   [I feel like] + [eating] + [a yogurt ice cream].
3. I feel like eating a yogurt ice cream.

현재 (부정)
1. 난 공부하고 싶은 기분이 들지 않아.
2. [난 기분이 들지 않아] + [공부하고 싶은].
   [I don't feel like] + [studying].
3. I don't feel like studying.

과거
1. 우린 게임을 하고 싶은 기분이 들었어.
2. [우린 기분이 들었어] + [하고 싶은] + [게임을].
   [We felt like] + [playing] + [a game].
3. We felt like playing a game.

무기 UPGRADE
질문형 문장은 [Do동사 + 주어 + feel like] + [~ing]?의 어순으로 진행.
예) You feel like walking. ➔ Do you feel like walking?

예문 폭탄

1. **I feel like / eating / chicken and beer.**
   (난 기분이 들어 / 먹고 싶은 / 치킨과 맥주를.)
2. **I feel like / crying.**
   (난 기분이 들어 / 울고 싶은.)
3. **She feels like / giving up / everything.**
   (그녀는 기분이 들어 / 포기하고 싶은 / 모든 걸.)
4. **I felt like / drinking / wine / last night.**
   (난 기분이 들었어 / 마시고 싶은 / 와인을 / 어젯밤에.)
5. **I don't feel like / studying / today.**
   (난 기분이 들지 않아 / 공부하고 싶은 / 오늘은.)
6. **I don't feel like / talking / to you.**
   (난 기분이 들지 않아 / 얘기하고 싶은 / 너랑.)
7. **I didn't feel like / drinking / last night.**
   (난 기분이 들지 않았어 / 마시고 싶은 / 어젯밤에.)
8. **Do you feel like / eating / something?**
   (넌 기분이 드니 / 먹고 싶은 / 뭔가를?)
9. **Do you feel like / going / to Myeong-dong?**
   (넌 기분이 드니 / 가고 싶은 / 명동에?)
10. **Did you feel like / going shopping?**
    (넌 기분이 들었니 / 쇼핑 가고 싶은?)

STEP 1

손영작 입영작 어순 훈련

막히지 않을 때까지 손영작+입영작 무한반복 하세요.

1. 난 기분이 들어 / 보고 싶은 / 영화를.
   _____ / _____ / _____

2. 난 기분이 들어 / 자고 싶은 / 낮잠을.   ▶ 낮잠 자다 take a nap
   _____ / _____ / _____

3. 난 기분이 들어 / 마시고 싶은 / 너랑 / 오늘밤.
   _____ / _____ / _____ / _____ / _____

4. 우리는 기분이 들어 / 부르고 싶은 / 이 노래를.
   _____ / _____ / _____

5. 우리는 기분이 들어 / 시도하고 싶은 / 이 게임을.
   _____ / _____ / _____

6. 난 기분이 들었어 / 입고 싶은 / 가죽 재킷을.   ▶ 가죽 leather
   _____ / _____ / _____

7. 난 기분이 들었어 / 가고 싶은 / 파티에.
   _____ / _____ / _____

8. 난 기분이 들었어 / 먹고 싶은 / 햄버거를.
   _____ / _____ / _____

9. 그녀는 기분이 들었어 / 떠나고 싶은 / 서울을.
   _____ / _____ / _____

10. 그는 기분이 들었어 / 안아 주고 싶은 / 그의 어머니를.
    _____ / _____ / _____

> **WARNING** 성급히 넘어가면 결국 또다시 왕초보 영어에 머물 것을 보장함

11 난 기분이 들지 않아 / 웃고 싶은.

_____ / _____

12 난 기분이 들지 않아 / 가고 싶은 / 직장에 / 오늘.

_____ / _____ / _____ / _____

13 난 기분이 들지 않아 / 보고 싶은 / 그녀를.

_____ / _____ / _____

14 난 기분이 들지 않았어 / 읽고 싶은 / 그의 메시지를.

_____ / _____ / _____

15 그녀는 기분이 들지 않았어 / 요리하고 싶은 / 오늘.

_____ / _____ / _____

16 넌 기분이 드니 / 걷고 싶은?

_____ / _____

17 넌 기분이 드니 / 배우고 싶은 / 힙합 댄스?

_____ / _____ / _____

18 넌 기분이 드니 / 머물고 싶은 / 여기에?

_____ / _____ / _____

19 넌 기분이 드니 / 하고 싶은 / 뭔가 특별한 걸?　　　▶ 뭔가 특별한 것 something special

_____ / _____ / _____

20 넌 기분이 드니 / 토하고 싶은?　　　▶ 토하다 throw up

_____ / _____

노란띠 19단 **221**

STEP 2

연기낭독 훈련

답을 맞춰 보며 상대방에게 이야기하듯 실감나게 낭독한 후 낭독 횟수를 체크하세요.

조용히, 억양 없이, 영혼 없이 낭독하면 공식으로만 남게 돼 매우 위험함.

		4회	8회	12회
1	I feel like watching a movie.	✓		
2	I feel like taking a nap.			
3	I feel like drinking with you tonight.			
4	We feel like singing this song.			
5	We feel like trying this game.			
6	I felt like wearing a leather jacket.			
7	I felt like going to a party.			
8	I felt like eating a hamburger.			
9	She felt like leaving Seoul.			
10	He felt like hugging his mother.			
11	I don't feel like laughing.			
12	I don't feel like going to work today.			
13	I don't feel like seeing her.			
14	I didn't feel like reading his message.			
15	She didn't feel like cooking today.			
16	Do you feel like walking?			
17	Do you feel like learning hip hop dance?			
18	Do you feel like staying here?			
19	Do you feel like doing something special?			
20	Do you feel like throwing up?			

입영작 영어회화 : 영어로 잘 대답하기

STEP 3

입영작 마스터 훈련

조금 더 자연스러운 우리말 문장을 보고 실감나게 입영작하세요.

'걔'는 he가 될 수도 she가 될 수도 있으며 여러분의 선택입니다.

		1차	2차	3차
1	나 영화 보고 싶은 기분이 들어.			
2	나 낮잠 자고 싶은 기분이 들어.			
3	나 오늘밤 너랑 마시고 싶은 기분이 들어.			
4	우리 이 노래 부르고 싶은 기분이 들어.			
5	우리 이 게임 시도해 보고 싶은 기분이 들어.			
6	나 가죽 재킷 입고 싶은 기분이 들었어.			
7	나 파티 가고 싶은 기분이 들었어.			
8	나 햄버거 먹고 싶은 기분이 들었어.			
9	걔는 서울을 떠나고 싶은 기분이 들었어.			
10	걔는 자기 어머니를 안아 주고 싶은 기분이 들었어.			
11	나 웃고 싶은 기분 아니야.			
12	나 오늘 출근하고 싶은 기분 아니야.			
13	난 그녀를 보고 싶은 기분이 아니야.			
14	난 그의 메시지 읽고 싶은 기분이 아니었어.			
15	걔는 오늘 요리하고 싶은 기분이 아니었어.			
16	너 걷고 싶은 기분이니?			
17	너 힙합 댄스 배우고 싶은 기분이니?			
18	너 여기 머물고 싶은 기분이니?			
19	너 뭔가 특별한 걸 하고 싶은 기분이니?			
20	너 토하고 싶은 기분이니?			

심하게 버벅거림 : 1점
버벅거림은 줄었으나 책 읽듯 어색함 : 3점
연기하듯 자연스러움 : 5점

TOTAL | 1차 | 2차 | 3차 |

40점 이하 — 연기낭독 훈련 부터 다시
41~79점 — 입영작 마스터 훈련 재도전
80점 이상 — 노란띠 19단 완성

노란띠 19단

I'M THINKING OF LEARNING ENGLISH.

나 영어 배워 볼까 생각 중이야.

 **은채:** 나 영어 배워 볼까 생각 중이야.
마유: 생각은 누구나 해. Stop thinking about it. Just do it.

상황 은채는 결정을 내렸다기보단 '해 볼까 생각 중'이라고만 표현하고 있습니다.

무기
[think of ~ing] ~하는 것을 생각(고려)해 보다

 어떤 행동에 대해 '생각/고려'해 보고 있다는 것을 표현하는 무기입니다.
시제는 대부분 '진행형'을 쓰게 됩니다.

예) 난 치킨 대신 삼겹살 <u>먹는 걸 생각해 보고 있어</u>.
(<u>I am thinking of eating</u> pork belly instead of chicken.)

우린 맨하탄에 <u>머무는 걸 생각해 보고 있어</u>.
(We <u>are thinking of staying</u> in Manhattan.)

그녀는 자기 일을 <u>관두는 걸 생각해 보고 있었어</u>.
(She <u>was thinking of quitting</u> her job.)

무기 사용법

[주어 think] + [of ~ing]

현재진행
1. 난 이사하는 걸 생각해 보고 있어.
2. [난 생각해 보고 있어] + [이사하는 것을].
   [I am thinking] + [of moving].
3. I am thinking of moving.

과거진행
1. 난 그걸 하는 걸 생각해 보고 있었어.
2. [난 생각해 보고 있었어] + [하는 것을] + [그걸].
   [I was thinking] + [of doing] + [that].
3. I was thinking of doing that.

질문
1. 넌 이걸 시도하는 걸 생각해 보고 있니?
2. [넌 생각해 보고 있니] + [시도하는 것을] + [이걸]?
   [Are you thinking] + [of trying] + [this]?
3. Are you thinking of trying this?

무기 UPGRADE
[think of] 대신 [consider]를 사용하면 '생각해 보다'를 '고려해 보다'라는 말투와 깊이로 업그레이드 할 수 있음.
예) I thought of quitting my job. ➔ I considered quitting my job.
(난 내 일을 관두는 걸 생각했어.) ➔ (난 내 일을 관두는 걸 고려했어.)

예문 폭탄

1. **I am thinking / of moving / to Sweden.**
   (난 생각해 보고 있어 / 이사하는 것을 / 스웨덴으로.)

2. **I am thinking / of losing weight.**
   (난 생각해 보고 있어 / 살 빼는 것을.)

3. **She is thinking / of buying / an Audi.**
   (그녀는 생각해 보고 있어 / 사는 것을 / Audi를.)

4. **They are thinking / of firing / Leah.**
   (그들은 생각해 보고 있어 / 해고하는 것을 / Leah를.)

5. **I was thinking / of trying / something new.**
   (난 생각해 보고 있었어 / 시도해 보는 것을 / 뭔가 새로운 걸.)

6. **He was thinking / of becoming / a doctor.**
   (그는 생각해 보고 있었어 / 되는 것을 / 의사가.)

7. **They were thinking / of taking / this class.**
   (그들은 생각해 보고 있었어 / 듣는 것을 / 이 수업을.)

8. **Are you thinking / of buying / this sunscreen?**
   (넌 생각해 보고 있니 / 사는 것을 / 이 선크림을?)

9. **Are you thinking / of renting / a car?**
   (넌 생각해 보고 있니 / 렌트하는 것을 / 자동차를?)

10. **Is she thinking / of quitting / her job?**
    (그녀는 생각해 보고 있니 / 관두는 것을 / 그녀의 일을?)

STEP 1

손영작 입영작 어순 훈련

막히지 않을 때까지 손영작＋입영작 무한반복 하세요.

1 난 생각해 보고 있어 / 바꾸는 걸 / 내 헤어스타일을.

_____ / _____ / _____

2 난 생각해 보고 있어 / 파는 걸 / 내 웹사이트를.

_____ / _____ / _____

3 난 생각해 보고 있어 / 방문하는 걸 / 스웨덴을.

_____ / _____ / _____

4 난 생각해 보고 있어 / 입는 걸 / 드레스를 / 그 파티를 위해.

_____ / _____ / _____ / _____

5 난 생각해 보고 있어 / 공부하는 걸 / 캐나다에서.

_____ / _____ / _____

6 그녀는 생각해 보고 있어 / 사는 걸 / Gucci 가방을.

_____ / _____ / _____

7 우린 생각해 보고 있어 / 공부하는 걸 / 함께.

_____ / _____ / _____

8 Eddie는 생각해 보고 있어 / 시작하는 걸 / 사업을.

_____ / _____ / _____

9 그들은 생각해 보고 있어 / 머무는 걸 / 이틀 더.   ▶ 이틀 더 two more days

_____ / _____ / _____

10 Jenny는 생각해 보고 있어 / 용서하는 걸 / 그녀의 친구를.

_____ / _____ / _____

입영작 영어회화 : 영어로 잘 대답하기

11 난 생각해 보고 있었어 / 따라가는 걸 / Janet을.

_____ / _____ / _____

12 난 생각해 보고 있었어 / 전화하는 걸 / 내 여자친구에게.

_____ / _____ / _____

13 그는 생각해 보고 있었어 / 읽는 걸 / 잡지를.   ▶ 잡지 magazine

_____ / _____ / _____

14 그녀는 생각해 보고 있었어 / 되는 걸 / 모델이.

_____ / _____ / _____

15 그들은 생각해 보고 있었어 / 돌아오는 걸.

_____ / _____

16 넌 생각해 보고 있니 / 떠나는 걸 / 우릴?

_____ / _____ / _____

17 넌 생각해 보고 있니 / 오는 걸 / 내 파티에?

_____ / _____ / _____

18 넌 생각해 보고 있니 / 사는 걸 / 그리스에서?

_____ / _____ / _____

19 그녀는 생각해 보고 있니 / 입는 걸 / 반바지를?   ▶ 반바지 shorts

_____ / _____ / _____

20 Emily는 생각해 보고 있니 / 바꾸는 걸 / 그녀의 이름을?

_____ / _____ / _____

STEP 2

연기낭독 훈련

답을 맞춰 보며 상대방에게 이야기하듯 실감나게 낭독한 후 낭독 횟수를 체크하세요.

조용히, 억양 없이, 영혼 없이 낭독하면 공식으로만 남게 돼 매우 위험함.

		4회	8회	12회
1	I am thinking of changing my hairstyle.	✓	☐☐	☐☐
2	I am thinking of selling my website.	☐☐	☐☐	☐☐
3	I am thinking of visiting Sweden.	☐☐	☐☐	☐☐
4	I am thinking of wearing a dress for the party.	☐☐	☐☐	☐☐
5	I am thinking of studying in Canada.	☐☐	☐☐	☐☐
6	She is thinking of buying a Gucci bag.	☐☐	☐☐	☐☐
7	We are thinking of studying together.	☐☐	☐☐	☐☐
8	Eddie is thinking of starting a business.	☐☐	☐☐	☐☐
9	They are thinking of staying two more days.	☐☐	☐☐	☐☐
10	Jenny is thinking of forgiving her friend.	☐☐	☐☐	☐☐
11	I was thinking of following Janet.	☐☐	☐☐	☐☐
12	I was thinking of calling my girlfriend.	☐☐	☐☐	☐☐
13	He was thinking of reading a magazine.	☐☐	☐☐	☐☐
14	She was thinking of becoming a model.	☐☐	☐☐	☐☐
15	They were thinking of coming back.	☐☐	☐☐	☐☐
16	Are you thinking of leaving us?	☐☐	☐☐	☐☐
17	Are you thinking of coming to my party?	☐☐	☐☐	☐☐
18	Are you thinking of living in Greece?	☐☐	☐☐	☐☐
19	Is she thinking of wearing shorts?	☐☐	☐☐	☐☐
20	Is Emily thinking of changing her name?	☐☐	☐☐	☐☐

입영작 영어회화 : 영어로 잘 대답하기

STEP 3

입영작 마스터 훈련

조금 더 자연스러운 우리말 문장을 보고 실감나게 입영작하세요.

'걔'는 he가 될 수도 she가 될 수도 있으며 여러분의 선택입니다.

		1차	2차	3차
1	나 내 헤어스타일 바꿀까 생각 중이야.			
2	나 내 웹사이트 팔까 생각 중이야.			
3	나 스웨덴을 방문할까 생각 중이야.			
4	나 그 파티를 위해 드레스를 입을까 생각 중이야.			
5	나 캐나다에서 공부할까 생각 중이야.			
6	걔는 Gucci 가방을 살까 생각 중이야.			
7	우린 같이 공부할까 생각 중이야.			
8	Eddie는 사업을 시작할까 생각 중이야.			
9	걔네는 이틀 더 머물까 생각 중이야.			
10	Jenny는 자기 친구를 용서해 줄까 생각 중이야.			
11	난 Janet을 따라갈까 생각 중이었어.			
12	난 내 여자친구한테 전화할까 생각 중이었어.			
13	걔는 잡지를 읽을까 생각 중이었어.			
14	걔는 모델이 될까 생각 중이었어.			
15	걔네는 돌아올까 생각 중이었어.			
16	넌 우릴 떠날까 생각 중이니?			
17	넌 내 파티에 올까 생각 중이니?			
18	넌 그리스에서 살까 생각 중이니?			
19	걔는 반바지 입을까 생각 중이니?			
20	Emily는 자기 이름을 바꿀까 생각 중이니?			

심하게 버벅거림 : 1점
버벅거림은 줄었으나 책 읽듯 어색함 : 3점
연기하듯 자연스러움 : 5점

TOTAL 1차 2차 3차

40점 이하 — 연기낭독 훈련 부터 다시
41~79점 — 입영작 마스터 훈련 재도전
80점 이상 — 노란띠 20단 완성

노란띠 21단

I HAD TROUBLE FINDING THIS PLACE.

나 여기 찾는 데 애먹었어.

사용빈도 ★★
난이도 ★★

마유: 택배기사님, 기다리느라 실제로 목이 빠졌어요.
기사: 어휴, **여기 찾는 데 엄청 애먹었어요.**
마유: 감사합니다. 주스 한잔 드시고 가세요.

상황 택배기사님은 마유의 집을 찾는 데 '**애먹었음**'을 표현하고 있습니다.

무기
[have trouble ~ing]   ~하는 데 애먹다

1 어떤 행동을 하는 데 '애먹었음'을 표현하는 무기입니다.
[a trouble]이 아니라 [trouble]임을 거듭 강조합니다.

예) 우린 그 맛집을 찾는 데 애먹었어.
(We had trouble locating the famous restaurant.)

난 그녀의 맨 얼굴을 알아보는 데 애먹었어.
(I had trouble recognizing her bare face.)

난 이 스키니진을 입는 데 애먹고 있어.
(I am having trouble putting on these skinny jeans.)

무기 사용법
[주어 have trouble] + [~ing]

현재진행
1. 난 널 이해하는 데 애먹고 있어.
2. [난 애먹고 있어] + [이해하는 데] + [널].
   [I am having trouble] + [understanding] + [you].
3. I am having trouble understanding you.

과거
1. 그는 내 지시를 따르는 데 애먹었어.
2. [그는 애먹었어] + [따르는 데] + [내 지시를].
   [He had trouble] + [following] + [my instruction].
3. He had trouble following my instruction.

과거 (부정)
1. 난 이 장소를 찾는 데 애먹지 않았어.
2. [난 애먹지 않았어] + [찾는 데] + [이 장소를].
   [I didn't have trouble] + [finding] + [this place].
3. I didn't have trouble finding this place.

무기 UPGRADE 질문형 문장은 [Do동사 + 주어 + have trouble] + [~ing]? 어순으로 진행.
예) You had trouble reading this. → Did you have trouble reading this?

예문 폭탄

1. **I had trouble / finding / my car key.**
   (난 애먹었어 / 찾는 데 / 내 자동차 열쇠를.)

2. **I had trouble / understanding / this formula.**
   (난 애먹었어 / 이해하는 데 / 이 공식을.)

3. **He had trouble / moving / his arms.**
   (그는 애먹었어 / 움직이는 데 / 그의 팔을.)

4. **I am having trouble / driving / this Ferrari.**
   (난 애먹고 있어 / 운전하는 데 / 이 Ferrari를.)

5. **I am having trouble / reading / this map.**
   (난 애먹고 있어 / 읽는 데 / 이 지도를.)

6. **She is having trouble / leading / us.**
   (그녀는 애먹고 있어 / 이끄는 데 / 우리를.)

7. **We are having trouble / fixing / his BMW.**
   (우린 애먹고 있어 / 고치는 데 / 그의 BMW를.)

8. **Did you have trouble / finding / this apartment?**
   (넌 애먹었니 / 찾는 데 / 이 아파트를?)

9. **Did she have trouble / learning / Korean?**
   (그녀는 애먹었니 / 배우는 데 / 한국어를?)

10. **Are you having trouble / moving / this sofa?**
    (넌 애먹고 있니 / 옮기는 데 / 이 소파를?)

STEP 1

손영작 입영작 어순 훈련

막히지 않을 때까지 손영작＋입영작 무한반복 하세요.

1 난 애먹었어 / 자는 데.

_____ / _____

2 난 애먹었어 / 쓰는 데 / 이 문장을.

_____ / _____ / _____

3 난 애먹었어 / 배우는 데 / 스페인어를.

_____ / _____ / _____

4 난 애먹었어 / 먹는 데 / 인도 음식을.　　　　▶ 인도 음식 Indian food

_____ / _____ / _____

5 난 애먹었어 / 소통하는 데 / 그와.　　　　▶ 소통하다 communicate

_____ / _____ / _____

6 그녀는 애먹었어 / 찾는 데 / 직업을.

_____ / _____ / _____

7 그는 애먹었어 / 숨쉬는 데.　　　　▶ 숨쉬다 breathe

_____ / _____

8 그들은 애먹었어 / 일하는 데 / James와.

_____ / _____ / _____

9 Frank는 애먹었어 / 가르치는 데 / 날.

_____ / _____ / _____

10 내 할아버지는 애먹으셨어 / 사용하는 데 / 스마트폰을.

_____ / _____ / _____

> 성급히 넘어가면 결국 또다시 왕초보 영어에 머물 것을 보장함

11 난 애먹고 있어 / 찾는 데 / 투자자를.　　　　　　　　　　　　　　　▶ 투자자 investor

_____ / _____ / _____

12 난 애먹고 있어 / 듣는 데 / 네 목소리를.

_____ / _____ / _____

13 난 애먹고 있어 / 걷는 데.

_____ / _____

14 그녀는 애먹고 있어 / 번역하는 데 / 이 문장을.　　　　　　　　　　　　　▶ 번역하다 translate

_____ / _____ / _____

15 그는 애먹고 있어 / 선택하는 데 / 영어 이름을.　　　　　　　　　　　　　▶ 선택하다 choose

_____ / _____ / _____

16 넌 애먹었니 / 찾는 데 / 이 빌딩을?

_____ / _____ / _____

17 넌 애먹었니 / 옮기는 데 / 이 냉장고를?

_____ / _____ / _____

18 넌 애먹었니 / 고치는 데 / 내 랩탑을?

_____ / _____ / _____

19 넌 애먹고 있니 / 디자인하는 데 / 우리의 로고를?

_____ / _____ / _____

20 넌 애먹고 있니 / 켜는 데 / 이 컴퓨터를?　　　　　　　　　　　　　　　▶ 켜다 turn on

_____ / _____ / _____

노란띠 21단 **233**

STEP 2

연기낭독 훈련

답을 맞춰 보며 상대방에게 이야기하듯 실감나게 낭독한 후 낭독 횟수를 체크하세요.

조용히, 억양 없이, 영혼 없이 낭독하면 공식으로만 남게 돼 매우 위험함.

		4회	8회	12회
1	I had trouble sleeping.	✓		
2	I had trouble writing this sentence.			
3	I had trouble learning Spanish.			
4	I had trouble eating Indian food.			
5	I had trouble communicating with him.			
6	She had trouble finding a job.			
7	He had trouble breathing.			
8	They had trouble working with James.			
9	Frank had trouble teaching me.			
10	My grandfather had trouble using a smart phone.			
11	I am having trouble finding an investor.			
12	I am having trouble hearing your voice.			
13	I am having trouble walking.			
14	She is having trouble translating this sentence.			
15	He is having trouble choosing an English name.			
16	Did you have trouble finding this building?			
17	Did you have trouble moving this refrigerator?			
18	Did you have trouble fixing my laptop?			
19	Are you having trouble designing our logo?			
20	Are you having trouble turning on this computer?			

STEP 3

 입영작 마스터 훈련

조금 더 자연스러운 우리말 문장을 보고 실감나게 입영작하세요.

'걔'는 he가 될 수도 she가 될 수도 있으며 여러분의 선택입니다.

		1차	2차	3차
1	나 자는 데 애먹었어.			
2	나 이 문장 쓰는 데 애먹었어.			
3	나 스페인어 배우는 데 애먹었어.			
4	나 인도 음식 먹는 데 애먹었어.			
5	나 걔랑 소통하는 데 애먹었어.			
6	걔는 직업 찾는 데 애먹었어.			
7	걔는 숨쉬는 데 애먹었어.			
8	걔네는 James랑 일하는 데 애먹었어.			
9	Frank는 날 가르치는 데 애먹었어.			
10	우리 할아버지는 스마트폰을 쓰시는 데 애먹으셨어.			
11	난 투자자를 찾는 데 애먹고 있어.			
12	난 네 목소리를 듣는 데 애먹고 있어.			
13	난 걷는 데 애먹고 있어.			
14	걔는 이 문장 번역하는 데 애먹고 있어.			
15	걔는 영어 이름 선택하는 데 애먹고 있어.			
16	너 이 빌딩 찾는 데 애먹었어?			
17	너 이 냉장고 옮기는 데 애먹었어?			
18	너 내 랩탑 고치는 데 애먹었어?			
19	너 우리 로고 디자인하는 데 애먹고 있어?			
20	너 이 컴퓨터 켜는 데 애먹고 있어?			

심하게 버벅거림 : 1점
버벅거림은 줄었으나 책 읽듯 어색함 : 3점
연기하듯 자연스러움 : 5점

TOTAL   1차   2차   3차

40점 이하 — 연기낭독 훈련 부터 다시
41~79점 — 입영작 마스터 훈련 재도전
80점 이상 — 노란띠 21단 완성

노란띠 21단 **235**

I'M USED TO IT.
나 그런 거 익숙해.

 마유: 남자들이 너 엄청 쳐다봐.
혜선: 훗. **그런 거 익숙해.**
마유: 아... 하이힐에 긴 휴지...

상황 혜선이는 남자들이 자신을 쳐다보는 것에 '**익숙함**'을 표현하고 있습니다.

무기
[be used to] ~에 익숙하다 / ~하는 것에 익숙하다

1 뭔가에 혹은 어떤 행동에 '익숙함'을 표현하는 무기입니다.
[be used to] 뒤에 [명사]가 오면 '~에 익숙하다'
[be used to] 뒤에 [~ing]가 오면 '~하는 것에 익숙하다'로 해석합니다.

예) 난 이 패턴에 익숙해.
(I am used to this pattern.)

그들은 내 룰에 익숙하지 않아.
(They are not used to my rules.)

우린 토요일마다 일하는 것에 익숙해.
(We are used to working on Saturdays.)

무기 사용법
[주어 be used] + [to 명사] 혹은 [to ~ing]

현재
1. 난 그것에 익숙해.
2. [난 익숙해] + [그것에].
   [I am used] + [to it].
3. I am used to it.

현재 (부정)
1. 그녀는 치마를 입는 것에 익숙하지 않아.
2. [그녀는 익숙하지 않아] + [입는 것에] + [치마를].
   [She is not used] + [to wearing] + [a skirt].
3. She is not used to wearing a skirt.

질문
1. 넌 샐러드를 먹는 것에 익숙하니?
2. [너는 익숙하니] + [먹는 것에] + [샐러드를]?
   [Are you used] + [to eating] + [salad]?
3. Are you used to eating salad?

무기 UPGRADE
'~에 익숙하다'(상태 강조)보다 '~에 익숙해지다'(동작 강조)를 표현하려면 [be동사]를 [get]으로 대체함.
예) I was used to it. (난 그거에 익숙했어.) → I got used to it. (난 그거에 익숙해졌어.)

예문 폭탄

1. **I am used / to her nagging.**
   (난 익숙해 / 그녀의 잔소리에.)

2. **I am used / to your new face.**
   (난 익숙해 / 네 새로운 얼굴에.)

3. **I am used / to working / on Saturdays.**
   (난 익숙해 / 일하는 것에 / 토요일마다.)

4. **I am not used / to my new truck.**
   (난 익숙하지 않아 / 내 새 트럭에.)

5. **I am not used / to following / a leader.**
   (난 익숙하지 않아 / 따르는 것에 / 리더를.)

6. **He is not used / to his new office.**
   (그는 익숙하지 않아 / 그의 새로운 사무실에.)

7. **She is not used / to wearing / jeans.**
   (그녀는 익숙하지 않아 / 입는 것에 / 청바지를.)

8. **Are you used / to your new address?**
   (넌 익숙하니 / 네 새 주소가?)

9. **Are you used / to hanging out / with men?**
   (넌 익숙하니 / 노는 것이 / 남자들과?)

10. **Is she used / to the new environment?**
    (그녀는 익숙하니 / 그 새로운 환경에?)

STEP 1

손영작 입영작 어순 훈련

막히지 않을 때까지 손영작+입영작 무한반복 하세요.

1 난 익숙해 / 이 패턴에.

_____ / _____

2 난 익숙해 / 추운 날씨에.

_____ / _____

3 난 익숙해 / 이 시스템에.

_____ / _____

4 난 익숙해 / 일어나는 것에 / 일찍.

_____ / _____ / _____

5 난 익숙해 / 먹는 것에 / 라면을.

_____ / _____ / _____

6 그녀는 익숙해 / 그녀의 새로운 스케줄에.

_____ / _____

7 그들은 익숙해 / 일하는 것에 / 매일.

_____ / _____ / _____

8 그는 익숙해 / Kelly의 룰에.

_____ / _____

9 우린 익숙해 / 낮잠 자는 것에.   ▶ 낮잠 자다 take a nap

_____ / _____

10 그녀는 익숙해 / 마시는 것에 / 커피를 / 매일 아침.

_____ / _____ / _____ / _____

경고 WARNING 성급히 넘어가면 결국 또다시 왕초보 영어에 머물 것을 보장함

11 난 익숙하지 않아 / 이것에.
_____ / _____

12 난 익숙하지 않아 / 돌보는 것에 / 아기들을.   ▶ ~를 돌보다 take care of
_____ / _____ / _____

13 난 익숙하지 않아 / 입는 것에 / 정장을.   ▶ 정장 suit
_____ / _____ / _____

14 그는 익숙하지 않아 / 말하는 것에 / 여자들과.
_____ / _____ / _____

15 그들은 익숙하지 않아 / 영어 수업에.
_____ / _____

16 넌 익숙하니 / 네 새 전화기에?
_____ / _____

17 넌 익숙하니 / 네 영어 이름에?
_____ / _____

18 넌 익숙하니 / 네 새로운 패스워드에?
_____ / _____

19 그녀는 익숙하니 / 먹는 것에 / 일본 음식을?
_____ / _____ / _____

20 그들은 익숙하니 / 사는 것에 / 한국에?
_____ / _____ / _____

노란띠 22단 **239**

STEP 2

연기낭독 훈련

답을 맞춰 보며 상대방에게 이야기하듯 실감나게 낭독한 후 낭독 횟수를 체크하세요.

조용히, 억양 없이, 영혼 없이 낭독하면 공식으로만 남게 돼 매우 위험함.

#	문장	4회	8회	12회
1	I am used to this pattern.	✓	☐☐	☐☐
2	I am used to cold weather.	☐☐	☐☐	☐☐
3	I am used to this system.	☐☐	☐☐	☐☐
4	I am used to waking up early.	☐☐	☐☐	☐☐
5	I am used to eating ramyun.	☐☐	☐☐	☐☐
6	She is used to her new schedule.	☐☐	☐☐	☐☐
7	They are used to working every day.	☐☐	☐☐	☐☐
8	He is used to Kelly's rule.	☐☐	☐☐	☐☐
9	We are used to taking a nap.	☐☐	☐☐	☐☐
10	She is used to drinking coffee every morning.	☐☐	☐☐	☐☐
11	I am not used to this.	☐☐	☐☐	☐☐
12	I am not used to taking care of babies.	☐☐	☐☐	☐☐
13	I am not used to wearing a suit.	☐☐	☐☐	☐☐
14	He is not used to talking to women.	☐☐	☐☐	☐☐
15	They are not used to an English class.	☐☐	☐☐	☐☐
16	Are you used to your new phone?	☐☐	☐☐	☐☐
17	Are you used to your English name?	☐☐	☐☐	☐☐
18	Are you used to your new password?	☐☐	☐☐	☐☐
19	Is she used to eating Japanese food?	☐☐	☐☐	☐☐
20	Are they used to living in Korea?	☐☐	☐☐	☐☐

입영작 영어회화 : 영어로 잘 대답하기

STEP 3

입영작 마스터 훈련

조금 더 자연스러운 우리말 문장을 보고 실감나게 입영작하세요.

'걔'는 he가 될 수도 she가 될 수도 있으며 여러분의 선택입니다.

		1차	2차	3차
1	나 이 패턴에 익숙해.			
2	나 추운 날씨에 익숙해.			
3	나 이 시스템에 익숙해.			
4	나 일찍 일어나는 거에 익숙해.			
5	나 라면 먹는 거에 익숙해.			
6	걔는 자기 새로운 스케줄에 익숙해.			
7	걔네는 매일 일하는 거에 익숙해.			
8	걔는 Kelly의 룰에 익숙해.			
9	우린 낮잠 자는 거에 익숙해.			
10	걔는 매일 아침 커피 마시는 거에 익숙해.			
11	나 이거에 안 익숙해.			
12	나 아기들 돌보는 거에 안 익숙해.			
13	나 정장 입는 거에 안 익숙해.			
14	걔는 여자들이랑 얘기하는 거에 안 익숙해.			
15	걔네는 영어 수업에 안 익숙해.			
16	넌 네 새 전화기에 익숙하니?			
17	넌 네 영어 이름에 익숙하니?			
18	너 네 새 패스워드에 익숙하니?			
19	걔는 일본 음식 먹는 거에 익숙하니?			
20	걔네는 한국에 사는 거에 익숙하니?			

심하게 버벅거림 : 1점
버벅거림은 줄었으나 책 읽듯 어색함 : 3점
연기하듯 자연스러움 : 5점

TOTAL	1차	2차	3차

40점 이하 → 연기낭독 훈련 부터 다시
41~79점 → 입영작 마스터 훈련 재도전
80점 이상 → 노란띠 22단 완성

I ENDED UP EATING TOO MUCH.

나 결국 폭식해 버렸어.

 병진: 망했어. **나 결국 폭식해 버렸어.**
마유: 너 그럼 더 쪄.
병진: 다행인 게 피자 먹을 때 콜라는 안 마셨어.
마유: 와... 병진아...

상황 병진이는 '**결국**' 폭식하게 되었다고 '**부정적인 결말**'에 대해 표현하고 있습니다.

무기

[end up ~ing]   결국 ~하게 되다

1 [end up ~ing]는 대부분 '부정적인 결말'을 표현할 때 많이 쓰입니다.
이런저런 과정들이 있었으나 결국 나쁜 상태로 '끝나 버렸다' 라는 느낌입니다.

예) (남자친구와 결혼하기 싫었으나) 난 결국 그와 결혼하게 됐어.
 (I ended up marrying him.)

 (열심히 일했지만) 우린 결국 해고당하게 됐어.
 (We ended up getting fired.)

 (날 당연히 여기면) 넌 결국 날 잃게 될 거야.
 (You will end up losing me.)

무기 사용법
[주어 end up ~ing]

과거
1. 난 그 게임을 결국 지게 됐어.
2. [난 결국 지게 됐어] + [그 게임을].
   [I ended up losing] + [the game].
3. I ended up losing the game.

과거
1. 그녀는 결국 그녀의 시간을 낭비하게 됐어.
2. [그녀는 결국 낭비하게 됐어] + [그녀의 시간을].
   [She ended up wasting] + [her time].
3. She ended up wasting her time.

추측
1. 넌 결국 네 결정을 후회하게 될 거야.
2. [넌 결국 후회하게 될 거야] + [네 결정을].
   [You will end up regretting] + [your decision].
3. You will end up regretting your decision.

무기 UPGRADE
[end]를 [wind]로 대체할 수 있고, [wind]의 과거형은 [wound]임.
예) I ended up losing the game. = I wound up losing the game.
(우리는 결국 그 게임을 져 버렸어.)

예문 폭탄

1. **I ended up forgetting / her number.**
   (난 결국 잊어 버리게 됐어 / 그녀의 번호를.)

2. **I ended up wasting / my energy.**
   (난 결국 낭비하게 됐어 / 내 에너지를.)

3. **I ended up calling / the police.**
   (난 결국 부르게 됐어 / 경찰을.)

4. **She ended up asking / for my help.**
   (그녀는 결국 부탁하게 됐어 / 내 도움을.)

5. **We ended up moving back / to Busan.**
   (우린 결국 도로 이사가게 됐어 / 부산으로.)

6. **They ended up using / the chemical weapon.**
   (그들은 결국 사용하게 됐어 / 그 화학 무기를.)

7. **You will end up coming back / to me.**
   (넌 결국 돌아오게 될 거야 / 내게.)

8. **You will end up spending / more money.**
   (넌 결국 쓰게 될 거야 / 더 많은 돈을.)

9. **They will end up giving up / their rights.**
   (그들은 결국 포기하게 될 거야 / 그들의 권리들을.)

10. **We will end up missing / the opportunity.**
    (우린 결국 놓치게 될 거야 / 그 기회를.)

STEP 1

손영작 입영작 어순 훈련

막히지 않을 때까지 손영작 + 입영작 무한반복 하세요.

1 난 결국 잃게 됐어 / 그를.

_____ / _____

2 난 결국 일하게 됐어 / 그를 위해.

_____ / _____

3 난 결국 팔게 됐어 / 나의 Rolex를.

_____ / _____

4 난 결국 포기하게 됐어 / 모든 걸.

_____ / _____

5 난 결국 머물게 됐어 / 여기에.

_____ / _____

6 그는 결국 죽게 됐어.

_____

7 그녀는 잃게 됐어 / 그녀의 일을.

_____ / _____

8 그들은 결국 돌아가게 됐어. ▶ 돌아가다 go back

_____

9 우린 결국 하게 됐어 / 그걸 / 다시.

_____ / _____ / _____

10 그들은 결국 배신하게 됐어 / David를. ▶ 배신하다 betray

_____ / _____

경고 WARNING 성급히 넘어가면 결국 또다시 왕초보 영어에 머물 것을 보장함

11 넌 결국 그리워하게 될 거야 / 그녀를. ▶ 그리워하다 miss

_____ / _____

12 넌 결국 앉게 될 거야 / 그와.

_____ / _____

13 넌 결국 지불하게 될 거야 / 더 많은 돈을.

_____ / _____

14 넌 결국 일어나게 될 거야 / 늦게.

_____ / _____

15 넌 결국 후회하게 될 거야 / 네 결정을. ▶ 후회하다 regret

_____ / _____

16 그는 결국 상처 주게 될 거야 / 그 스스로를. ▶ 상처 주다 hurt

_____ / _____

17 그녀는 결국 살게 될 거야 / 혼자.

_____ / _____

18 그들은 결국 이사하게 될 거야.

_____

19 Lance는 결국 살게 될 거야 / 여자친구 없이.

_____ / _____

20 우린 결국 사게 될 거야 / 그의 제품들을. ▶ 제품 product

_____ / _____

노란띠 23단 **245**

STEP 2

연기낭독 훈련

답을 맞춰 보며 상대방에게 이야기하듯 실감나게 낭독한 후 낭독 횟수를 체크하세요.

조용히, 억양 없이, 영혼 없이 낭독하면 공식으로만 남게 돼 매우 위험함.

1. I ended up losing him.
2. I ended up working for him.
3. I ended up selling my Rolex.
4. I ended up giving up everything.
5. I ended up staying here.
6. He ended up dying.
7. She ended up losing her job.
8. They ended up going back.
9. We ended up doing it again.
10. They ended up betraying David.
11. You will end up missing her.
12. You will end up sitting with him.
13. You will end up paying more money.
14. You will end up waking up late.
15. You will end up regretting your decision.
16. He will end up hurting himself.
17. She will end up living alone.
18. They will end up moving.
19. Lance will end up living without a girlfriend.
20. We will end up buying his products.

STEP 3

입영작 마스터 훈련

조금 더 자연스러운 우리말 문장을 보고 실감나게 입영작하세요.

'걔'는 he가 될 수도 she가 될 수도 있으며 여러분의 선택입니다.

		1차	2차	3차
1	난 결국 걔를 잃게 됐어.			
2	난 결국 걔를 위해 일하게 됐어.			
3	난 결국 내 Rolex를 팔게 됐어.			
4	난 결국 모든 걸 포기하게 됐어.			
5	난 결국 여기 머물게 됐어.			
6	걔는 결국 죽게 됐어.			
7	걔는 결국 자기 직업을 잃게 됐어.			
8	걔네는 결국 돌아가게 됐어.			
9	우린 결국 그거 다시 하게 됐어.			
10	걔네는 결국 David를 배신하게 됐어.			
11	넌 결국 걔를 그리워하게 될 거야.			
12	넌 결국 걔랑 앉게 될 거야.			
13	넌 결국 더 많은 돈을 내게 될 거야.			
14	넌 결국 늦게 일어나게 될 거야.			
15	넌 결국 네 결정을 후회하게 될 거야.			
16	걔는 결국 자기 스스로를 상처 주게 될 거야.			
17	걔는 결국 혼자 살게 될 거야.			
18	걔네는 결국 이사하게 될 거야.			
19	Lance는 결국 여자친구 없이 살게 될 거야.			
20	우린 결국 그의 제품들을 사게 될 거야.			

심하게 버벅거림 : 1점
버벅거림은 줄었으나 책 읽듯 어색함 : 3점
연기하듯 자연스러움 : 5점

TOTAL 1차 2차 3차

40점 이하 — 연기낭독훈련 부터 다시
41~79점 — 입영작 마스터 훈련 재도전
80점 이상 — 노란띠 23단 완성

노란띠 23단 **247**

DON'T VISIT ME WITHOUT CALLING ME.

노란띠 24단

나한테 전화하지 않은 채 오진 마.

마유: 그럼 이따 데리러 갈게.
나래: **나한테 전화 안 하고 오진 마.**
마유: 왜?
나래: 날 못 알아볼 확률이 높아.

상황 나래는 '전화하지 않은 채' 오지 말라고 마유에게 경고하고 있습니다.

무기
[without ~ing] ~하지 않은 채

1 문장 맨 뒤에 위치하여 '~하지 않은 채'로 해석되는 무기입니다.
한국어로는 종종 '~하지 않고 / ~ 안 하고' 라고 통하기도 합니다.

예) 이를 닦지 않은 채 (안 닦고) 나한테 키스하지 마.
   (Don't kiss me without brushing your teeth.)

   난 여자친구한테 물어보지 않은 채 (안 물어보고) 클럽에 갔어.
   (I went to a club without asking my girlfriend.)

   넌 샤워하지 않은 채 (샤워 안 하고) 자러 가?
   (Do you go to bed without taking a shower?)

무기 사용법: [기본 문장] + [without ~ing]

명령 (부정)
1. 내게 전화하지 않은 채 날 방문하지 마.
2. [날 방문하지 마] + [전화하지 않은 채] + [나에게].
   [Don't visit me] + [without calling] + [me].
3. Don't visit me without calling me.

과거
1. 난 그녀에게 물어보지 않은 채 그 쿠키를 먹었어.
2. [난 그 쿠키를 먹었어] + [물어보지 않은 채] + [그녀에게].
   [I ate the cookie] + [without asking] + [her].
3. I ate the cookie without asking her.

질문
1. 넌 네 눈을 깜박이지 않은 채 재채기할 수 있니?
2. [넌 재채기할 수 있니] + [깜박이지 않은 채] + [네 눈을]?
   [Can you sneeze] + [without blinking] + [your eyes]?
3. Can you sneeze without blinking your eyes?

무기 UPGRADE

[~ing] 대신 [명사]를 넣으면 '[명사] 없이'로 훈련 가능.
예) I can't live without you. (난 너 없이는 살 수 없어.)
    Don't go without me. (나 없이 가지 마.)

예문 폭탄

1. **Don't take the test / without studying.**
   (그 시험 치지 마 / 공부하지 않은 채.)

2. **Don't eat this chicken / without washing / your hands.**
   (이 치킨 먹지 마 / 씻지 않은 채 / 네 손들을.)

3. **Don't skip this commercial / without watching / it / first.**
   (이 광고를 넘기지 마 / 보지 않은 채 / 그것을 / 먼저.)

4. **I used their service / without paying / them.**
   (난 그들의 서비스를 이용했어 / 지불하지 않은 채 / 그들에게.)

5. **They attacked us / without giving / us a warning.**
   (그들은 우릴 공격했어 / 주지 않은 채 / 우리에게 경고를.)

6. **She left me / without saying / goodbye.**
   (그녀는 날 떠났어 / 말하지 않은 채 / 안녕이라.)

7. **I can find you / without opening / my eyes.**
   (난 널 찾을 수 있어 / 뜨지 않은 채 / 내 눈을.)

8. **Can you run / without opening / your eyes?**
   (넌 달릴 수 있니 / 뜨지 않은 채 / 네 눈을?)

9. **Can you move this cup / without touching / it?**
   (넌 이 컵을 옮길 수 있니 / 건드리지 않은 채 / 그걸?)

10. **Did you come out / without finishing / your homework?**
    (넌 나왔니 / 마치지 않은 채 / 네 숙제를?)

STEP 1

손영작 입영작 어순 훈련

막히지 않을 때까지 손영작+입영작 무한반복 하세요.

1 마시지 마 / 먹지 않은 채.

_____ / _____

2 가지 마 / 키스하지 않은 채 / 내게.

_____ / _____ / _____

3 이걸 먹지 마 / 요리하지 않은 채 / 그것을.

_____ / _____ / _____

4 오지 마 / 전화하지 않은 채 / 내게.

_____ / _____ / _____

5 내 아기를 만지지 마 / 씻지 않은 채 / 네 손들을.

_____ / _____ / _____

6 난 떠났어 / 기다리지 않은 채.

_____ / _____

7 난 운동했어 / 스트레칭하지 않은 채.   ▶ 스트레칭하다 stretch

_____ / _____

8 난 그녀를 방문했어 / 끝마치지 않은 채 / 나의 일을.

_____ / _____ / _____

9 그녀는 잤어 / 공부하지 않은 채.

_____ / _____

10 그는 떠났어 / 일하지 않은 채.

_____ / _____

WARNING 성급히 넘어가면 결국 또다시 왕초보 영어에 머물 것을 보장함

11 넌 농구를 했니 / 먹지 않은 채? ▶ 농구하다 play basketball

_____ / _____

12 넌 이걸 사용했니 / 물어보지 않은 채 / 그에게?

_____ / _____ / _____

13 넌 그녀에게 키스했니 / 닦지 않은 채 / 네 이를? ▶ (솔로) 닦다 brush ▶ 이 (복수형) teeth

_____ / _____ / _____

14 그는 떠났니 / 도와주지 않은 채 / 널?

_____ / _____ / _____

15 그녀는 관뒀니 / 말하지 않은 채 / 너에게? ▶ ~에게 말하다 tell

_____ / _____ / _____

16 난 잘 수 있어 / 움직이지 않은 채.

_____ / _____

17 난 먹을 수 있어 / 사용하지 않은 채 / 숟가락을.

_____ / _____ / _____

18 난 널 찾을 수 있어 / 사용하지 않은 채 / 이 지도를.

_____ / _____ / _____

19 넌 살 수 있니 / 마시지 않은 채 / 물을?

_____ / _____ / _____

20 넌 공부할 수 있니 / 잠을 자지 않은 채?

_____ / _____

STEP 2

연기낭독 훈련

답을 맞춰 보며 상대방에게 이야기하듯 실감나게 낭독한 후 낭독 횟수를 체크하세요.

조용히, 억양 없이, 영혼 없이 낭독하면 공식으로만 남게 돼 매우 위험함.

		4회	8회	12회
1	Don't drink without eating.	✓		
2	Don't go without kissing me.			
3	Don't eat this without cooking it.			
4	Don't come without calling me.			
5	Don't touch my baby without washing your hands.			
6	I left without waiting.			
7	I exercised without stretching.			
8	I visited her without finishing my work.			
9	She slept without studying.			
10	He left without working.			
11	Did you play basketball without eating?			
12	Did you use this without asking him?			
13	Did you kiss her without brushing your teeth?			
14	Did he leave without helping you?			
15	Did she quit without telling you?			
16	I can sleep without moving.			
17	I can eat without using a spoon.			
18	I can find you without using this map.			
19	Can you live without drinking water?			
20	Can you study without sleeping?			

STEP 3

입영작 마스터 훈련
조금 더 자연스러운 우리말 문장을 보고 실감나게 입영작하세요.

> '걔'는 he가 될 수도 she가 될 수도 있으며 여러분의 선택입니다.

		1차	2차	3차
1	먹지 않은 채 마시지 마.			
2	나한테 키스하지 않은 채 가지 마.			
3	그거 요리하지 않고 이거 먹지 마.			
4	나한테 전화하지 않고 오지 마.			
5	네 손들을 씻지 않고 내 아기 만지지 마.			
6	난 기다리지 않고 떠났어.			
7	난 스트레칭하지 않고 운동했어.			
8	난 내 일을 끝마치지 않고 걔를 방문했어.			
9	걔는 공부하지 않고 잤어.			
10	걔는 일하지 않고 떠났어.			
11	너 먹지 않고 농구했어?			
12	너 걔한테 물어보지 않고 이거 썼어?			
13	넌 네 이를 닦지 않고 걔한테 키스했니?			
14	걔는 널 도와주지 않고 떠났니?			
15	걔는 너한테 말하지 않고 관뒀니?			
16	난 움직이지 않고 잘 수 있어.			
17	난 숟가락을 쓰지 않고 먹을 수 있어.			
18	난 이 지도를 쓰지 않고 널 찾을 수 있어.			
19	너 물 마시지 않고 살 수 있어?			
20	너 자지 않고 공부할 수 있어?			

심하게 버벅거림 : 1점
버벅거림은 줄었으나 책 읽듯 어색함 : 3점
연기하듯 자연스러움 : 5점

TOTAL   1차   2차   3차

40점 이하 → 연기낭독 훈련 부터 다시
41~79점 → 입영작 마스터 훈련 재도전
80점 이상 → 노란띠 24단 완성

파란띠

내게 말해 주면 난 잊게 될 겁니다.
내게 보여 주면 난 기억할지도 모릅니다.
날 참여시키면 난 이해하게 될 겁니다.
- 벤저민 프랭클린

Tell me and I'll forget.
Show me and I might remember.
Involve me and I will understand.
-Benjamin Franklin

언어라는 것을 남의 설명을 듣는 것만으로 마스터할 수 있다면
전세계는 지금쯤 하나가 되어 있지 않을까 생각해 봅니다.

우리의 뇌는 입력된 정보를 일시적으로 기억할 수는 있지만
그것을 유지하거나 자신의 것으로 완벽히 인식하려면 실제로 써 봐야만 합니다.

여러분이 used to 라는 무기를 마스터 중이라면,
자기가 만들어 낸 문장을 단 한번이라도 남에게 써먹어 봐야 한다는 말입니다.

예를 들어,
내가 "I used to have a girlfriend." 라고 내뱉은 말에 누군가가 응답했을 때,
비로소 머리에서는 소통이 되었음을 인정하고 내 것으로 받아들이게 됩니다.

참여 (involvement)　　**소통 (communication)**　　**지식의 흡수 (knowledge absorption)**

IMPORTANT: 주위에 같은 목표를 가진 사람이 있다면 더 늦기 전에 함께 훈련하세요. 단 한 명이라도 좋습니다.

또 여러분이 스터디 그룹의 리더가 되기 위해 선의의 경쟁을 하길 바랍니다.
도움을 받는 멤버도 실력이 늘지만
도움을 주는 리더가 영어를 마스터하는 데 걸리는 시간은
훨씬 더 단축될 수 밖에 없습니다. 맹세코.

혼자 하지 마세요. 참여하세요. 소통하세요.

— 마스터유진

파란띠 1단

I THINK YOU'RE ROMANTIC.

난 자기가 로맨틱하다고 생각해.

사용빈도 ★★★★★
난이도 ★★

마유: 난 자기가 귀엽다고 생각해.
미나: **난 자기가 로맨틱하다고 생각해.**
마유: 난 자기가 섹시하다고 생각해.
미나: 난 자기가…
국현: 부탁한다, 얘들아. 그만해 주겠니?

상황 마유와 미나 둘 다 각자의 '**생각**'을 표현하고 있습니다.

무기
[think] ~라고 생각하다

1 [think] 라는 동사는 주어의 '생각'이나 '의견'을 표현할 수 있기 때문에 단순하지만 가장 강력한 메가톤급 무기입니다. [think] 뒤에는 [주어+동사]의 어순을 가진 [평서문]이 따라옵니다.

예) 그는 이게 내 맨 얼굴이라고 생각해.
(He thinks this is my bare face.)

난 그게 오빠 잘못이라고 생각하지 않아.
(I don't think it's your fault.)

넌 내가 나쁜 남자라고 생각하니?
(Do you think I am a bad boy?)

2 [think] 뒤의 [평서문]은 that부터 시작하는 게 정석이지만 회화체에서는 종종 생략합니다.

예) I think that you are pretty. ➡ I think you are pretty. (난 네가 예쁘다고 생각해.)

무기 사용법: [주어 think] + [평서문]

현재
1. 난 네가 꽤 귀엽다고 생각해.
2. [난 생각해] + [네가 꽤 귀엽다고].
   [I think] + [you are pretty cute].
3. I think you are pretty cute.

과거
1. 우린 네가 거짓말하고 있었다고 생각했어.
2. [우린 생각했어] + [네가 거짓말하고 있었다고].
   [We thought] + [you were lying].
3. We thought you were lying.

현재 (부정)
1. 난 네가 멍청하다고 생각하지 않아.
2. [난 생각하지 않아] + [네가 멍청하다고].
   [I don't think] + [you're stupid].
3. I don't think you're stupid.

무기 UPGRADE
[질문형 문장]은 [Do동사 + 주어 + think] + [평서문]?의 어순으로 진행.
예) You think this is a real Prada bag. ➔ Do you think this is a real Prada bag?

예문 폭탄

1. **I think / this is Chloe's phone.**
   (난 생각해 / 이게 Chloe의 전화기라고.)

2. **He thinks / UFOs exist.**
   (그는 생각해 / UFO들이 존재한다고.)

3. **We don't think / he has a house.**
   (우린 생각하지 않아 / 그가 집을 가지고 있다고.)

4. **My parents think / I am working.**
   (내 부모님은 생각하셔 / 내가 일하고 있다고.)

5. **I thought / you died.**
   (난 생각했어 / 네가 죽었다고.)

6. **They thought / you didn't like them.**
   (그들은 생각했어 / 네가 그들을 좋아하지 않았다고.)

7. **She thought / I was crying.**
   (그녀는 생각했어 / 내가 울고 있었다고.)

8. **Do you think / I am sexy?**
   (넌 생각하니 / 내가 섹시하다고?)

9. **Do you think / this Louis Vuitton bag is expensive?**
   (넌 생각하니 / 이 Louis Vuitton 가방이 비싸다고?)

10. **Don't you think / you are asking too much?**
    (넌 생각하지 않니 / 네가 너무 많이 요구하고 있다고?)

STEP 1

손영작 입영작 어순 훈련
막히지 않을 때까지 손영작+입영작 무한반복 하세요.

1 난 생각해 / 그가 못생겼다고.
_____ / _____

2 난 생각해 / 그녀가 좋아한다고 / 날.
_____ / _____ / _____

3 난 생각해 / 그들이 일한다고 / 열심히.
_____ / _____ / _____

4 그는 생각해 / 내가 부유하다고.
_____ / _____

5 그녀는 생각해 / 내가 가지고 있다고 / 많은 돈을.   ▶ 많은 a lot of
_____ / _____ / _____

6 난 생각하지 않아 / 그가 네 타입이라고.
_____ / _____

7 난 생각하지 않아 / 오늘이 금요일이라고.
_____ / _____

8 난 생각하지 않아 / 네가 가지고 있다고 / 용기를.   ▶ 용기 courage
_____ / _____ / _____

9 그녀는 생각하지 않아 / 내가 똑똑하다고.
_____ / _____

10 그들은 생각하지 않아 / 우리가 할 수 있다고 / 이걸.
_____ / _____ / _____

11 난 생각했어 / 그가 외로웠다고.　　　　　　　　　　　　　　　　　▶ 외로운 lonely

_____ / _____

12 난 생각했어 / 네가 사랑했다고 / 날.

_____ / _____ / _____

13 난 생각했어 / 네가 울고 있었다고.

_____ / _____

14 그녀는 생각했어 / 내가 포기했었다고.

_____ / _____

15 그들은 생각했어 / 내가 가지고 있었다고 / 직업을.

_____ / _____ / _____

16 넌 생각하니 / 네가 예쁘다고?

_____ / _____

17 넌 생각하니 / 내가 공부한다고 / 열심히?

_____ / _____ / _____

18 넌 생각하니 / 우리가 늦었다고?

_____ / _____

19 넌 생각하지 않니 / 그가 키가 크다고?

_____ / _____

20 넌 생각하지 않니 / 네가 이기적이라고?　　　　　　　　　　　　　　　▶ 이기적인 selfish

_____ / _____

STEP 2

연기낭독 훈련

답을 맞춰 보며 상대방에게 이야기하듯 실감나게 낭독한 후 낭독 횟수를 체크하세요.

조용히, 억양 없이, 영혼 없이 낭독하면 공식으로만 남게 돼 매우 위험함.

		4회	8회	12회
1	I think he is ugly.	✓		
2	I think she likes me.			
3	I think they work hard.			
4	He thinks I am rich.			
5	She thinks I have a lot of money.			
6	I don't think he is your type.			
7	I don't think today is Friday.			
8	I don't think you have courage.			
9	She doesn't think I am smart.			
10	They don't think we can do this.			
11	I thought he was lonely.			
12	I thought you loved me.			
13	I thought you were crying.			
14	She thought I gave up.			
15	They thought I had a job.			
16	Do you think you are pretty?			
17	Do you think I study hard?			
18	Do you think we are late?			
19	Don't you think he is tall?			
20	Don't you think you are selfish?			

STEP 3

입영작 마스터 훈련

조금 더 자연스러운 우리말 문장을 보고 실감나게 입영작하세요.

'걔'는 he가 될 수도 she가 될 수도 있으며 여러분의 선택입니다.

		1차	2차	3차
1	난 걔가 못 생겼다고 생각해.			
2	난 걔가 날 좋아한다고 생각해.			
3	난 걔네가 열심히 일한다고 생각해.			
4	걔는 내가 부유하다고 생각해.			
5	걔는 내가 돈이 많이 있다고 생각해.			
6	난 걔가 네 타입이라고 생각 안 해.			
7	난 오늘이 금요일이라고 생각 안 해.			
8	난 네가 용기가 있다고 생각 안 해.			
9	걔는 내가 똑똑하다고 생각 안 해.			
10	걔네는 우리가 이걸 할 수 있다고 생각 안 해.			
11	난 걔가 외로웠다고 생각했어.			
12	난 네가 날 사랑했다고 생각했어.			
13	난 네가 울고 있었다고 생각했어.			
14	걔는 내가 포기했다고 생각했어.			
15	걔네는 내가 직업이 있었다고 생각했어.			
16	넌 네가 예쁘다고 생각해?			
17	넌 내가 열심히 공부한다고 생각해?			
18	넌 우리가 늦었다고 생각해?			
19	넌 걔가 키 크다고 생각하지 않아?			
20	넌 네가 이기적이라고 생각하지 않아?			

심하게 버벅거림 : 1점
버벅거림은 줄었으나 책 읽듯 어색함 : 3점
연기하듯 자연스러움 : 5점

TOTAL | 1차 | 2차 | 3차 |

40점 이하 — 연기낭독 훈련 부터 다시
41~79점 — 입영작 마스터 훈련 재도전
80점 이상 — 파란띠 1단 완성

파란띠 2단

I HOPE YOU LIKE MY GIFT.

내 선물이 맘에 들길 바라.

사용빈도 ★★★★
난이도 ★★

세라: 선물? 아, 나 기대돼!
마유: **선물이 맘에 들길 바라.**
세라: 와... 인형과 꽃이라...

상황 마유는 세라가 자신의 선물을 맘에 들어하길 '바라고' 있습니다.

무기

[hope] ~하길 바라다

---

1 [hope] 라는 동사는 주어의 '바람'을 표현할 수 있는 무기입니다.
[hope] 뒤에는 [평서문]이 따라옵니다.

예) 난 그들이 행복하게 살길 바라.
(I hope they live happily.)

난 네가 더 이상 나한테 전화 안 하길 바라.
(I hope you don't call me anymore.)

2 원래 [hope] 뒤 [평서문] 앞에 **that**을 쓰는 게 원칙이지만
회화체에서는 종종 생략합니다.

예) I hope that he comes back soon. ➔ I hope he comes back soon. (난 그가 곧 돌아오기를 바라.)

3 [평서문]의 내용이 미래에 벌어질 일이라도 시제는 대부분 현재형을 씁니다.

예) I hope you come back. (많이 쓰임)
I hope you will come back. (많이 쓰이지 않음)

▶ will을 쓰면 벌어지길 바란다는 것을 더욱 강조해 줄 수는 있지만 현재형으로 써도 충분히 소통되기 때문에 보통은 간편하게 현재형을 사용합니다.

무기 사용법

[주어 hope] + [평서문]

현재
1. 난 그가 잘생겼기를 바라.
2. [난 바라] + [그가 잘 생겼기를].
   [I hope] + [he is good-looking].
3. I hope he is good-looking.

현재
1. 우린 네가 곧 돌아오기를 바라.
2. [우린 바라] + [네가 곧 돌아오기를].
   [We hope] + [you come back soon].
3. We hope you come back soon.

현재
1. 난 네가 실패하지 않길 바라.
2. [난 바라] + [네가 실패하지 않기를].
   [I hope] + [you don't fail].
3. I hope you don't fail.

무기 UPGRADE
[hope 평서문] 대신 [hope to 동사원형] = '[동사]하기를 바라다'로 업그레이드.
예) I hope to see you again. (난 널 다시 보길 바라.)

예문 폭탄

1. **I hope / you pass the test.**
   (난 바라 / 네가 그 시험을 통과하기를.)

2. **I hope / you succeed in your life.**
   (난 바라 / 네가 네 인생에서 성공하기를.)

3. **I hope / he doesn't quit.**
   (난 바라 / 그가 관두지 않기를.)

4. **I hope / you enjoyed the show.**
   (난 바라 / 네가 그 쇼를 즐겼기를.)

5. **I hope / you deleted the file.**
   (난 바라 / 네가 그 파일을 지웠기를.)

6. **We hope / the test is easy.**
   (우린 바라 / 그 시험이 쉽기를.)

7. **We hope / she is your type.**
   (우린 바라 / 그녀가 네 타입이기를.)

8. **We hope / we are not late.**
   (우린 바라 / 우리가 늦은 게 아니기를.)

9. **We hope / your trip was fun.**
   (우린 바라 / 네 여행이 재미있었기를.)

10. **We hope / it was a good experience.**
    (우린 바라 / 그게 좋은 경험이었기를.)

STEP 1

손영작 입영작 어순 훈련

막히지 않을 때까지 손영작+입영작 무한반복 하세요.

1 난 바라 / 네가 좋아하기를 / 이 콘서트를.

_____ / _____ / _____

2 난 바라 / 그녀가 좋아하기를 / 날.

_____ / _____ / _____

3 난 바라 / 그들이 고용하기를 / 날.

_____ / _____ / _____

4 난 바라 / 네가 행복하기를.

_____ / _____

5 난 바라 / 그녀가 귀엽기를.

_____ / _____

6 우린 바라 / 네가 이해하기를.

_____ / _____

7 우린 바라 / 그녀가 즐기기를 / 이 쇼를.

_____ / _____ / _____

8 우린 바라 / 그것들이 저렴하기를.   ▶ 저렴한 cheap

_____ / _____

9 우린 바라 / 네가 사랑하기를 / 우리의 서비스를.

_____ / _____ / _____

10 우린 바라 / 네가 끝마치기를 / 네 일을 / 곧.

_____ / _____ / _____ / _____

입영작 영어회화 : 영어로 잘 대답하기

11 난 바라 / 네가 돌아오지 않기를.

_____ / _____

12 난 바라 / 그가 자백하지 않기를. ▶ 자백하다 confess

_____ / _____

13 난 바라 / 그들이 해고하지 않기를 / 날.

_____ / _____ / _____

14 난 바라 / 그들이 바쁘지 않기를.

_____ / _____

15 난 바라 / 네가 실수하지 않기를. ▶ 실수하다 make a mistake

_____ / _____

16 우린 바라 / 네가 포기하지 않기를.

_____ / _____

17 우린 바라 / 그녀가 해고하지 않기를 / 널.

_____ / _____ / _____

18 우린 바라 / 네가 잊지 않기를.

_____ / _____

19 우린 바라 / 그녀가 아프지 않기를.

_____ / _____

20 우린 바라 / 네가 화나 있지 않기를.

_____ / _____

STEP 2

연기낭독 훈련

답을 맞춰 보며 상대방에게 이야기하듯 실감나게 낭독한 후 낭독 횟수를 체크하세요.

조용히, 억양 없이, 영혼 없이 낭독하면 공식으로만 남게 돼 매우 위험함.

		4회	8회	12회
1	I hope you like this concert.	✓		
2	I hope she likes me.			
3	I hope they hire me.			
4	I hope you are happy.			
5	I hope she is cute.			
6	We hope you understand.			
7	We hope she enjoys this show.			
8	We hope they are cheap.			
9	We hope you love our service.			
10	We hope you finish your work soon.			
11	I hope you don't come back.			
12	I hope he doesn't confess.			
13	I hope they don't fire me.			
14	I hope they are not busy.			
15	I hope you don't make a mistake.			
16	We hope you don't give up.			
17	We hope she doesn't fire you.			
18	We hope you don't forget.			
19	We hope she is not sick.			
20	We hope you are not angry.			

STEP 3

입영작 마스터 훈련

조금 더 자연스러운 우리말 문장을 보고 실감나게 입영작하세요.

'걔'는 he가 될 수도 she가 될 수도 있으며 여러분의 선택입니다.

1차 / 2차 / 3차

1. 난 네가 이 콘서트 좋아하길 바라.
2. 난 걔가 날 좋아하길 바라.
3. 난 걔네가 날 고용하길 바라.
4. 난 네가 행복하길 바라.
5. 난 걔가 귀엽길 바라.
6. 우린 네가 이해해 주길 바라.
7. 우린 걔가 이 쇼를 즐기길 바라.
8. 우린 그것들이 저렴하기를 바라.
9. 우린 당신이 우리 서비스를 사랑하길 바랍니다.
10. 우린 네가 곧 네 일을 끝마치길 바라.
11. 난 네가 돌아오지 않길 바라.
12. 난 걔가 자백하지 않길 바라.
13. 난 걔네가 날 해고하지 않길 바라.
14. 난 걔네가 바쁘지 않길 바라.
15. 난 네가 실수하지 않길 바라.
16. 우린 네가 포기하지 않길 바라.
17. 우린 걔가 널 해고하지 않길 바라.
18. 우린 네가 잊지 않길 바라.
19. 우린 걔가 아프지 않길 바라.
20. 우린 네가 화나 있지 않길 바라.

심하게 버벅거림 : 1점
버벅거림은 줄었으나 책 읽듯 어색함 : 3점
연기하듯 자연스러움 : 5점

TOTAL 1차 / 2차 / 3차

40점 이하 — 연기낭독 훈련 부터 다시
41~79점 — 입영작 마스터 훈련 재도전
80점 이상 — 파란띠 2단 완성

파란띠 3단

LET'S COMPARE THESE TWO.

이 두 개를 비교해 보자.

사용빈도 ★★★★★
난이도 ★

마유: 나랑 이 모델이랑 대체 뭐가 다른 거야?
은영: 마유야...
마유: 두 사진을 두고 비교해 보자.
은영: 그러지 말자.

상황 마유는 사진을 비교하는 행동을 '함께 하자'고 제안하고 있습니다.

무기

[let's] ~하자

---

1 어떤 행동을 '함께 하자'고 제안할 때 사용하는 무기입니다.
[let's] 뒤에는 [동사원형]이 따라옵니다.

예) 뭐 먹자! (Let's eat something!)
    행복하자. (Let's be happy.)
    우리 서로를 이해해 주자. (Let's understand each other.)

2 '하지 말자' 라고 부정적으로 표현할 땐 [let's] 대신 [let's not]을 사용합니다.

예) 가자. (Let's go.) → 가지 말자. (Let's not go.)

무기 사용법 [Let's 동사원형]

현재
1. 이 사진들을 비교해 보자.
2. [비교해 보자] + [이 사진들을].
   [Let's compare] + [these pictures].
3. Let's compare these pictures.

현재
1. 긍정적으로 생각하자.
2. [생각하자] + [긍정적으로].
   [Let's think] + [positively].
3. Let's think positively.

현재 (부정)
1. 오늘은 공부하지 말자.
2. [공부하지 말자] + [오늘은].
   [Let's not study] + [today].
3. Let's not study today.

무기 UPGRADE
[일반동사원형] 대신 [be동사원형] 또한 사용 가능.
예) Let's be kind. (친절해지자.) / Let's be friends. (친구가 되자.)

예문 폭탄

1. **Let's have / lunch / together.**
   (먹자 / 점심을 / 함께.)

2. **Let's ask / Master Eugene.**
   (물어보자 / 마스터유진에게.)

3. **Let's hang out / in Shinsa-dong.**
   (놀자 / 신사동에서.)

4. **Let's pray / for them.**
   (기도하자 / 그들을 위해.)

5. **Let's be honest.**
   (솔직해지자.)

6. **Let's not invite / Kenny.**
   (초대하지 말자 / Kenny를.)

7. **Let's not waste / our time.**
   (낭비하지 말자 / 우리의 시간을.)

8. **Let's not meet / today.**
   (만나지 말자 / 오늘은.)

9. **Let's not forget / her birthday.**
   (까먹지 말자 / 그녀의 생일을.)

10. **Let's not be sad.**
    (슬퍼하지 말자.)

STEP 1

손영작 입영작 어순 훈련

막히지 않을 때까지 손영작 + 입영작 무한반복 하세요.

1 가자.

_____

2 마시자 / 맥주를.

_____ / _____

3 연습하자 / 이 패턴을.

_____ / _____

4 끝마치자 / 이 프로젝트를 / 오늘.

_____ / _____ / _____

5 놀라게 해주자 / Dennis를.   ▶ 놀라게 하다 surprise

_____ / _____

6 먹자 / 피자와 치킨을.

_____ / _____

7 머물자 / 여기에.

_____ / _____

8 만나자 / 내일.

_____ / _____

9 상의하자 / 뭔가를.   ▶ ~를 상의하다 discuss

_____ / _____

10 시작하자 / 사업을.

_____ / _____

입영작 영어회화 : 영어로 잘 대답하기

| 경고 WARNING | 성급히 넘어가면 결국 또다시 왕초보 영어에 머물 것을 보장함 |

11 불평하지 말자. ▶ 불평하다 complain

_____

12 잠자지 말자.

_____

13 포기하지 말자.

_____

14 일하지 말자 / 오늘밤엔.

_____ / _____

15 도와주지 말자 / 이 게으른 남자를.

_____ / _____

16 방해하지 말자 / Jeremy를. ▶ 방해하다 bother

_____ / _____

17 먹지 말자 / 여기에서 / 다시는.

_____ / _____ / _____

18 말하지 말자 / 그녀에게. ▶ ~에게 말하다 tell

_____ / _____

19 보지 말자 / 이 영화를.

_____ / _____

20 생각하지 말자 / 그것에 관해서.

_____ / _____

STEP 2

연기낭독 훈련

답을 맞춰 보며 상대방에게 이야기하듯 실감나게 낭독한 후 낭독 횟수를 체크하세요.

조용히, 억양 없이, 영혼 없이 낭독하면 공식으로만 남게 돼 매우 위험함.

		4회	8회	12회
1	Let's go.	☑☐	☐☐	☐☐
2	Let's drink beer.	☐☐	☐☐	☐☐
3	Let's practice this pattern.	☐☐	☐☐	☐☐
4	Let's finish this project today.	☐☐	☐☐	☐☐
5	Let's surprise Dennis.	☐☐	☐☐	☐☐
6	Let's eat pizza and chicken.	☐☐	☐☐	☐☐
7	Let's stay here.	☐☐	☐☐	☐☐
8	Let's meet tomorrow.	☐☐	☐☐	☐☐
9	Let's discuss something.	☐☐	☐☐	☐☐
10	Let's start a business.	☐☐	☐☐	☐☐
11	Let's not complain.	☐☐	☐☐	☐☐
12	Let's not sleep.	☐☐	☐☐	☐☐
13	Let's not give up.	☐☐	☐☐	☐☐
14	Let's not work tonight.	☐☐	☐☐	☐☐
15	Let's not help this lazy man.	☐☐	☐☐	☐☐
16	Let's not bother Jeremy.	☐☐	☐☐	☐☐
17	Let's not eat here again.	☐☐	☐☐	☐☐
18	Let's not tell her.	☐☐	☐☐	☐☐
19	Let's not watch this movie.	☐☐	☐☐	☐☐
20	Let's not think about it.	☐☐	☐☐	☐☐

입영작 영어회화 : 영어로 잘 대답하기

STEP 3

입영작 마스터 훈련

조금 더 자연스러운 우리말 문장을 보고 실감나게 입영작하세요.

'걔'는 he가 될 수도 she가 될 수도 있으며 여러분의 선택입니다.

		1차	2차	3차
1	가자.			
2	맥주 마시자.			
3	이 패턴 연습하자.			
4	오늘 이 프로젝트 끝마치자.			
5	Dennis 놀라게 해 주자.			
6	피자랑 치킨 먹자.			
7	여기 머물자.			
8	내일 만나자.			
9	뭔가를 상의하자.			
10	사업 시작하자.			
11	불평하지 말자.			
12	자지 말자.			
13	포기하지 말자.			
14	오늘밤엔 일하지 말자.			
15	이 게으른 남자를 도와주지 말자.			
16	Jeremy를 방해하지 말자.			
17	다신 여기서 먹지 말자.			
18	걔한테 말하지 말자.			
19	이 영화 보지 말자.			
20	그거에 관해서 생각하지 말자.			

심하게 버벅거림 : 1점
버벅거림은 줄었으나 책 읽듯 어색함 : 3점
연기하듯 자연스러움 : 5점

TOTAL 1차 2차 3차

40점 이하 — 연기낭독 훈련 부터 다시
41~79점 — 입영작 마스터 훈련 재도전
80점 이상 — 파란띠 3단 완성

LET'S SAY WE ARE HUSBAND AND WIFE.

우리가 부부라고 쳐 보자.

사용빈도 ★★
난이도 ★★

마유: 결혼생활이 어떤 거라고 생각해?
해리: 글쎄, 결혼을 안 해 봐서...
마유: 그럼, **우리가 부부라고 쳐 보자.**
해리: 그러지 말자.

상황 마유는 해리에게 둘이 부부라고 '가정해 보자'고 제안하고 있습니다.

무기

[Let's say] ~라고 쳐 보자

1   어떤 상황을 '가정해 보자' 라고 제안할 때 쓰는 무기입니다.
한국어로는 흔히, '~라고 쳐 보자'로 더 많이 통하는 표현입니다.
[Let's say] 뒤에는 [평서문]이 따라옵니다.

예) 우리가 사귀고 있다고 쳐 보자.
(Let's say we are going out.)

그래. 이 모델이 진짜 네 여자친구라 쳐 봐. 그럼 왜…
(Okay. Let's say this model really is your girlfriend. Then, why…)

그래. 자기가 거짓말 안 했다고 쳐 봐. 그렇다 하더라도…
(Okay. Let's say you didn't lie to me. Even so…)

무기 사용법: [Let's say] + [평서문]

현재
1. 우리가 부부라고 쳐 보자.
2. [쳐 보자] + [우리가 부부라고].
   [Let's say] + [we are husband and wife].
3. Let's say we are husband and wife.

현재
1. 네가 저택을 소유하고 있다고 쳐 보자.
2. [쳐 보자] + [네가 저택을 소유하고 있다고].
   [Let's say] + [you own a mansion].
3. Let's say you own a mansion.

과거
1. 네가 울지 않았다고 쳐 보자.
2. [쳐 보자] + [네가 울지 않았다고].
   [Let's say] + [you didn't cry].
3. Let's say you didn't cry.

무기 UPGRADE: 회화체에서는 [Let's]를 생략하는 경우도 많기 때문에 [Say]로만 시작하는 추가 훈련.
예) Let's say it's true. → Say it's true.

예문 폭탄

1. **Let's say / you have a sister.**
   (쳐 보자 / 네가 언니가 있다고.)

2. **Let's say / you know my secret.**
   (쳐 보자 / 네가 내 비밀을 안다고.)

3. **Let's say / we are brothers.**
   (쳐 보자 / 우리가 형제라고.)

4. **Let's say / he doesn't like me.**
   (쳐 보자 / 그가 날 좋아하지 않는다고.)

5. **Let's say / it was my fault.**
   (쳐 보자 / 그게 내 잘못이었다고.)

6. **Let's say / they are not singers.**
   (쳐 보자 / 그들이 가수들이 아니라고.)

7. **Let's say / you were not there.**
   (쳐 보자 / 네가 거기 없었다고.)

8. **Let's say / he didn't steal my shoes.**
   (쳐 보자 / 그가 내 신발을 훔치지 않았다고.)

9. **Let's say / she was sick yesterday.**
   (쳐 보자 / 그녀가 어제 아팠다고.)

10. **Let's say / you didn't kiss Tom.**
    (쳐 보자 / 네가 Tom에게 키스하지 않았다고.)

STEP 1

손영작 입영작 어순 훈련

막히지 않을 때까지 손영작+입영작 무한반복 하세요.

1   쳐 보자 / 내가 좋아한다고 / 널.
    _____ / _____ / _____

2   쳐 보자 / 이게 네 빌딩이라고.
    _____ / _____

3   쳐 보자 / 그가 네 아들이라고.
    _____ / _____

4   쳐 보자 / 그녀가 네 아내라고.
    _____ / _____

5   쳐 보자 / 그가 좋아한다고 / 날.
    _____ / _____ / _____

6   쳐 보자 / 네가 스무 살이라고.
    _____ / _____

7   쳐 보자 / 동물들이 말할 수 있다고.   ▶ 말하다 talk
    _____ / _____

8   쳐 보자 / 그게 내 실수라고.
    _____ / _____

9   쳐 보자 / 오늘이 토요일이라고.
    _____ / _____

10 쳐 보자 / 네가 봤다고 / 귀신을.   ▶ 귀신 ghost
    _____ / _____ / _____

WARNING 성급히 넘어가면 결국 또다시 왕초보 영어에 머물 것을 보장함

11 쳐 보자 / 네가 사랑했다고 / 그녀를.

_____ / _____ / _____

12 쳐 보자 / 그게 내 잘못이었다고.   ▶ 잘못 fault

_____ / _____

13 쳐 보자 / 네가 잊었다고 / 내 생일을.

_____ / _____ / _____

14 쳐 보자 / 네가 몰랐다고 / 내 전화번호를.

_____ / _____ / _____

15 쳐 보자 / 그가 운전하지 않았다고 / 내 차를.

_____ / _____ / _____

16 쳐 보자 / 그녀가 마시지 않았다고 / 내 커피를.

_____ / _____ / _____

17 쳐 보자 / 그들이 도와줬다고 / 널 / 어제.

_____ / _____ / _____ / _____

18 쳐 보자 / 그녀가 잃어버렸다고 / 그녀의 전화기를.

_____ / _____ / _____

19 쳐 보자 / 네가 즐겼다고 / 그 파티를.

_____ / _____ / _____

20 쳐 보자 / 그녀가 네 여자친구가 아니었다고.

_____ / _____

파란띠 4단 **277**

STEP 2

연기낭독 훈련

답을 맞춰 보며 상대방에게 이야기하듯 실감나게 낭독한 후 낭독 횟수를 체크하세요.

조용히, 억양 없이, 영혼 없이 낭독하면 공식으로만 남게 돼 매우 위험함.

		4회	8회	12회
1	Let's say I like you.	✓		
2	Let's say this is your building.			
3	Let's say he is your son.			
4	Let's say she is your wife.			
5	Let's say he likes me.			
6	Let's say you are 20.			
7	Let's say animals can talk.			
8	Let's say it's my mistake.			
9	Let's say today is Saturday.			
10	Let's say you saw a ghost.			
11	Let's say you loved her.			
12	Let's say it was my fault.			
13	Let's say you forgot my birthday.			
14	Let's say you didn't know my phone number.			
15	Let's say he didn't drive my car.			
16	Let's say she didn't drink my coffee.			
17	Let's say they helped you yesterday.			
18	Let's say she lost her phone.			
19	Let's say you enjoyed the party.			
20	Let's say she wasn't your girlfriend.			

입영작 영어회화 : 영어로 잘 대답하기

STEP 3

입영작 마스터 훈련

조금 더 자연스러운 우리말 문장을 보고 실감나게 입영작하세요.

'걔'는 he가 될 수도 she가 될 수도 있으며 여러분의 선택입니다.

		1차	2차	3차
1	내가 널 좋아한다 쳐 보자.			
2	이게 네 빌딩이라 쳐 보자.			
3	걔가 네 아들이라 쳐 보자.			
4	걔가 네 아내라 쳐 보자.			
5	걔가 날 좋아한다 쳐 보자.			
6	네가 스무 살이라 쳐 보자.			
7	동물들이 말할 수 있다 쳐 보자.			
8	그게 내 실수라 쳐 보자.			
9	오늘이 토요일이라 쳐 보자.			
10	네가 귀신을 봤다 쳐 보자.			
11	네가 걔를 사랑했다 쳐 보자.			
12	그게 내 잘못이었다 쳐 보자.			
13	네가 내 생일을 까먹었다 쳐 보자.			
14	네가 내 전화번호를 몰랐다 쳐 보자.			
15	걔가 내 차를 운전 안 했다 쳐 보자.			
16	걔가 내 커피를 안 마셨다 쳐 보자.			
17	걔네가 어제 널 도와줬다 쳐 보자.			
18	걔가 자기 전화기를 잃어버렸다 쳐 보자.			
19	네가 그 파티를 즐겼다 쳐 보자.			
20	걔가 네 여자친구가 아니었다 쳐 보자.			

심하게 버벅거림 : 1점
버벅거림은 줄었으나 책 읽듯 어색함 : 3점
연기하듯 자연스러움 : 5점

TOTAL 1차 2차 3차

40점 이하 → 연기낭독훈련부터 다시
41~79점 → 입영작 마스터 훈련 재도전
80점 이상 → 파란띠 4단 완성

파란띠 4단 **279**

파란띠 5단

IT'S TOO BAD YOU HAVE TO LEAVE EARLY.

네가 일찍 떠나야 한다니 아쉬워.

사용빈도 ★★★
난이도 ★★

 사랑: 먼저 가 볼게. 일이 좀 많아서.
마유: 일찍 가야 한다니 아쉽다, 야.
전원 안전벨트 착용, 대형 차량 피하기, 안전거리 확보를 약속해 줘.

상황 마유는 사랑이가 가야 한다는 것에 대한 '아쉬움'을 표현하고 있습니다.

무기

[it's too bad] ~라는 게 아쉽다/안타깝다

1 '아쉬움' 혹은 '안타까움'을 표현할 때 사용하는 무기입니다.
[it's too bad] 뒤에는 [평서문]이 따라옵니다.

예) 네가 안 웃긴다는 게 안타까워.
   (It's too bad you are not funny.)

   그녀가 남자친구가 있다는 게 아쉬워.
   (It's too bad she has a boyfriend.)

   네가 우리랑 못 논다는 게 아쉬워.
   (It's too bad you can't hang out with us.)

2 회화체에서는 [It's]를 생략하는 경우가 종종 있습니다.

예) It's too bad he's not here. → Too bad he's not here. (그가 여기에 없다는 게 아쉬워.)

무기 사용법
[it's too bad] + [평서문]

확정된 미래
1. 네가 곧 관둔다는 게 아쉬워.
2. [아쉬워] + [네가 곧 관둔다는 게].
   [It's too bad] + [you are quitting soon].
3. It's too bad you are quitting soon.

현재
1. 오늘이 벌써 일요일이라는 게 아쉬워.
2. [아쉬워] + [오늘이 벌써 일요일이라는 게].
   [It's too bad] + [today is already Sunday].
3. It's too bad today is already Sunday.

현재
1. 네가 싱글이라는 게 안타까워.
2. [안타까워] + [네가 싱글이라는 게].
   [It's too bad] + [you are single].
3. It's too bad you are single.

무기 UPGRADE
[평서문] 내에 'have to (~해야 한다)'를 쓰면
'~해야만 한다는 게 아쉽다/안타깝다' 라는 말투로 업그레이드 가능함.
예) It's too bad you have to study now. (네가 지금 공부해야 한다는 게 안타까워.)

예문 폭탄

1. **It's too bad / you have to work tomorrow.**
   (안타까워 / 네가 내일 일해야 한다는 게.)

2. **It's too bad / she has to leave this country.**
   (안타까워 / 그녀가 이 나라를 떠나야 한다는 게.)

3. **It's too bad / you are not my type.**
   (아쉬워 / 네가 내 타입이 아닌 게.)

4. **It's too bad / I don't have time.**
   (아쉬워 / 내가 시간이 없다는 게.)

5. **It's too bad / you don't have a friend.**
   (안타까워 / 네가 친구가 없다는 게.)

6. **It's too bad / he is not single.**
   (아쉬워 / 그가 싱글이 아닌 게.)

7. **It's too bad / they have to study until 10.**
   (안타까워 / 그들이 10시까지 공부해야 한다는 게.)

8. **It's too bad / we've lost the game.**
   (아쉬워 / 우리가 그 게임을 졌다는 게.)

9. **It's too bad / you are on a diet.**
   (안타까워 / 네가 다이어트 중이라는 게.)

10. **It's too bad / she doesn't enjoy eating.**
    (아쉬워 / 그녀가 먹는 걸 즐기지 않는다는 게.)

STEP 1

손영작 입영작 어순 훈련

막히지 않을 때까지 손영작+입영작 무한반복 하세요.

1   아쉬워 / 내가 아파서 / 오늘.

    _____ / _____ / _____

2   아쉬워 / 네가 바빠서 / 오늘.

    _____ / _____ / _____

3   아쉬워 / 네가 없어서 / 여기.

    _____ / _____ / _____

4   아쉬워 / 그녀가 가지고 있지 않아서 / 딸을.

    _____ / _____ / _____

5   아쉬워 / 이 드레스가 너무 작아서.

    _____ / _____

6   아쉬워 / 내가 도와줄 수 없어서 / 널.

    _____ / _____ / _____

7   아쉬워 / 내가 볼 수 없어서 / 널 / 오늘.

    _____ / _____ / _____ / _____

8   아쉬워 / 네가 머물 수 없어서 / 우리랑.

    _____ / _____ / _____

9   아쉬워 / 네가 올 수 없어서 / 여기에.

    _____ / _____ / _____

10 안타까워 / 그가 먹을 수 없어서 / 피자를.

    _____ / _____ / _____

> 성급히 넘어가면 결국
> 또다시 왕초보 영어에
> 머물 것을 보장함

WARNING 경고

11 아쉬워 / 내가 가지고 있지 않아서 / 돈을.

_____ / _____ / _____

12 아쉬워 / 내가 먹지 않아서 / 고기를.   ▶ 고기 | meat

_____ / _____ / _____

13 아쉬워 / 네가 좋아하지 않아서 / 이 영화를.

_____ / _____ / _____

14 아쉬워 / 네가 가지고 있지 않아서 / 차를.

_____ / _____ / _____

15 아쉬워 / 그들이 기억하지 않아서 / 내 생일을.

_____ / _____ / _____

16 아쉬워 / 내가 떠나야만 해서 / 곧.

_____ / _____ / _____

17 안타까워 / 내가 팔아야만 해서 / 내 차를.

_____ / _____ / _____

18 아쉬워 / 네가 가야만 해서.

_____ / _____

19 안타까워 / 네가 일해야만 해서 / 내일.

_____ / _____ / _____

20 아쉬워 / 그녀가 공부해야만 해서 / 지금.

_____ / _____ / _____

STEP 2

연기낭독 훈련

답을 맞춰 보며 상대방에게 이야기하듯 실감나게 낭독한 후 낭독 횟수를 체크하세요.

조용히, 억양 없이, 영혼 없이 낭독하면 공식으로만 남게 돼 매우 위험함.

		4회	8회	12회
1	It's too bad I am sick today.	✓		
2	It's too bad you are busy today.			
3	It's too bad you are not here.			
4	It's too bad she doesn't have a daughter.			
5	It's too bad this dress is too small.			
6	It's too bad I can't help you.			
7	It's too bad I can't see you today.			
8	It's too bad you can't stay with us.			
9	It's too bad you can't come here.			
10	It's too bad he can't eat pizza.			
11	It's too bad I don't have money.			
12	It's too bad I don't eat meat.			
13	It's too bad you don't like this movie.			
14	It's too bad you don't have a car.			
15	It's too bad they don't remember my birthday.			
16	It's too bad I have to leave soon.			
17	It's too bad I have to sell my car.			
18	It's too bad you have to go.			
19	It's too bad you have to work tomorrow.			
20	It's too bad she has to study now.			

STEP 3

입영작 마스터 훈련

조금 더 자연스러운 우리말 문장을 보고 실감나게 입영작하세요.

'걔'는 he가 될 수도 she가 될 수도 있으며 여러분의 선택입니다.

		1차	2차	3차
1	내가 오늘 아파서 아쉬워.			
2	네가 오늘 바빠서 아쉬워.			
3	네가 여기 없어서 아쉬워.			
4	그녀가 딸이 없어서 아쉬워.			
5	이 드레스가 너무 작아서 아쉬워.			
6	내가 널 도와줄 수 없어서 아쉬워.			
7	내가 오늘 널 볼 수 없어서 아쉬워.			
8	네가 우리랑 머물 수 없어서 아쉬워.			
9	네가 여기 올 수 없어서 아쉬워.			
10	걔가 피자를 먹을 수 없어서 안타까워.			
11	내가 돈이 없어서 아쉬워.			
12	내가 고기를 안 먹어서 아쉬워.			
13	네가 이 영화를 안 좋아해서 아쉬워.			
14	네가 자동차가 없어서 아쉬워.			
15	걔네가 내 생일을 기억하지 않아서 아쉬워.			
16	내가 곧 떠나야만 해서 아쉬워.			
17	내가 내 차를 팔아야만 해서 안타까워.			
18	네가 가야만 해서 아쉬워.			
19	네가 내일 일해야만 해서 안타까워.			
20	걔가 지금 공부해야만 해서 아쉬워.			

심하게 버벅거림 : 1점
버벅거림은 줄었으나 책 읽듯 어색함 : 3점
연기하듯 자연스러움 : 5점

TOTAL   1차   2차   3차

40점 이하 → 연기낭독 훈련 부터 다시
41~79점 → 입영작 마스터 훈련 재도전
80점 이상 → 파란띠 5단 완성

THANK GOD YOU'RE NOT MY GIRLFRIEND!

네가 내 여자친구가 아니어서 참 다행이야!

 미화: 난 남자친구한테 집착하는 편이야.
마유: 휴. 네가 내 여자친구가 아니어서 참 다행이야.
미화: 내가 더 감사해.

상황 마유는 미화가 자기 여자친구가 아닌 것에 '안도'하고 있습니다.

무기

[thank god] ~라서 참 다행이다

1. Thank God!은 그 자체로도 '참 다행이다!' 라는 안도의 감탄사가 될 수 있지만, 뒤에 [평서문]이 따라오면 도대체 어떤 사실에 대해 안도하는지 자세히 표현할 수 있습니다.

예) 우리가 친구라서 <u>참 다행이야</u>. (Thank God we are friends.)
　　네가 내 형이 아니라서 <u>참 다행이다</u>. (Thank God you are not my brother.)
　　자기가 괜찮아서 <u>참 다행이야</u>. (Thank God you are okay.)

무기 사용법: [Thank god] + [평서문]

현재 (부정)
1. 네가 내 남자친구가 아니어서 참 다행이야!
2. [참 다행이야] + [네가 내 남자친구가 아니어서]!
   [Thank god] + [you are not my boyfriend]!
3. Thank god you are not my boyfriend!

과거
1. 네가 그에게 키스하지 않아서 참 다행이야!
2. [참 다행이야] + [네가 그에게 키스하지 않아서]!
   [Thank god] + [you didn't kiss him]!
3. Thank god you didn't kiss him!

현재진행
1. 내 아들이 열심히 공부하고 있어서 참 다행이야!
2. [참 다행이야] + [내 아들이 열심히 공부하고 있어서]!
   [Thank god] + [my son is studying hard]!
3. Thank god my son is studying hard!

무기 UPGRADE
조금 더 가벼운 톤으로 [I'm glad] 혹은 [(It's a) good thing]으로 문장을 시작할 수도 있음.
예) I'm glad you're my girlfriend. (네가 내 여자친구라서 다행이야.)
(It's a) good thing we finished it yesterday. (우리가 그걸 어제 끝내길 잘했어/다행이야.)

예문 폭탄

1. **Thank god / I am not alone.**
   (참 다행이야 / 내가 혼자가 아니어서.)

2. **Thank god / you are here.**
   (참 다행이야 / 네가 여기 있어서.)

3. **Thank god / we don't have a problem.**
   (참 다행이야 / 우리가 문제가 없어서.)

4. **Thank god / your brother has money.**
   (참 다행이야 / 네 형이 돈이 있어서.)

5. **Thank god / she didn't find out.**
   (참 다행이야 / 그녀가 알아내지 않아서.)

6. **Thank god / he left early.**
   (참 다행이야 / 그가 일찍 떠나서.)

7. **Thank god / it was not your mistake.**
   (참 다행이야 / 그게 네 실수가 아니었기에.)

8. **Thank god / we are learning English.**
   (참 다행이야 / 우리가 영어를 배우고 있어서.)

9. **Thank god / you are working.**
   (참 다행이야 / 네가 일을 하고 있어서.)

10. **Thank god / I am not working with John.**
    (참 다행이야 / 내가 John과 일하고 있지 않아서.)

STEP 1

손영작 입영작 어순 훈련

막히지 않을 때까지 손영작＋입영작 무한반복 하세요.

1 참 다행이야 / 네가 내 친구라서.
_____ / _____

2 참 다행이야 / 네가 괜찮아서.
_____ / _____

3 참 다행이야 / 그녀가 귀여워서.
_____ / _____

4 참 다행이야 / 내 여자친구가 쿨해서.
_____ / _____

5 참 다행이야 / 오늘이 금요일이어서.
_____ / _____

6 참 다행이야 / 내가 가지고 있어서 / 우산을.   ▶ 우산 umbrella
_____ / _____ / _____

7 참 다행이야 / 네가 가지고 있어서 / 차를.
_____ / _____ / _____

8 참 다행이야 / 내가 동물이 아니어서.
_____ / _____

9 참 다행이야 / 그게 내 문제가 아니어서.
_____ / _____

10 참 다행이야 / 그녀가 내 상사가 아니어서.
_____ / _____

11 참 다행이야 / 그들이 네 부모님이 아니어서.

_____ / _____

12 참 다행이야 / Donna가 있지 않아서 / 한국에.

_____ / _____ / _____

13 참 다행이야 / 네가 와서 / 어제.

_____ / _____ / _____

14 참 다행이야 / 네가 도와줘서 / 날 / 어제.

_____ / _____ / _____ / _____

15 참 다행이야 / 그 시험이 쉬웠어서.

_____ / _____

16 참 다행이야 / 내가 사지 않았어서 / 그 집을.

_____ / _____

17 참 다행이야 / 그녀가 보지 않았어서 / 날.

_____ / _____

18 참 다행이야 / 네가 고용하지 않았어서 / 그를.

_____ / _____

19 참 다행이야 / 그들이 찾아내지 않았어서 / 우릴.

_____ / _____

20 참 다행이야 / Andy가 결혼하지 않았어서 / 그녀와.   ▶ ~와 결혼하다 marry

_____ / _____

STEP 2

연기낭독 훈련

답을 맞춰 보며 상대방에게 이야기하듯 실감나게 낭독한 후 낭독 횟수를 체크하세요.

조용히, 억양 없이, 영혼 없이 낭독하면 공식으로만 남게 돼 매우 위험함.

	4회	8회	12회

1. Thank god you are my friend.
2. Thank god you are okay.
3. Thank god she is cute.
4. Thank god my girlfriend is cool.
5. Thank god today is Friday.
6. Thank god I have an umbrella.
7. Thank god you have a car.
8. Thank god I'm not an animal.
9. Thank god it's not my problem.
10. Thank god she is not my boss.
11. Thank god they are not your parents.
12. Thank god Donna is not in Korea.
13. Thank god you came yesterday.
14. Thank god you helped me yesterday.
15. Thank god the test was easy.
16. Thank god I didn't buy the house.
17. Thank god she didn't see me.
18. Thank god you didn't hire him.
19. Thank god they didn't find us.
20. Thank god Andy didn't marry her.

입영작 영어회화 : 영어로 잘 대답하기

STEP 3

입영작 마스터 훈련

조금 더 자연스러운 우리말 문장을 보고 실감나게 입영작하세요.

'걔'는 he가 될 수도 she가 될 수도 있으며 여러분의 선택입니다.

1차   2차   3차

1. 네가 내 친구라서 참 다행이야.
2. 네가 괜찮아서 참 다행이야.
3. 걔가 귀여워서 참 다행이야.
4. 내 여자친구가 쿨해서 참 다행이야.
5. 오늘이 금요일이어서 참 다행이야.
6. 내가 우산을 가지고 있어서 참 다행이야.
7. 네가 차를 가지고 있어서 참 다행이야.
8. 내가 동물이 아니어서 참 다행이야.
9. 그게 내 문제가 아니어서 참 다행이야.
10. 그녀가 내 상사가 아니어서 참 다행이야.
11. 그분들이 네 부모님이 아니어서 참 다행이야.
12. Donna가 한국에 없어서 참 다행이야.
13. 네가 어제 와서 참 다행이야.
14. 네가 어제 날 도와줘서 참 다행이야.
15. 그 시험이 쉬웠기에 참 다행이야.
16. 내가 그 집을 안 샀기에 참 다행이야.
17. 걔가 날 안 봤기에 참 다행이야.
18. 네가 걔를 고용하지 않았기에 참 다행이야.
19. 걔네가 우릴 찾아내지 않았기에 참 다행이야.
20. Andy가 걔랑 결혼 안 했기에 참 다행이야.

심하게 버벅거림 : 1점
버벅거림은 줄었으나 책 읽듯 어색함 : 3점
연기하듯 자연스러움 : 5점

TOTAL   1차   2차   3차

40점 이하 — 연기낭독 훈련 부터 다시
41~79점 — 입영작 마스터 훈련 재도전
80점 이상 — 파란띠 6단 완성

파란띠 7단

THERE'S NO WAY SHE'S YOUR GIRLFRIEND.

그녀가 네 여자친구일 리가 없어.

사용빈도 ★★★
난이도 ★★

마유: 나 여자친구 생겼다!
성주: 말도 안 돼...
마유: 자, 인증사진.
성주: 정말 안 돼... 이런 러블리한 분이 네 여자친구일 리가 없어...

상황 성주는 도저히 믿지 못한다는 듯 사실을 '부인'하고 있습니다.

무기

[there's no way] ~일 리가 없다

1. 어떤 사실에 대해 '도저히' 믿을 수 없다는 느낌을 표현하는 무기입니다. [there's no way] 뒤에는 [평서문]이 따라 옵니다.

   예) 그녀가 네 여자친구일 리가 없어.
   (There's no way she is your girlfriend.)

   당신이 나보다 누나일 리가 없어요.
   (There's no way you are older than me.)

   어제가 발렌타인데이였을 리가 없어.
   (There's no way it was Valentine's Day yesterday.)

2. 회화체에서는 [there's]를 생략하고 쓰는 경우가 종종 있습니다.

   예) There's no way she's your girlfriend. ➔ No way she's your girlfriend.

무기 사용법: [There's no way] + [평서문]

현재
1. 그녀가 네 여자친구일 리가 없어.
2. [그럴 리가 없어] + [그녀가 네 여자친구일 리가].
   [There's no way] + [she is your girlfriend].
3. There's no way she is your girlfriend.

현재
1. 내가 못생겼을 리가 없어.
2. [그럴 리가 없어] + [내가 못생겼을 리가].
   [There's no way] + [I am ugly].
3. There's no way I am ugly.

과거
1. 내 남자친구가 실패했을 리가 없어.
2. [그럴 리가 없어] + [내 남자친구가 실패했을 리가].
   [There's no way] + [my boyfriend failed].
3. There's no way my boyfriend failed.

무기 UPGRADE
[주어 + can't be + 형용사/명사] = '[주어]가 [형용사/명사]일 리가 없어.' 또한 추가 훈련.
예) There's no way he is smart. = He can't be smart.
예) There's no way she is your girlfriend. = She can't be your girlfriend.
* [입영작 영어회화 더 잘 대답하기편 품띠 8단] 참고

예문 폭탄

1. There's no way / she is your daughter.
   (그럴 리가 없어 / 그녀가 네 딸일 리가.)
2. There's no way / we have a test today.
   (그럴 리가 없어 / 우리가 오늘 시험이 있을 리가.)
3. There's no way / she doesn't love me.
   (그럴 리가 없어 / 그녀가 날 사랑하지 않을 리가.)
4. There's no way / they don't like my drawing.
   (그럴 리가 없어 / 그들이 내 그림을 좋아하지 않을 리가.)
5. There's no way / you are Italian.
   (그럴 리가 없어 / 네가 이탈리아인일 리가.)
6. There's no way / they are friends.
   (그럴 리가 없어 / 그들이 친구일 리가.)
7. There's no way / she stole my money.
   (그럴 리가 없어 / 그녀가 내 돈을 훔쳤을 리가.)
8. There's no way / he didn't know.
   (그럴 리가 없어 / 그가 몰랐을 리가.)
9. There's no way / my boyfriend is cheating.
   (그럴 리가 없어 / 내 남자친구가 바람 피우고 있을 리가.)
10. There's no way / she is drinking with him.
    (그럴 리가 없어 / 그녀가 그와 마시고 있을 리가.)

STEP 1

손영작 입영작 어순 훈련

막히지 않을 때까지 손영작+입영작 무한반복 하세요.

1   그럴 리가 없어 / 그가 네 아들일 리가.
_____ / _____

2   그럴 리가 없어 / 그녀가 남자일 리가.
_____ / _____

3   그럴 리가 없어 / 네가 가지고 있을 리가 / 남자친구를.
_____ / _____ / _____

4   그럴 리가 없어 / 네가 한국인일 리가.
_____ / _____

5   그럴 리가 없어 / 이게 네 집일 리가.
_____ / _____

6   그럴 리가 없어 / 그녀가 좋아할 리가 / 널.
_____ / _____ / _____

7   그럴 리가 없어 / 그가 똑똑할 리가.
_____ / _____

8   그럴 리가 없어 / Amy가 서른 살일 리가.
_____ / _____

9   그럴 리가 없어 / 그들이 기억할 리가 / 날.
_____ / _____ / _____

10   그럴 리가 없어 / 오늘이 일요일일 리가.
_____ / _____

입영작 영어회화 : 영어로 잘 대답하기

경고 WARNING { 성급히 넘어가면 결국 또다시 왕초보 영어에 머물 것을 보장함

11 그럴 리가 없어 / 그가 고장 냈을 리가 / 내 차를.　　　　　▶ 고장 내다 break

_____ / _____ / _____

12 그럴 리가 없어 / 그녀가 거짓말했을 리가 / 나에게.

_____ / _____ / _____

13 그럴 리가 없어 / 네가 패스했을 리가 / 이 시험을.

_____ / _____ / _____

14 그럴 리가 없어 / 그들이 무시했을 리가 / 내 경고를.　　▶ 무시하다 ignore　▶ 경고 warning

_____ / _____ / _____

15 그럴 리가 없어 / 그가 잊었을 리가 / 내 생일을.

_____ / _____ / _____

16 그럴 리가 없어 / 그녀가 올 리가 / 그 세미나에.

_____ / _____ / _____

17 그럴 리가 없어 / 그가 방문할 리가 / 날.

_____ / _____ / _____

18 그럴 리가 없어 / 비가 올 리가 / 내일.

_____ / _____ / _____

19 그럴 리가 없어 / 눈이 올 리가 / 오늘.

_____ / _____ / _____

20 그럴 리가 없어 / 그들이 도와줄 리가 / 우릴.

_____ / _____ / _____

STEP 2

연기낭독 훈련

답을 맞춰 보며 상대방에게 이야기하듯 실감나게 낭독한 후 낭독 횟수를 체크하세요.

조용히, 억양 없이, 영혼 없이 낭독하면 공식으로만 남게 돼 매우 위험함.

		4회	8회	12회
1	There's no way he is your son.	✓		
2	There's no way she is a man.			
3	There's no way you have a boyfriend.			
4	There's no way you are Korean.			
5	There's no way this is your house.			
6	There's no way she likes you.			
7	There's no way he is smart.			
8	There's no way Amy is 30.			
9	There's no way they remember me.			
10	There's no way today is Sunday.			
11	There's no way he broke my car.			
12	There's no way she lied to me.			
13	There's no way you passed this test.			
14	There's no way they ignored my warning.			
15	There's no way he forgot my birthday.			
16	There's no way she will come to the seminar.			
17	There's no way he will visit me.			
18	There's no way it will rain tomorrow.			
19	There's no way it will snow today.			
20	There's no way they will help us.			

입영작 영어회화 : 영어로 잘 대답하기

STEP 3

입영작 마스터 훈련

조금 더 자연스러운 우리말 문장을 보고 실감나게 입영작하세요.

'걔'는 he가 될 수도 she가 될 수도 있으며 여러분의 선택입니다.

		1차	2차	3차
1	그가 네 아들일 리가 없어.			
2	그녀가 남자일 리가 없어.			
3	네가 남자친구가 있을 리가 없어.			
4	네가 한국인일 리가 없어.			
5	이게 네 집일 리가 없어.			
6	걔가 널 좋아할 리가 없어.			
7	걔가 똑똑할 리가 없어.			
8	Amy가 서른 살일 리가 없어.			
9	걔네가 날 기억할 리가 없어.			
10	오늘이 일요일일 리가 없어.			
11	걔가 내 차를 고장 냈을 리가 없어.			
12	걔가 나한테 거짓말했을 리가 없어.			
13	네가 이 시험을 패스했을 리가 없어.			
14	걔네가 내 경고를 무시했을 리가 없어.			
15	걔가 내 생일을 잊었을 리가 없어.			
16	걔가 그 세미나에 올 리가 없어.			
17	걔가 날 방문할 리가 없어.			
18	내일 비 올 리가 없어.			
19	오늘 눈 올 리가 없어.			
20	걔네가 우릴 도와줄 리가 없어.			

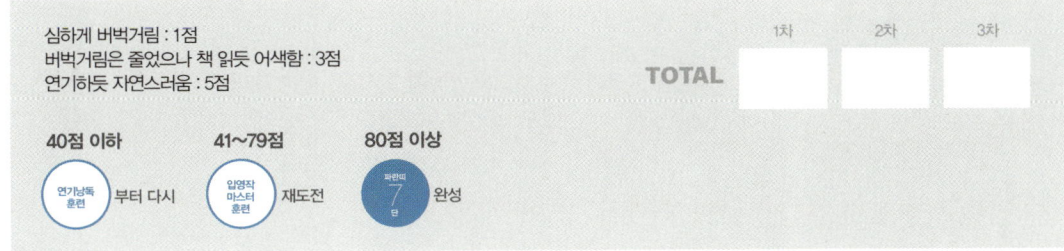

파란띠 8단

THERE'S NO WONDER SHE DUMPED YOU.

그녀가 널 차 버린 게 당연하네.

사용빈도 ★★★
난이도 ★★

봉수: 역시 걔는 그런 여자였어.
　　　성격도 이상하고, 자존심만 세고, 생각하는 것도...
마유: 한심한 놈. **네 여자친구가 널 차 버린 게 당연하네.**

[상황] 마유는 봉수가 차인 게 '**당연하다**'고 표현하고 있습니다.

무기

[there's no wonder]
~하는 게 당연하네 / ~할 만하네

---

1 어떤 사실이 '당연히 벌어질 만했다' 라는 표현을 할 수 있는 무기입니다.
[there's no wonder] 뒤에는 [평서문]이 따라옵니다.

예) 네가 여전히 솔로인 게 당연하네! (There's no wonder you are still single!)
　　그녀가 널 질투했을 만하네! (There's no wonder she was jealous of you!)
　　네 남자친구가 널 겁낼 만하네! (There's no wonder your boyfriend is scared of you.)

2 회화체에서는 [There's]를 생략하고 말하는 경우가 종종 있습니다.

예) There's no wonder you are single! ➡ No wonder you are single! (네가 싱글일 만하네.)

무기 사용법
[There's no wonder] + [평서문]

과거
1. 그녀가 널 차 버린 게 당연하네!
2. [당연하네] + [그녀가 널 차 버린 게]!
   [There's no wonder] + [she dumped you]!
3. There's no wonder she dumped you!

현재 (부정)
1. 그가 널 좋아하지 않는 게 당연하네!
2. [당연하네] + [그가 널 좋아하지 않는 게]!
   [There's no wonder] + [he doesn't like you]!
3. There's no wonder he doesn't like you!

현재진행
1. 그녀가 울고 있는 게 당연하네.
2. [당연하네] + [그녀가 울고 있는 게].
   [There's no wonder] + [she is crying].
3. There's no wonder she is crying.

> **무기 UPGRADE**
> [There's no wonder] 대신 [There's no doubt]을 사용하면 조금 더 캐주얼한 느낌을 실어 줄 수 있음.
> 예) There's no wonder she is excited. = There's no doubt she is excited.
>   (그녀가 흥분하는 게 당연하네.)

예문 폭탄

1. **There's no wonder / you are mad.**
   (당연하네 / 네가 화나 있는 게.)

2. **There's no wonder / she needs you.**
   (당연하네 / 그녀가 널 필요로 하는 게.)

3. **There's no wonder / you are rich.**
   (당연하네 / 네가 부유한 게.)

4. **There's no wonder / he doesn't want to leave.**
   (당연하네 / 그가 떠나고 싶어 하지 않는 게.)

5. **There's no wonder / they are not here.**
   (당연하네 / 그들이 여기 있지 않은 게.)

6. **There's no wonder / she got an A.**
   (당연하네 / 그녀가 A를 받은 게.)

7. **There's no wonder / we failed.**
   (당연하네 / 우리가 실패한 게.)

8. **There's no wonder / you were upset.**
   (당연하네 / 네가 화났던 게.)

9. **There's no wonder / they fired the lazy boy.**
   (당연하네 / 그들이 그 게으른 소년을 해고한 게.)

10. **There's no wonder / he ran away from you.**
    (당언하네 / 그가 너한테서 도밍긴 게.)

STEP 1

손영작 입영작 어순 훈련

막히지 않을 때까지 손영작＋입영작 무한반복 하세요.

1 당연하네 / 네가 행복한 게.
   _____ / _____

2 당연하네 / 네가 아픈 게.
   _____ / _____

3 당연하네 / 네가 좋아하는 게 / Ken을.
   _____ / _____ / _____

4 당연하네 / 네가 좋아하지 않는 게 / 이 노래를.
   _____ / _____ / _____

5 당연하네 / 네가 행복하지 않은 게.
   _____ / _____

6 당연하네 / 그녀가 피곤한 게.
   _____ / _____

7 당연하네 / 그가 배고픈 게.
   _____ / _____

8 당연하네 / 사람들이 사랑하는 게 / 널.
   _____ / _____ / _____

9 당연하네 / 네 컴퓨터가 느린 게.
   _____ / _____

10 당연하네 / 그녀가 좋아하지 않는 게 / 널.
   _____ / _____ / _____

경고
WARNING 성급히 넘어가면 결국 또다시 왕초보 영어에 머물 것을 보장함

11 당연하네 / 네가 낙제한 게 / 이 시험을.　　　　　　　　　　　　▶ 낙제하다 fail

_____ / _____ / _____

12 당연하네 / 네가 떠난 게 / 네 나라를.

_____ / _____ / _____

13 당연하네 / 네가 화났던 게 / 어제.

_____ / _____ / _____

14 당연하네 / 그가 포기했던 게.

_____ / _____

15 당연하네 / 그녀가 오지 않았던 게 / 어제.

_____ / _____ / _____

16 당연하네 / 네가 달릴 수 없는 게.

_____ / _____

17 당연하네 / 네가 집중할 수 없는 게.　　　　　　　　　　　　　　　▶ 집중하다 focus

_____ / _____

18 당연하네 / 그녀가 방문할 수 없는 게 / 우릴 / 오늘.

_____ / _____ / _____ / _____

19 당연하네 / 그가 모을 수 없는 게 / 돈을.　　　　　　　　　　　　　▶ 모으다 save

_____ / _____ / _____

20 당연하네 / 그들이 살 수 없는 게 / 집을.

_____ / _____ / _____

파란띠 8단 **301**

STEP 2

연기낭독 훈련

답을 맞춰 보며 상대방에게 이야기하듯 실감나게 낭독한 후 낭독 횟수를 체크하세요.

조용히, 억양 없이, 영혼 없이 낭독하면 공식으로만 남게 돼 매우 위험함.

		4회	8회	12회
1	There's no wonder you are happy.	✓		
2	There's no wonder you are sick.			
3	There's no wonder you like Ken.			
4	There's no wonder you don't like this song.			
5	There's no wonder you are not happy.			
6	There's no wonder she is tired.			
7	There's no wonder he is hungry.			
8	There's no wonder people love you.			
9	There's no wonder your computer is slow.			
10	There's no wonder she doesn't like you.			
11	There's no wonder you failed this test.			
12	There's no wonder you left your country.			
13	There's no wonder you were angry yesterday.			
14	There's no wonder he gave up.			
15	There's no wonder she didn't come yesterday.			
16	There's no wonder you can't run.			
17	There's no wonder you can't focus.			
18	There's no wonder she can't visit us today.			
19	There's no wonder he can't save money.			
20	There's no wonder they can't buy a house.			

입영작 영어회화 : 영어로 잘 대답하기

STEP 3

입영작 마스터 훈련

조금 더 자연스러운 우리말 문장을 보고 실감나게 입영작하세요.

'걔'는 he가 될 수도 she가 될 수도 있으며 여러분의 선택입니다.

		1차	2차	3차
1	네가 행복한 게 당연하네.			
2	네가 아픈 게 당연하네.			
3	네가 Ken을 좋아하는 게 당연하네.			
4	네가 이 노래를 안 좋아하는 게 당연하네.			
5	네가 행복하지 않은 게 당연하네.			
6	걔가 피곤한 게 당연하네.			
7	걔가 배고픈 게 당연하네.			
8	사람들이 널 사랑하는 게 당연하네.			
9	네 컴퓨터가 느린 게 당연하네.			
10	걔가 널 안 좋아하는 게 당연하네.			
11	네가 이 시험을 낙제했을 만하네.			
12	네가 네 나라를 떠났을 만하네.			
13	네가 어제 화났을 만하네.			
14	걔가 포기했을 만하네.			
15	걔가 어제 오지 않았을 만하네.			
16	네가 달릴 수 없는 게 당연하네.			
17	네가 집중할 수 없는 게 당연하네.			
18	걔가 오늘 우릴 방문할 수 없는 게 당연하네.			
19	걔가 돈을 모을 수 없는 게 당연하네.			
20	걔네가 집을 살 수 없는 게 당연하네.			

심하게 버벅거림 : 1점
버벅거림은 줄었으나 책 읽듯 어색함 : 3점
연기하듯 자연스러움 : 5점

TOTAL | 1차 | 2차 | 3차 |

40점 이하 → 연기낭독 훈련 부터 다시
41~79점 → 입영작 마스터 훈련 재도전
80점 이상 → 파란띠 8단 완성

NOW THAT YOU'RE MY BOYFRIEND, CALL ME EVERY DAY.

이제 넌 내 남자친구니까,
나한테 매일 전화해.

 명지: 우리 정말 사귀는 거야?
마유: 오늘부터 1일이야.
명지: 그래? 그럼 **이제 넌 내 남자친구니까, 나한테 매일 전화해.**

상황 명지는 '이제 마유가 자신의 남자친구'임을 이유 삼아,
그에게 매일 전화하라고 표현하고 있습니다.

무기

[now that] 이제 ~이니까

1 [now that]은 [because]와 비슷한 역할을 하는 무기이며,
[평서문]이 두 개 필요합니다.

예) 이제 난 성인<u>이니까</u>, 술을 마실 수 있어.
(<u>Now that</u> I am an adult, I can drink.)

<u>이제</u> 넌 내 여자친구<u>이니까</u>, 남자들이랑 놀면 안 돼.
(<u>Now that</u> you are my girlfriend, you can't hang out with guys.)

<u>이제</u> 난 다시 날씬<u>하니까</u>, 우유빙수를 먹어도 돼.
(<u>Now that</u> I'm slim again, I can eat milk bingsoo.)

2 [now that]의 [that]은 생략 불가능합니다.

무기 사용법
[Now that 평서문1] + [평서문2]

현재
1. 이제 넌 내 남자친구니까, 나한테 매일 전화해.
2. [이제 너는 내 남자친구니까], + [나한테 매일 전화해].
   [Now that you are my boyfriend], + [call me every day].
3. Now that you are my boyfriend, call me every day.

현재
1. 이제 우리는 자유로우니까, 나가자!
2. [이제 우리는 자유로우니까], + [나가자]!
   [Now that we are free], + [let's go out]!
3. Now that we are free, let's go out!

현재
1. 이제 난 돈이 있으니까, 나는 Porsche를 살 수 있어.
2. [이제 난 돈이 있으니까], + [나는 Porsche를 살 수 있어].
   [Now that I have money], + [I can buy a Porsche].
3. Now that I have money, I can buy a Porsche.

무기 UPGRADE
손영작을 할 땐 [평서문 1] 뒤에 반드시 comma를 찍어 주고
입영작을 할 땐 [평서문 1] 뒤에서 적당히 쉬어 줄 것.

예문 폭탄

1. **Now that I am full, / I want to eat dessert.**
   (이제 난 배가 부르니까, / 난 디저트를 먹고 싶어.)

2. **Now that we are married, / you can't leave me.**
   (이제 우린 결혼했으니까, / 넌 날 떠날 수 없어.)

3. **Now that she is free, / she can go anywhere.**
   (이제 그녀는 자유로우니까, / 그녀는 어디든 갈 수 있어.)

4. **Now that we are friends, / let's hang out.**
   (이제 우린 친구니까, / 놀자.)

5. **Now that I am rich, / I am going to buy a mansion.**
   (이제 난 부유하니까, / 난 저택을 살 거야.)

6. **Now that Chris is not here, / let's talk about him.**
   (이제 Chris가 여기 없으니까, / 그에 대해 얘기해 보자.)

7. **Now that I am in France, / I want to visit Paris.**
   (이제 난 프랑스에 있으니까, / 난 파리를 방문하고 싶어.)

8. **Now that you have a baby, / you shouldn't smoke.**
   (이제 넌 아기가 있으니까, / 담배를 피우면 안 돼.)

9. **Now that you live in America, / you should learn English.**
   (이제 넌 미국에 사니까, / 넌 영어를 배워야 해.)

10. **Now that this class is over, / go home.**
    (이제 이 수업은 끝났으니까, / 집에 가.)

STEP 1

손영작 입영작 어순 훈련

막히지 않을 때까지 손영작+입영작 무한반복 하세요.

1 이제 난 21살 이니까, / 난 마실 수 있어 / 맥주를.
   _____ / _____ / _____

2 이제 난 말랐으니까, / 난 입을 수 있어 / 이 드레스를. ▶ 마른 skinny
   _____ / _____ / _____

3 이제 난 가지고 있으니까 / 직업을, / 난 살 수 있어 / 새 전화기를.
   _____ / _____ / _____ / _____

4 이제 난 가지고 있으니까 / 운전면허증을, / 난 운전할 수 있어. ▶ 운전면허증 driver's license
   _____ / _____ / _____

5 이제 난 가지고 있으니까 / 이 책을, / 난 공부할 수 있어 / 영어를.
   _____ / _____ / _____ / _____

6 이제 넌 내 친구니까, / 넌 전화해도 돼 / 내게.
   _____ / _____ / _____

7 이제 난 당신의 남편이니까, / 당신은 신뢰해도 돼 / 나를. ▶ 신뢰하다 trust
   _____ / _____ / _____

8 이제 그녀는 일하니까 / 여기에서, / 그녀는 사용해도 돼 / 이 카드를.
   _____ / _____ / _____ / _____

9 이제 우린 가지고 있으니까 / 돈을, / 우린 도와줄 수 있어 / 널.
   _____ / _____ / _____ / _____

10 이제 그는 있지 않으니까 / 여기, / 넌 말해도 돼 / 내게. ▶ ~에게 말하다 tell
   _____ / _____ / _____ / _____

경고 WARNING 성급히 넘어가면 결국 또다시 왕초보 영어에 머물 것을 보장함

11 이제 난 부유하니까, / 난 사고 싶어 / 스포츠카를.

_____ / _____ / _____

12 이제 난 자유로우니까, / 난 방문하고 싶어 / 유럽을.　　　　　　　　▶ 자유로운 free

_____ / _____ / _____

13 이제 난 엄마니까, / 넌 존중해 줘야 해 / 나를.　　　　　　　　　　　▶ 존중하다 respect

_____ / _____ / _____

14 이제 추우니까, / 난 사고 싶어 / 재킷을.

_____ / _____ / _____

15 이제 여름이니까, / 난 수영하고 싶어.

_____ / _____

16 이제 넌 가지고 있으니까 / 차를, / 가자 / 부산에.

_____ / _____ / _____ / _____

17 이제 우린 가지고 있으니까 / 아기를, / 일하자 / 열심히.

_____ / _____ / _____ / _____

18 이제 우린 가지고 있으니까 / 집을, / 초대하자 / 우리 친구들을.

_____ / _____ / _____ / _____

19 이제 우린 성인들이니까, / 마시자.　　　　　　　　　　　　　　　　▶ 성인 adult

_____ / _____

20 이제 9시니까, / 가자 / 집에.

_____ / _____ / _____

STEP 2

연기낭독 훈련

답을 맞춰 보며 상대방에게 이야기하듯 실감나게 낭독한 후 낭독 횟수를 체크하세요.

조용히, 억양 없이, 영혼 없이 낭독하면 공식으로만 남게 돼 매우 위험함.

| | 4회 | 8회 | 12회 |

1　Now that I am 21, I can drink beer.
2　Now that I am skinny, I can wear this dress.
3　Now that I have a job, I can buy a new phone.
4　Now that I have a driver's license, I can drive.
5　Now that I have this book, I can study English.
6　Now that you are my friend, you can call me.
7　Now that I am your husband, you can trust me.
8　Now that she works here, she can use this card.
9　Now that we have money, we can help you.
10　Now that he is not here, you can tell me.
11　Now that I am rich, I want to buy a sports car.
12　Now that I am free, I want to visit Europe.
13　Now that I am a mom, you should respect me.
14　Now that it's cold, I want to buy a jacket.
15　Now that it's summer, I want to swim.
16　Now that you have a car, let's go to Busan.
17　Now that we have a baby, let's work hard.
18　Now that we have a house, let's invite our friends.
19　Now that we are adults, let's drink.
20　Now that it's 9, let's go home.

STEP 3

조금 더 자연스러운 우리말 문장을 보고 실감나게 입영작하세요.
▶ 문장이 긴 관계로 / 별로 나누어 입영작하는 것을 허용합니다.

'걔'는 he가 될 수도 she가 될 수도 있으며 여러분의 선택입니다.

1차 2차 3차

1 이제 난 21살이니까, / 난 맥주 마실 수 있어.
2 이제 난 말랐으니까, / 난 이 드레스 입을 수 있어.
3 이제 난 직업이 있으니까, / 난 새 전화기 살 수 있어.
4 이제 난 운전면허증이 있으니까, / 난 운전할 수 있어.
5 이제 난 이 책이 있으니까, / 난 영어 공부할 수 있어.
6 이제 넌 내 친구니까, / 넌 나한테 전화해도 돼.
7 이제 난 당신 남편이니까, / 당신은 날 신뢰해도 돼.
8 이제 걔는 여기서 일하니까, / 걔는 이 카드를 써도 돼.
9 이제 우린 돈이 있으니까, / 우린 널 도와줄 수 있어.
10 이제 걔는 여기 없으니까, / 넌 나한테 말해도 돼.
11 이제 난 부유하니까, / 난 스포츠카 사고 싶어.
12 이제 난 자유로우니까, / 난 유럽을 방문하고 싶어.
13 이제 난 엄마니까, / 넌 날 존중해 줘야 해.
14 이제 추우니까, / 난 재킷 사고 싶어.
15 이제 여름이니까, / 난 수영하고 싶어.
16 이제 넌 차가 있으니까, / 우리 부산 가자.
17 이제 우린 아기가 있으니까, / 우리 열심히 일하자.
18 이제 우린 집이 있으니까, / 우리 친구들을 초대하자.
19 이제 우린 성인들이니까, / 우리 마시자.
20 이제 9시니까, / 우리 집에 가자.

심하게 버벅거림 : 1점
버벅거림은 줄었으나 책 읽듯 어색함 : 3점
연기하듯 자연스러움 : 5점

TOTAL 1차 2차 3차

40점 이하 — 연기낭독훈련 부터 다시
41~79점 — 입영작마스터훈련 재도전
80점 이상 — 파란띠 9단 완성

파란띠 10단

IT'S NOT THAT I HATE YOU.

내가 자기를 싫어하는 건 아니야.

사용빈도 ★★★
난이도 ★★★★

마유: 자기 좀 변한 것 같아.
소영: 그래 내가 좀 소홀했지.
　　　그래도 **내가 자기를 싫어하는 건 아니야.**
마유: 나... 고마워해야 하는 건가?

상황 소영이는 '자신은 마유를 싫어한다' 라는 것 전체를 부정하고 있습니다.

무기
[it's not that] ~인 것은 아니다 / ~란 말은 아니다

1 [it's not that]은 뒤에 따라오는 [평서문] 전체를 부정하는 무기입니다.

긍정문을 부정하는 건, 문장에 [not]만 추가하면 됩니다.
예) 난 소녀야. (I'm a girl.)
→ 난 소녀가 아니야. (I'm **not** a girl.)

하지만, 부정문을 부정할 때는 이 방법이 불가능합니다.
예) 난 소녀가 아니야. (I'm not a girl.)
→ 내가 소녀가 아닌 건 아니야. (I'm not not a girl???)

이런 상황에서 [it's not that]이 실력 발휘를 하게 됩니다.
예) 난 소녀가 아니야. (I'm not a girl.)
→ 아니야 + 내가 소녀가 아닌 건 (It's not that + I'm not a girl.)

2 [it's not that] 내의 [that]은 생략 불가능합니다.

무기 사용법: [it's not that] + [문장]

현재 (부정)
1. 내가 널 싫어하는 것은 아니야.
2. [아니야] + [내가 널 싫어하는 것은].
   [It's not that] + [I hate you].
3. It's not that I hate you.

현재 (이중 부정)
1. 내가 널 사랑하지 않는 것은 아니야.
2. [아니야] + [내가 널 사랑하지 않는 것은].
   [It's not that] + [I don't love you].
3. It's not that I don't love you.

과거 (부정)
1. 내가 그에게 펀치했던 것은 아니야.
2. [아니야] + [내가 그에게 펀치했던 것은].
   [It's not that] + [I punched him].
3. It's not that I punched him.

무기 UPGRADE
회화체에서는 [It's not that] 대신 [It's not like]도 매우 많이 쓰므로 반드시 업그레이드 훈련 요망.
예) It's not that I'm a girl. = It's not like I'm a girl. (내가 여자아이인 건 아니야.)

예문 폭탄

1. **It's not that / I like Lisa.**
   (아니야 / 내가 Lisa를 좋아하는 것은.)
2. **It's not that / we have a lot of money.**
   (아니야 / 우리가 많은 돈을 가진 것은.)
3. **It's not that / she wants to leave you.**
   (아니야 / 그녀가 널 떠나고 싶어 하는 것은.)
4. **It's not that / Mike is poor.**
   (아니야 / Mike가 가난하다는 것은.)
5. **It's not that / everyone liked you.**
   (아니야 / 모두가 닐 좋아했던 것은.)
6. **It's not that / I wanted to leave you.**
   (아니야 / 내가 널 떠나고 싶어 했던 것은.)
7. **It's not that / I am not interested in you.**
   (아니야 / 내가 너한테 관심이 없는 것은.)
8. **It's not that / she doesn't like men.**
   (아니야 / 그녀가 남자들을 좋아하지 않는 것은.)
9. **It's not that / he is not busy.**
   (아니야 / 그가 바쁘지 않은 것은.)
10. **It's not that / we can't do it.**
    (아니야 / 우리가 그걸 할 수 없는 것은.)

STEP 1

손영작 입영작 어순 훈련

막히지 않을 때까지 손영작＋입영작 무한반복 하세요.

1. 아니야 / 내가 귀여운 것은.

   _____ / _____

2. 아니야 / 내가 네 여자친구인 것은.

   _____ / _____

3. 아니야 / 내가 그리워하는 것은 / 그를. ▶ 그리워하다 miss

   _____ / _____ / _____

4. 아니야 / 내가 즐기는 것은 / 일하는 걸.

   _____ / _____ / _____

5. 아니야 / 내가 / 항상 / 거짓말하는 것은 / 너에게.

   _____ / _____ / _____ / _____ / _____

6. 아니야 / 네가 못생긴 것은.

   _____ / _____

7. 아니야 / 네가 ~인 것은 / 항상 / 바쁜.

   _____ / _____ / _____ / _____ / _____

8. 아니야 / 네가 부유한 것은.

   _____ / _____

9. 아니야 / 네 점수가 낮은 것은. ▶ 점수 score

   _____ / _____

10. 아니야 / 네가 가지고 있는 것은 / 남자친구를.

    _____ / _____ / _____

> 성급히 넘어가면 결국 또다시 왕초보 영어에 머물 것을 보장함

WARNING

11 아니야 / 그가 게으른 것은.
_____ / _____

12 아니야 / 너희 부모님이 엄격한 것은.
▶ 엄격한 strict
_____ / _____

13 아니야 / 그들이 네 부모님인 것은.
_____ / _____

14 아니야 / 우리가 가난하다는 것은.
_____ / _____

15 아니야 / 이게 네 것인 것은.
_____ / _____

16 아니야 / 내가 사랑하지 않는 것은 / 널.
_____ / _____ / _____

17 아니야 / 내가 먹지 않는 것은 / 김치를.
_____ / _____ / _____

18 아니야 / 내가 공부하지 않는 것은.
_____ / _____

19 아니야 / 네가 예쁘지 않은 것은.
_____ / _____

20 아니야 / 그녀가 좋아하지 않는 것은 / 널.
_____ / _____ / _____

STEP 2

연기낭독 훈련

답을 맞춰 보며 상대방에게 이야기하듯 실감나게 낭독한 후 낭독 횟수를 체크하세요.

조용히, 억양 없이, 영혼 없이 낭독하면 공식으로만 남게 돼 매우 위험함.

	4회	8회	12회
1 It's not that I am cute.	✓		
2 It's not that I am your girlfriend.			
3 It's not that I miss him.			
4 It's not that I enjoy working.			
5 It's not that I always lie to you.			
6 It's not that you are ugly.			
7 It's not that you are always busy.			
8 It's not that you are rich.			
9 It's not that your score is low.			
10 It's not that you have a boyfriend.			
11 It's not that he is lazy.			
12 It's not that your parents are strict.			
13 It's not that they are your parents.			
14 It's not that we are poor.			
15 It's not that this is yours.			
16 It's not that I don't love you.			
17 It's not that I don't eat kimchi.			
18 It's not that I don't study.			
19 It's not that you are not pretty.			
20 It's not that she doesn't like you.			

STEP 3

입영작 마스터 훈련

조금 더 자연스러운 우리말 문장을 보고 실감나게 입영작하세요.

'걔'는 he가 될 수도 she가 될 수도 있으며 여러분의 선택입니다.

		1차	2차	3차
1	내가 귀여운 건 아니야.			
2	내가 네 여자친구인 건 아니잖아.			
3	내가 걔를 그리워하는 건 아니야.			
4	내가 일하는 걸 즐기는 건 아니야.			
5	내가 항상 너한테 거짓말하는 건 아니잖아.			
6	네가 못생긴 건 아니야.			
7	네가 항상 바쁜 건 아니잖아.			
8	네가 부유한 건 아니잖아.			
9	네 점수가 낮은 건 아니잖아.			
10	네가 남자친구가 있는 건 아니잖아.			
11	걔가 게으른 건 아니야.			
12	네 부모님이 엄격한 건 아니잖아.			
13	그분들이 네 부모님인 건 아니잖아.			
14	우리가 가난한 건 아니야.			
15	이게 네 것인 건 아니잖아.			
16	내가 널 사랑하지 않는 건 아니야.			
17	내가 김치를 안 먹는 건 아니야.			
18	내가 공부하지 않는 건 아니야.			
19	네가 예쁘지 않은 건 아니야.			
20	걔가 널 좋아하지 않는 건 아니야.			

심하게 버벅거림 : 1점
버벅거림은 줄었으나 책 읽듯 어색함 : 3점
연기하듯 자연스러움 : 5점

TOTAL 1차 2차 3차

40점 이하 — 연기낭독 훈련 부터 다시
41~79점 — 입영작 마스터 훈련 재도전
80점 이상 — 파란띠 10단 완성

IT TURNS OUT SHE'S MY SISTER.

알고 보니 그녀는 내 여동생이야.

마유: 괜찮아? 왜 이리 멍해 있어?
희석: 내 여자친구...
마유: 바...람 폈어?
희석: **알고 보니 잃어버린 내 동생이야.**

상황 희석이는 드라마 같은 사실이 '밝혀졌음'을 전하고 있습니다.

무기
[it turns out] 알고 보니 ~이다

1 몰랐던 사실/놀라운 사실이 밝혀짐을 표현하는 무기입니다.
[it turns out] 뒤에는 [평서문]이 따라옵니다.

예) 알고 보니 Sara는 남자야. (It turns out Sara is a man.)
알고 보니 치킨은 건강에 좋아. (It turns out chicken is good for our health.)
알고 보니, 그는 사기꾼이었어. (It turns out he was a fraud.)

2 [it turns out] 뒤에 [that]을 넣는 것이 정식이지만,
회화체에서는 종종 생략합니다.

예) It turns out that Julian is a doctor. ➜ It turns out Julian is a doctor. (알고 보니 Julian은 의사야.)

3 사실이 밝혀진 시기 자체가 과거라면 [it turned out]으로 쓸 수도 있으나,
이렇게 쓰는 경우는 드뭅니다.

예) It turned out (that) he lived in Seoul. (그가 서울에 살았다는 게 밝혀졌어.)

무기 사용법: [it turns out] + [평서문]

현재
1. 알고 보니 그녀는 내 여동생이야.
2. [알고 보니] + [그녀는 내 여동생이야].
   [It turns out] + [(that) she is my sister].
3. It turns out (that) she is my sister.

현재 (부정)
1. 알고 보니 그는 여자친구가 없어.
2. [알고 보니] + [그는 여자친구가 없어].
   [It turns out] + [(that) he doesn't have a girlfriend].
3. It turns out (that) he doesn't have a girlfriend.

과거
1. 알고 보니 그가 내 반지를 훔쳤어.
2. [알고 보니] + [그가 내 반지를 훔쳤어].
   [It turns out] + [(that) he stole my ring].
3. It turns out (that) he stole my ring.

무기 UPGRADE: 회화체에서는 [It]을 생략하는 경우도 많기 때문에 [Turns out]으로만 시작하는 추가 훈련 요망. 예) It turns out he's poor. → Turns out he's poor. (알고 보니 그는 가난해.)

예문 폭탄

1. **It turns out / he is Superman.**
   (알고 보니 / 그는 수퍼맨이야.)

2. **It turns out / she is not Japanese.**
   (알고 보니 / 그녀는 일본인이 아니야.)

3. **It turns out / I have a sister.**
   (알고 보니 / 난 누나가 있어.)

4. **It turns out / we don't have enough money.**
   (알고 보니 / 우린 충분한 돈이 없어.)

5. **It turns out / today is our anniversary.**
   (알고 보니 / 오늘은 우리의 기념일이야.)

6. **It turns out / it was my fault.**
   (알고 보니 / 그것은 내 잘못이었어.)

7. **It turns out / they didn't come to the party.**
   (알고 보니 / 그들은 그 파티에 안 왔었어.)

8. **It turns out / she was mad.**
   (알고 보니 / 그녀는 화나 있었어.)

9. **It turns out / those were not my shoes.**
   (알고 보니 / 그것들은 내 구두가 아니었어.)

10. **It turns out / we had a chance.**
    (알고 보니 / 우린 기회가 있었어.)

STEP 1 손영작 입영작 어순 훈련

막히지 않을 때까지 손영작+입영작 무한반복 하세요.

1 알고 보니 / 난 그녀의 아들이야.
_____ / _____

2 알고 보니 / 그녀는 쿨한 소녀야.
_____ / _____

3 알고 보니 / 그는 유명해.   ▶ 유명한 famous
_____ / _____

4 알고 보니 / 그들이 내 부모님이야.
_____ / _____

5 알고 보니 / 이건 그의 책이야.
_____ / _____

6 알고 보니 / 그는 좋아해 / 내 친구들을.
_____ / _____ / _____

7 알고 보니 / 그녀는 가지고 있어 / 전화기 두 대를.
_____ / _____ / _____

8 알고 보니 / 그들은 살아 / 프랑스에.
_____ / _____ / _____

9 알고 보니 / 오늘이 내 생일이야.
_____ / _____

10 알고 보니 / 그는 벌어 / 많은 돈을.   ▶ 많은 a lot of
_____ / _____ / _____

경고
WARNING
성급히 넘어가면 결국
또다시 왕초보 영어에
머물 것을 보장함

11 알고 보니 / 그녀는 일했어 / 어제.
_____ / _____ / _____

12 알고 보니 / 그는 훔쳤어 / 내 돈을.
_____ / _____ / _____

13 알고 보니 / 그들은 이사했어 / 플로리다로.
_____ / _____ / _____

14 알고 보니 / 우린 잊었었어 / 그의 생일을.
_____ / _____ / _____

15 알고 보니 / 그건 내 실수였어.
_____ / _____

16 알고 보니 / 그는 공부하지 않았어 / 어제.
_____ / _____ / _____

17 알고 보니 / 그녀는 믿지 않았어 / 나를.   ▶ 믿다 believe
_____ / _____ / _____

18 알고 보니 / 그들은 가지 않았어 / 학교에.
_____ / _____ / _____

19 알고 보니 / 그건 내 문제가 아니었어.
_____ / _____

20 알고 보니 / 그 시험은 어렵지 않았어.
_____ / _____

파란띠 11단

STEP 2

연기낭독 훈련

답을 맞춰 보며 상대방에게 이야기하듯 실감나게 낭독한 후 낭독 횟수를 체크하세요.

조용히, 억양 없이, 영혼 없이 낭독하면 공식으로만 남게 돼 매우 위험함.

		4회	8회	12회

1   It turns out I am her son.
2   It turns out she is a cool girl.
3   It turns out he is famous.
4   It turns out they are my parents.
5   It turns out this is his book.
6   It turns out he likes my friends.
7   It turns out she has two phones.
8   It turns out they live in France.
9   It turns out today is my birthday.
10 It turns out he makes a lot of money.
11 It turns out she worked yesterday.
12 It turns out he stole my money.
13 It turns out they moved to Florida.
14 It turns out we forgot his birthday.
15 It turns out it was my mistake.
16 It turns out he didn't study yesterday.
17 It turns out she didn't believe me.
18 It turns out they didn't go to school.
19 It turns out it wasn't my problem.
20 It turns out the test wasn't difficult.

입영작 영어회화 : 영어로 잘 대답하기

STEP 3

입영작 마스터 훈련

조금 더 자연스러운 우리말 문장을 보고 실감나게 입영작하세요.

'걔'는 he가 될 수도 she가 될 수도 있으며 여러분의 선택입니다.

		1차	2차	3차
1	알고 보니까 난 그녀의 아들이야.			
2	알고 보니까 걔는 쿨한 여자애야.			
3	알고 보니까 걔는 유명해.			
4	알고 보니까 그분들이 내 부모님이야.			
5	알고 보니까 이건 걔 책이야.			
6	알고 보니까 걔는 내 친구들을 좋아해.			
7	알고 보니까 걔는 전화기가 두 대야.			
8	알고 보니까 걔네는 프랑스에 살아.			
9	알고 보니까 오늘이 내 생일이야.			
10	알고 보니까 걔는 돈을 많이 벌어.			
11	알고 보니까 걔는 어제 일했어.			
12	알고 보니까 걔가 내 돈을 훔쳤어.			
13	알고 보니까 걔네 플로리다로 이사했어.			
14	알고 보니까 우리가 걔 생일을 까먹었어.			
15	알고 보니까 그건 내 실수였어.			
16	알고 보니까 걔는 어제 공부를 안 했어.			
17	알고 보니까 걔는 날 믿지 않았어.			
18	알고 보니까 걔네는 학교에 안 갔었어.			
19	알고 보니까 그건 내 문제가 아니었어.			
20	알고 보니까 그 시험은 안 어려웠어.			

심하게 버벅거림 : 1점
버벅거림은 줄었으나 책 읽듯 어색함 : 3점
연기하듯 자연스러움 : 5점

TOTAL | 1차 | 2차 | 3차 |

40점 이하 — 연기낭독 훈련 부터 다시
41~79점 — 입영작 마스터 훈련 재도전
80점 이상 — 파란띠 11단 완성

파란띠 12단

HE TURNS OUT TO BE A MILLIONAIRE.

걔 알고 보니 백만장자야.

사용빈도 ★★
난이도 ★★★

 주영: **방혁이가 알고 보니 백만장자야.**
마유: 부럽다. 걔 너랑 제일 친하잖아.
주영: 어제 절교했...

상황 주영이는 마유에게 충격적인 사실이 '밝혀졌음'을 전하고 있습니다.

무기
[A turns out to be B]
A가 알고 보니 B이다

---

1 모양만 다를 뿐, [It turns out] + [평서문]처럼 [A turns out to be B] 역시 몰랐던 사실이 밝혀짐을 표현하는 무기입니다.

[A]는 [명사]가 되어야 하고
[B]는 [명사] 혹은 [형용사]가 올 수 있습니다.

[B]가 명사일 경우:

예) 그는 알고 보니 수퍼맨이야. (He <u>turns out to be</u> Superman.)

[B]가 형용사일 경우:

예) 그는 알고 보니 강해. (He <u>turns out to be</u> strong.)

2 시제는 [turn]으로 조절합니다.

예) turn (알고 보니 ~야) VS turned (알고 보니 ~였어)

무기 사용법: [A] + [turns out to be] + [B]

현재
1. 그는 알고 보니 백만장자야.
2. [그는] + [알고 보니 ~야] + [백만장자].
   [He] + [turns out to be] + [a millionaire].
3. He turns out to be a millionaire.

현재
1. 그녀는 알고 보니 21살이야.
2. [그녀는] + [알고 보니 ~야] + [21살].
   [She] + [turns out to be] + [21].
3. She turns out to be 21.

과거
1. Greg이 알고 보니 그 도둑이었어.
2. [Greg이] + [알고 보니 ~였어] + [그 도둑].
   [Greg] + [turned out to be] + [the thief].
3. Greg turned out to be the thief.

무기 UPGRADE
[파란띠 11단]에서 훈련한 [It turns out]으로 변환하는 추가 훈련.
예) He turns out to be rich. ➡ It turns out he is rich.

예문 폭탄

1. **Joe / turns out to be / shy.**
   (Joe는 / 알고 보니 ~야 / 수줍은.)

2. **My sister / turns out to be / selfish.**
   (나의 언니는 / 알고 보니 ~야 / 이기적인.)

3. **My teacher / turns out to be / single.**
   (내 선생님은 / 알고 보니 ~야 / 싱글.)

4. **She / turns out to be / a nurse.**
   (그녀는 / 알고 보니 ~야 / 간호사.)

5. **They / turn out to be / bad guys.**
   (그들은 / 알고 보니 ~야 / 나쁜 놈들.)

6. **He / turned out to be / generous.**
   (그는 / 알고 보니 ~였어 / 관대한.)

7. **Kirk / turned out to be / small-minded.**
   (Kirk는 / 알고 보니 ~였어 / 속이 좁은.)

8. **She / turned out to be / the killer.**
   (그녀가 / 알고 보니 ~였어 / 그 살인자.)

9. **The cop / turned out to be / a ghost.**
   (그 경찰은 / 알고 보니 ~였어 / 귀신.)

10. **It / turned out to be / my turn.**
    (그것은 / 알고 보니 ~였어 / 내 차례.)

STEP 1

손영작 입영작 어순 훈련

막히지 않을 때까지 손영작 + 입영작 무한반복 하세요.

1 그는 알고 보니 ~야 / 내 아버지.

_____ / _____

2 그녀는 알고 보니 ~야 / 내 학생.

_____ / _____

3 그들은 알고 보니 ~야 / 그의 친구들.

_____ / _____

4 James는 알고 보니 ~야 / 친절한.

_____ / _____

5 Joy는 알고 보니 ~야 / 똑똑한.

_____ / _____

6 내 남자친구는 알고 보니 ~야 / 의사.

_____ / _____

7 내 여자친구는 알고 보니 ~야 / 모델.

_____ / _____

8 그들은 알고 보니 ~야 / 게으른.

_____ / _____

9 그는 알고 보니 ~야 / 유명한 / 한국에서.

_____ / _____ / _____

10 이 다이아몬드는 알고 보니 ~야 / 진짜인.   ▶ 진짜인 real

_____ / _____

WARNING 성급히 넘어가면 결국 또다시 왕초보 영어에 머물 것을 보장함

11 그는 알고 보니 ~였어 / 거짓말쟁이.
_____ / _____

12 그녀는 알고 보니 ~였어 / 내 상사.
_____ / _____

13 그들은 알고 보니 ~였어 / 멍청한.
_____ / _____

14 Teddy는 알고 보니 ~였어 / 겁쟁이.   ▶ 겁쟁이 coward
_____ / _____

15 Brian은 알고 보니 ~였어 / 부유하고 유명한.
_____ / _____

16 Clark는 알고 보니 ~였어 / 수퍼맨.
_____ / _____

17 Bruce는 알고 보니 ~였어 / 배트맨.
_____ / _____

18 그들은 알고 보니 ~였어 / 솔직한.
_____ / _____

19 그건 알고 보니 ~였어 / 내 실수.
_____ / _____

20. Gina는 알고 보니 ~였어 / 싱글.
_____ / _____

파란띠 12단

STEP 2

연기낭독 훈련

답을 맞춰 보며 상대방에게 이야기하듯 실감나게 낭독한 후 낭독 횟수를 체크하세요.

조용히, 억양 없이, 영혼 없이 낭독하면 공식으로만 남게 돼 매우 위험함.

1. He turns out to be my father.
2. She turns out to be my student.
3. They turn out to be his friends.
4. James turns out to be kind.
5. Joy turns out to be smart.
6. My boyfriend turns out to be a doctor.
7. My girlfriend turns out to be a model.
8. They turn out to be lazy.
9. He turns out to be famous in Korea.
10. This diamond turns out to be real.
11. He turned out to be a liar.
12. She turned out to be my boss.
13. They turned out to be stupid.
14. Teddy turned out to be a coward.
15. Brian turned out to be rich and famous.
16. Clark turned out to be Superman.
17. Bruce turned out to be Batman.
18. They turned out to be honest.
19. It turned out to be my mistake.
20. Gina turned out to be single.

STEP 3

입영작 마스터 훈련

조금 더 자연스러운 우리말 문장을 보고 실감나게 입영작하세요.

'걔'는 he가 될 수도 she가 될 수도 있으며 여러분의 선택입니다.

		1차	2차	3차
1	그 분은 알고 보니까 우리 아버지야.			
2	걔는 알고 보니까 내 학생이야.			
3	걔네는 알고 보니까 그의 친구들이야.			
4	James는 알고 보니까 친절해.			
5	Joy는 알고 보니까 똑똑해.			
6	내 남자친구는 알고 보니까 의사야.			
7	내 여자친구는 알고 보니까 모델이야.			
8	걔네는 알고 보니까 게을러.			
9	걔는 알고 보니까 한국에서 유명해.			
10	이 다이아몬드는 알고 보니까 진짜야.			
11	걔는 알고 보니까 거짓말쟁이였어.			
12	그녀는 알고 보니까 내 상사였어.			
13	걔네는 알고 보니까 멍청했어.			
14	Teddy는 알고 보니까 겁쟁이였어.			
15	Brian은 알고 보니까 부유하고 유명했었어.			
16	Clark가 알고 보니까 수퍼맨이었어.			
17	Bruce가 알고 보니까 배트맨이었어.			
18	걔네는 알고 보니까 솔직했었어.			
19	그건 알고 보니까 내 실수였어.			
20	Gina는 알고 보니까 싱글이었어.			

심하게 버벅거림 : 1점
버벅거림은 줄었으나 책 읽듯 어색함 : 3점
연기하듯 자연스러움 : 5점

TOTAL 1차 2차 3차

40점 이하 — 연기낭독훈련 부터 다시
41~79점 — 입영작 마스터 훈련 재도전
80점 이상 — 파란띠 12단 완성

JUST BECAUSE YOU'RE PRETTY DOESN'T MEAN EVERYONE LIKES YOU.

네가 예쁘다고 해서 모두가
널 좋아하는 건 아니야.

윤미: 귀찮아. 날 좋아하는 수 많은 남자들.
마유: **네가 예쁘다고 해서 모두가 널 좋아하는 건 아니야.**
윤미: 넌?
마유: 아, 난 물론 좋아하지.

상황 마유는 그녀가 예쁘다고 하는 사실이 '항상' 당연한 결과를
이끌어내는 건 '아니라고' 주장하고 있습니다.

무기

[just because A doesn't mean B]
단지 ~라고 해서 ~인건 아니다

---

1 [A]라는 사실 때문에 [B]라는 결과가 항상 발생하는 건 아님을 표현하는
무기입니다. [A]와 [B]는 모두 [평서문]입니다.

예) 단지 내가 남자라고 해서 + 내가 터프한 건 아니야.
(Just because I am a man + doesn't mean I am tough.)

단지 그가 널 쳐다봤다고 해서 + 그가 널 좋아하는 건 아니야.
(Just because he stared at you + doesn't mean he likes you.)

단지 내가 어리다고 해서, + 내가 아무것도 모르는 건 아니야.
(Just because I am young, + doesn't mean I don't know anything.)

무기 사용법
[just because 평서문] + [doesn't mean 평서문]

현재
1. 단지 네가 예쁘다고 해서 모두가 널 좋아하는 건 아니야.
2. [단지 네가 예쁘다고 해서] + [아니야 / 모두가 널 좋아하는 건].
   [Just because you are pretty] + [doesn't mean / everyone likes you].
3. Just because you are pretty doesn't mean everyone likes you.

현재
1. 단지 내가 저택을 가졌다고 해서 내가 행복한 건 아니야.
2. [단지 내가 저택을 가졌다고 해서] + [아니야 / 내가 행복한 건].
   [Just because I have a mansion] + [doesn't mean / I am happy].
3. Just because I have a mansion doesn't mean I am happy.

과거
1. 단지 그녀가 날 배신했다고 해서 내가 그녀를 미워하는 건 아니야.
2. [단지 그녀가 날 배신했다고 해서] + [아니야 / 내가 그녀를 미워하는 건].
   [Just because she betrayed me] + [doesn't mean / I hate her].
3. Just because she betrayed me doesn't mean I hate her.

무기 UPGRADE
[doesn't]과 [mean] 사이에 always를 추가하면
'항상 B인 건 아니다'와 같이 강조하는 말투를 낼 수 있음.
예) …doesn't always mean it's easy. (… 항상 쉬운 건 아니야.)

예문 폭탄

1. **Just because I love myself / doesn't mean / I am selfish.**
   (단지 내가 내 자신을 사랑한다고 해서 / 아니야 / 내가 이기적인 건.)

2. **Just because I am old / doesn't mean / I am weak.**
   (단지 내가 나이 들었다고 해서 / 아니야 / 내가 약한 건.)

3. **Just because we are friends / doesn't mean / you can lie to me.**
   (단지 우리가 친구라고 해서 / 아니야 / 네가 나에게 거짓말해도 되는 건.)

4. **Just because you are my brother / doesn't mean / I can hire you.**
   (단지 네가 내 동생이라고 해서 / 아니야 / 내가 너를 고용할 수 있는 건.)

5. **Just because you have money / doesn't mean / you can buy happiness.**
   (단지 네가 돈이 있다고 해서 / 아니야 / 네가 행복을 살 수 있는 건.)

6. **Just because I am a model / doesn't mean / I am tall.**
   (단지 내가 모델이라고 해서 / 아니야 / 내가 키가 큰 건.)

7. **Just because he eats a lot / doesn't mean / he is fat.**
   (단지 그가 많이 먹는다고 해서 / 아니야 / 그가 뚱뚱한 건.)

8. **Just because I drive a BMW / doesn't mean / I am rich.**
   (단지 내가 BMW를 몬다고 해서 / 아니야 / 내가 부유한 건.)

9. **Just because he is American / doesn't mean / his English is perfect.**
   (단지 그가 미국인이라고 해서 / 아니야 / 그의 영어가 완벽한 건.)

10. **Just because you eat salad / doesn't mean / you can lose weight.**
    (단지 네가 샐러드를 먹는다고 해서 / 아니야 / 네가 살을 뺄 수 있는 건.)

STEP 1

손영작 입영작 어순 훈련

막히지 않을 때까지 손영작 + 입영작 무한반복 하세요.

1   단지 네가 내 형이라고 해서 / 아니야 / 내가 널 사랑하는 건.

   _____ / _____ / _____

2   단지 내가 싱글이라고 해서 / 아니야 / 내가 외로운 건.

   _____ / _____ / _____

3   단지 내 부모님이 부유하다고 해서 / 아니야 / 나도 부유한 건.　　　　▶ ~도, 또한 too

   _____ / _____ / _____

4   단지 내가 힙합 음악을 좋아한다고 해서 / 아니야 / 내가 래퍼가 되고 싶은 건.

   _____ / _____ / _____

5   단지 네가 내 상사라고 해서 / 아니야 / 네가 날 컨트롤할 수 있는 건.

   _____ / _____ / _____

6   단지 네가 내 남자친구라고 해서 / 아니야 / 네가 내게 키스할 수 있는 건.

   _____ / _____ / _____

7   단지 그가 저택을 가지고 있다고 해서 / 아니야 / 그가 부유한 건.　　　　▶ 저택 mansion

   _____ / _____ / _____

8   단지 오늘이 금요일이라고 해서 / 아니야 / 내가 마실 수 있는 건.

   _____ / _____ / _____

9   단지 내가 가난하다고 해서 / 아니야 / 내가 행복하지 않은 건.

   _____ / _____ / _____

10   단지 내가 미소 짓고 있다고 해서 / 아니야 / 내가 행복한 건.

   _____ / _____ / _____

경고 ⚠️ WARNING 성급히 넘어가면 결국 또다시 왕초보 영어에 머물 것을 보장함

11 단지 오늘이 일요일이라고 해서 / 아니야 / 내가 우울한 건. ▶ 우울한 depressed

_____ / _____ / _____

12 단지 네가 여기에서 일하고 있다고 해서 / 아니야 / 네가 똑똑한 건.

_____ / _____ / _____

13 단지 내가 울고 있지 않다고 해서 / 아니야 / 내가 슬프지 않은 건.

_____ / _____ / _____

14 단지 네가 내 번호를 가지고 있다고 해서 / 아니야 / 네가 내게 전화해도 되는 건.

_____ / _____ / _____

15 단지 그가 귀엽다고 해서 / 아니야 / 그가 착한 남자인 건. ▶ 착한 nice ▶ 남자 guy

_____ / _____ / _____

16 단지 네가 내 언니라고 해서 / 아니야 / 내가 널 존경해야만 하는 건.

_____ / _____ / _____

17 단지 그가 도쿄에 산다고 해서 / 아니야 / 그가 일본어를 말할 수 있는 건.

_____ / _____ / _____

18 단지 내가 치킨을 좋아한다고 해서 / 아니야 / 내가 그걸 매일 먹는 건.

_____ / _____ / _____

19 단지 내가 남자라고 해서 / 아니야 / 내가 민감하지 않은 건. ▶ 민감한 sensitive

_____ / _____ / _____

20 단지 네가 날 도와줬다고 해서 / 아니야 / 내가 널 좋아하는 건.

_____ / _____ / _____

STEP 2 — 연기낭독 훈련

답을 맞춰 보며 상대방에게 이야기하듯 실감나게 낭독한 후 낭독 횟수를 체크하세요.

조용히 억양 없이 영혼 없이 낭독하면 공식으로만 남게 돼 매우 위험함.

1. Just because you are my brother doesn't mean I love you.
2. Just because I am single doesn't mean I am lonely.
3. Just because my parents are rich doesn't mean I am rich, too.
4. Just because I like hip hop music doesn't mean I want to be a rapper.
5. Just because you are my boss doesn't mean you can control me.
6. Just because you are my boyfriend doesn't mean you can kiss me.
7. Just because he has a mansion doesn't mean he is rich.
8. Just because today is Friday doesn't mean I can drink.
9. Just because I am poor doesn't mean I am not happy.
10. Just because I am smiling doesn't mean I am happy.
11. Just because today is Sunday doesn't mean I am depressed.
12. Just because you are working here doesn't mean you are smart.
13. Just because I am not crying doesn't mean I am not sad.
14. Just because you have my number doesn't mean you can call me.
15. Just because he is cute doesn't mean he is a nice guy.
16. Just because you are my sister doesn't mean I have to respect you.
17. Just because he lives in Tokyo doesn't mean he can speak Japanese.
18. Just because I like chicken doesn't mean I eat it every day.
19. Just because I am a man doesn't mean I am not sensitive.
20. Just because you helped me doesn't mean I like you.

입영작 영어회화 : 영어로 잘 대답하기

STEP 3

조금 더 자연스러운 우리말 문장을 보고 실감나게 입영작하세요.

▶ 문장이 긴 관계로 / 별로 나누어 입영작하는 것을 허용합니다.

'걔'는 he가 될 수도 she가 될 수도 있으며 여러분의 선택입니다.

		1차	2차	3차
1	단지 네가 내 형이라고 해서 / 내가 널 사랑하는 건 아니야.			
2	단지 내가 싱글이라고 해서 / 내가 외로운 건 아니야.			
3	단지 우리 부모님이 부유하다고 해서 / 나도 부유한 건 아니야.			
4	단지 내가 힙합 음악을 좋아한다고 해서 / 내가 래퍼가 되고 싶은 건 아니야.			
5	단지 당신이 내 상사라고 해서 / 당신이 날 컨트롤할 수 있는 건 아니에요.			
6	단지 네가 내 남자친구라고 해서 / 네가 나한테 키스해도 되는 건 아니야.			
7	단지 걔가 저택을 가지고 있다고 해서 / 걔가 부유한 건 아니야.			
8	단지 오늘이 금요일이라고 해서 / 내가 마실 수 있는 건 아니야.			
9	단지 내가 가난하다고 해서 / 내가 행복하지 않은 건 아니야.			
10	단지 내가 미소 짓고 있다고 해서 / 내가 행복한 건 아니야.			
11	단지 오늘이 일요일이라고 해서 / 내가 우울한 건 아니야.			
12	단지 네가 여기서 일하고 있다고 해서 / 네가 똑똑한 건 아니야.			
13	단지 내가 울고 있지 않다고 해서 / 내가 슬프지 않은 건 아니야.			
14	단지 네가 내 번호를 가지고 있다고 해서 / 네가 나한테 전화해도 되는 건 아니야.			
15	단지 걔가 귀엽다고 해서 / 걔가 착한 남자인 건 아니야.			
16	단지 네가 내 언니라고 해서 / 내가 널 존경해야만 하는 건 아니야.			
17	단지 걔가 도쿄에 산다고 해서 / 걔가 일본어를 할 수 있는 건 아니야.			
18	단지 내가 치킨을 좋아한다고 해서 / 내가 그걸 매일 먹는 건 아니야.			
19	단지 내가 남자라고 해서 / 내가 민감하지 않은 건 아니야.			
20	단지 네가 날 도와줬다고 해서 / 내가 널 좋아하는 건 아니야.			

심하게 버벅거림 : 1점
버벅거림은 줄었으나 책 읽듯 어색함 : 3점
연기하듯 자연스러움 : 5점

TOTAL 1차 2차 3차

40점 이하 → 연기낭독훈련 부터 다시
41~79점 → 입영작 마스터 훈련 재도전
80점 이상 → 파란띠 13단 완성

Epilogue

여러분 잠깐만요.
좀 치사하지만, 더 읽기 전에 제 부탁 들어주겠다고
약속부터 먼저 해 주세요.

약속했다고 믿고 부탁 들어가겠습니다.

앞으로 외국인들 앞에서 절대 주눅들지 마십시오.
외국인 클라이언트의 말을 한번에 못 알아들었다고 미안해 하지도 마시고요,
주문한 커피 메뉴 못 알아들었다고 외국인 손님이 짜증내면
더 더욱 미안해 하지 마시고요,
여러분은 그래도 열심히 설명하고 있는데, 못 알아듣겠다며 무시하듯 인상 쓰면
정말 최선을 다해 미안해 하지 마세요.

여러분이 뭘 그렇게 잘못했는데요?

고작 영어밖에 못하는 그들을 위해
여러분이 시간 내서 공부하고, 여러분이 용기 내서 영어로 소통해 주는 건데
왜 여러분이 미안해야 하나요?

아직은 완벽하진 않지만, 여전히 여러분은 2개 국어를 할 줄 아는 것이고
그들에겐 영어, 그뿐입니다.
스스로 칭찬 좀 해 주시고, 사랑 좀 해 주세요.
그만 미안해 하세요.

- 마스터유진

〈입영작 영어회화〉 시리즈

1 **입영작 영어회화 : 영어로 잘 물어보기**

2 **입영작 영어회화 : 영어로 잘 대답하기**

3 **입영작 영어회화 : 영어로 더 잘 대답하기**

4 **입영작 영어회화 : 영어로 진짜 길게 말하기**